企业环保合规与律师服务

白明旭　轩梓翰　邹东来 / 著

CORPORATE
ENVIRONMENTAL PROTECTION
COMPLIANCE AND LAWYER'S SERVICE

法律出版社 | LAW PRESS
北京

图书在版编目(CIP)数据

企业环保合规与律师服务 / 白明旭，轩梓翰，邹东来著. -- 北京 : 法律出版社，2023
ISBN 978 - 7 - 5197 - 7794 - 4

Ⅰ. ①企… Ⅱ. ①白… ②轩… ③邹… Ⅲ. ①企业环境管理 - 环境保护法 - 研究 - 中国 Ⅳ. ①D922.683.4

中国国家版本馆 CIP 数据核字(2023)第 061493 号

企业环保合规与律师服务
QIYE HUANBAO HEGUI YU LÜSHI FUWU

白明旭　轩梓翰　邹东来　著

策划编辑 陈　妮
责任编辑 陈　妮　刘会泽
装帧设计 汪奇峰　鲍龙卉

出版发行 法律出版社
编辑统筹 法治与经济出版分社
责任校对 张翼羽
责任印制 吕亚莉
经　　销 新华书店

开本 710 毫米 × 1000 毫米　1/16
印张 17.75　**字数** 334 千
版本 2023 年 4 月第 1 版
印次 2023 年 4 月第 1 次印刷
印刷 固安华明印业有限公司

地址：北京市丰台区莲花池西里 7 号(100073)
网址：www.lawpress.com.cn
投稿邮箱：info@lawpress.com.cn
举报盗版邮箱：jbwq@lawpress.com.cn

销售电话：010 - 83938349
客服电话：010 - 83938350
咨询电话：010 - 63939796

书号：ISBN 978 - 7 - 5197 - 7794 - 4　　**定价**：96.00 元

凡购买本社图书，如有印装错误，我社负责退换。电话：010 - 83938349

白明旭

中共党员，环境与资源保护法专业法学硕士，土地资源管理专业博士，湖北瑞通天元律师事务所高级合伙人、副主任。系武汉市涉案企业合规第三方监督评估机制专业人员名录库、司法部千名涉外律师人才库、湖北省涉外律师人才库、武汉市法学法律人才库等入库成员，武汉市“双百计划”第一批青年领军人才律师，武汉市百名名优律师，“湖北省首席法律咨询专家团队”环保法领域法律咨询专家，还兼任武汉市江汉区第十六届人大代表，中华全国律师协会环境、资源与能源法专业委员会委员，湖北省律师协会环境、资源与能源法专业委员会副主任，湖北省法学会环境资源法学研究会常务理事、双碳法治专业委员会副主任，武汉市律师协会环境资源专业委员会主任，武汉市行政执法义务监督员，以及华中科技大学专业学位兼职导师、中南财经政法大学法律硕士专业学位研究生校外合作导师、湖北经济学院硕士研究生（校外）导师等社会职务。

擅长争议解决，刑事辩护，企业合规管理，环境、资源与能源领域法律服务。曾在《中国人口·资源与环境》《中国律师》《楚天法治》等期刊发表多篇学术论文。

轩梓翰

中共党员，环境与资源保护法专业法学硕士，湖北瑞通天元律师事务所高级合伙人。兼任湖北省法学会环境资源法学研究会理事。

具备扎实的法律理论与实务基础，擅长争议解决，企业合规管理，环境、资源与能源领域法律服务。

邹东来

中共党员，环境与资源保护法学专业法学硕士，湖北瑞通天元律师事务所二级合伙人。

曾任职于大型中央企业从事法律合规工作，擅长争议解决，企业合规管理，环境、资源与能源领域法律服务。

序　一

每个时代都有每个时代的图景。自2015年国务院国有资产监督管理委员会启动中央企业法治工作新五年规划以来,合规成为国有企业法治工作的核心内容。2019年以来,随着国际环境形势日趋复杂,中国面临百年未有之大变局,合规成为中国企业无法回避的时代命题。企业作为一个以最少投入获得最大利润的商事主体,自身缺乏建立合规管理体系的内在动力,为了追逐经济利益,各种合规问题先后频发,其中尤为凸显的就是环境污染问题,环保合规成为社会关注的热点。习近平总书记2012年在广东考察工作时指出,“我们要把生态文明建设放在突出位置,融入经济建设、政治建设、文化建设、社会建设全过程和各方面”,企业作为法律明确的环境保护的主要责任主体,风险日益增大。环境法律法规变化快、内容繁杂,与全球环境保护的法律法规互动频繁。在此背景下,构建环保合规体系日益成为企业适应新时代新要求、防范和化解生态环保风险、维持企业持续健康发展的迫切需求。

环保合规是新时代背景下产生的新需求。本书既以批判视角对合规与守法、环保合规等基础概念正本清源,又对环保合规的若干重点领域及环保合规风险的主要来源予以翔实梳理;既对企业环保合规管理制度的关注,又对律师如何最大限度地发挥在环保合规中的作用进行了思考;既有环保合规法律规范的整合,又对企业环保合规所涉及的法律责任进行了鞭辟入里的分析。在此基础上,推动了企业环保合规的研究较之以往更加的精准与成熟。除此之外,附录还介绍了企业环保合规相关法律法规清单,并制定了《企业环保合规指引手册(建议稿)》和《律师从事企业环保合规法律服务业务指引(建议稿)》,对律师环保合规业务的开拓具有重要意义。随着合规管理制度的不断发展,越来越多的企业认识到法律风险防控的重要性,聘请律师作为专业的法律顾问已成为企业环保合规风险管理的重要手段,而律师也要及时适应法律服务市场需求,进行业务转型与升级。本书正是作者在我国企业环保合规监管机制与环境治理制度双重发展的背景下,对环保合规理论、合规管理实践进行的系统阐述以及律师如何抓住机遇实现执业突破的深入思考。

文字是思想的载体,而思想是学术的灵魂。本书可读之处很多,有不少富有洞见的思考。这些思考对环境法的理论与实务研究具有参考价值。

是为序。

 *

2023 年 3 月

---

* 高利红,中南财经政法大学法学院教授、博士生导师,中南财经政法大学发展规划部部长兼学科建设办公室主任,中国法学会环境资源法学研究会副会长,湖北省法学会环境资源法学研究会会长。

序　二

企业合规是当前的热门话题之一,也是一项新兴的法律业务。在传统法律服务中,律师主要作用于终端的争议解决。目前,我国对合规管理体系的建设十分重视,要求各行业加强企业合规管理,越来越多的企业意识到合规对企业发展的重要性。对合规业务开展好的企业而言,聘请律师无疑可以帮助企业规避发展过程中的风险,助力企业健康发展。近些年,我国律师业发展快速,律师的法律专业化要求业已成为律师业务发展和能力提升的主要方向。党的二十大报告进一步明确“要推进美丽中国建设”。今后国家对企业环保合规的要求会越来越高,环保合规已成为律师事务所和律师提供法律服务的新的组成部分,也将是今后一个时期律师事务所和律师提升专业化服务能力的重要领域。

对此,国内众多律师事务所和律师进行了不同层面、路径和方向的尝试与探索。本书的写作团队,在从事环保合规法律实务过程之中,致力于对环保合规理论和环境法律实务相结合进行思考与总结,为推进环保合规法律服务的专业化发展进行了积极探索。本书在内容与体例上既突出了对环保合规理论的深入探讨,又对律师如何抓住机遇实现执业突破、提升

企业管理篇

律师业务篇

合规理论篇

第一章　企业环保合规概述

第一节　环保合规的概念

一、何为合规

“合规”一词最开始在20世纪80年代的会计以及金融领域大量出现，源自“compliance”的英文译文。在中国，“合规”一词最早是在金融行业被普遍适用，这是因为金融行业本身具有高风险性、垄断性、效益依赖性等特点。由此，金融企业关于合规的内在要求是防范金融风险，实现企业可持续发展。

2006年，原中国银行业监督管理委员会①为加强对商业银行合规风险的管理，避免承担法律制裁、监管处罚、重大财务损失和声誉损失的风险，制定了《商业银行合规风险管理指引》，其中第1条即指明其制定目的是维护商业银行安全稳健运行，第3条将合规定义为“商业银行的经营活动与法律、规则、准则相一致”，并注明其中所指的法律、规则和准则，是适用于银行业经营活动的法律、行政法规、部门规章及其他规范性文件、经营规则、自律性组织的行业准则、行为守则和职业操守。

为建立和维护开放、透明以及公平的社会秩序，进一

① 2018年国务院机构改革后成立中国银行保险监督管理委员会；2023年3月7日，根据国务院关于提请审议国务院机构改革方案的议案，组建为国家金融监督管理总局。

步全面推进依法治国,2017 年 12 月 29 日原国家质量监督检验检疫总局、国家标准化管理委员会发布的《合规管理体系　指南》指出合规意味着组织遵守适用的法律法规以及监管规定,遵守相关标准、合同、有效治理原则或道德准则。2018 年 11 月 2 日,国务院国有资产监督管理委员会(以下简称国资委)为推动中央企业加强合规管理,提升依法合规经营管理水平,进一步保障企业可持续健康发展,制定了《中央企业合规管理指引(试行)》,其中第 2 条第 2 款规定:“本指引所称合规,是指中央企业及其员工的经营管理行为符合法律法规、监管规定、行业准则和企业章程、规章制度以及国际条约、规则等要求。”2022 年 8 月,国资委发布的《中央企业合规管理办法》明确指出,合规是企业经营管理行为和员工履职行为符合国家法律法规、监管规定、行业准则和国际条约、规则,以及公司章程、相关规章制度等要求。这一规定与《中央企业合规管理指引(试行)》中关于合规的表述具有相似性。

概念的明确是一项制度构建的前提。博登海默指出:“概念是解决法律问题的重要工具,没有界定专门的概念将难以理性清晰地思考法律问题,如若完全抛弃概念,那么整个法律大厦将丧失基础化为灰烬。”①

有观点认为,“合规”是企业的一种自我管理以避免可能产生的各种经营风险。②

有观点认为,合规的本质其实就是“符合规定”,即企业应当确保其生产经营行为符合规定,能够有效识别、防范以及应对可能产生的合规风险而建立的企业治理体系。③ 概念的模糊会直接影响企业合规机制的建立与合规业务的开展,因此,对合规进行规范分析和多维的结构探讨无疑将具有研究范式上的正确性,也能从逻辑起点上夯实本书的研究基础。

“合规”是一个适用范围广泛且在不同范畴中存在交叉或混同的概念。例如企业合规、行政合规、刑事合规等概念的表述皆有不同,甚至还出现合规与道德、守法关系的不明确,故而有必要首先对“合规”的概念进行梳理,廓清合规的基本概念和范畴。

---

① [美]E. 博登海默:《法理学:法律哲学与法律方法》,邓正来译,中国政法大学出版社 1999 年版,第 114 ~ 115 页。

② 参见蔡仙:《论企业合规的刑法激励制度》,载《法律科学(西北政法大学学报)》2021 年第 5 期。

③ 参见陈瑞华:《企业合规的基本问题》,载《中国法律评论》2020 年第 1 期。

关于“合规”的概念，首先从名词的组织结构来看，由“合”与“规”组成，从字面意思可以看出是符合规范。“合”指的是对“规”的符合，既指结果上的符合，也指“使之符合”的管理过程。符合“规”的这一结果，是一整套“使之符合”机制的目标追求。也就是说，合规的“合”具有主动性，有迎合的意味在里面。因此，在达到“合”的结果的整个过程中，可能随着“规”的变化而不断调整“合”的机制，即“合”只是一种对针对具体行为进行评价的描述。根据“合”的主体不同，针对不同的作用主体，“合”的评价体系会有很大差异，如常见的是企业合规和个人合规。而根据行为评价的依据不同，又会存在多种效果一致，但实体内容不一的合规，如实践中存在刑事合规、行政合规、民事合规等，虽然表达的都是符合法律规定的结果，但其“合”的评价机制和标准是不同的，进而使“使之符合”的运行机制也有所区别。如何实现“合”的效果，则是“使之符合”这整套机制的运作逻辑。以企业合规为例，一般是指企业遵循一定的计划与体系，采用多元化的管理措施进行管理。在此层面，对于“合”可以理解为“合规管理”。如此，合规的“合”就有了管理学色彩，其本质是一种管理行为，既是对合规主体的管理，也是对合规对象的调整。

“规”则是“合”的对象，“规”经常出现在法律语境中，如法律规定、法律规范、法规、规章等。因此，说到合规，就不得不提到合法。在中文语境中，二者经常作为两个近义词并列使用，如合法合规、依法依规等。既然是并列使用的词，那么二者肯定不是完全意义上的同义词，而是在内涵与范畴上存在些微区别的近义词、同类词。从法律性质上来说，“法”和“规”体现的是一种位阶关系：“法”作为经最高国家权力机关通过民主立法的方式确定下来的行为规范，具有最强的效力性，同时也具有底线性，底线性的意思就表明如果某一不合法的行为触犯底线，那么需要受到强制力量的纠正；同时，“法”又赋予社会主体最高的权利自由，正是在对这些权利自由的处理上，产生了“法”和“规”的适用位阶这一最大区别。法律保留的立法项目，如人身自由的限制性规定等，法规就不得擅自逾越；法律已经作出规定的，法规只能在法律范围内去细化，而不能任意扩大规定。这些都是“法”和“规”在法律上的位阶关系的体现。在社会规范层面上，“法”和“规”则主要是范畴的差异。“法”指的是立法机关经立法程序确定的法律规范，包括法律、法规、规章、规范性法律文件等，而“规”则不仅包括法律规范，还包括长期社会生活中形成的约定俗成的惯例、道德、社群约定等，这些可统称为社会性的规约。也就是说，“规”的范畴比“法”更广，那么“合规”就是比“合法”要求更高的行为评价标准、"合规"不仅要求合法,还要求合乎规约。

一般认为,"规"包括外法与内规。企业应符合的外法是指法律法规、监管规定、行业规范、国际准则;内规是指企业规章制度等;道德规范是指企业对内对外的商业道德、承诺等。其中企业规章制度大多是由外法转化而来,以及企业对自身的更高的要求标准。从企业的视角出发,企业合规是指企业经营需要遵守相关的法律法规、行业准则、监管规定、道德规范、企业规章制度、规则等要求。合规中的"规"基本可以分为三类:第一,法律、法规、规章、监管规定、国际规则等;第二,企业内部章程、规章制度等;第三,公序良俗、商业规则等一般性企业要求。道德与合规的关系如图1-1所示。

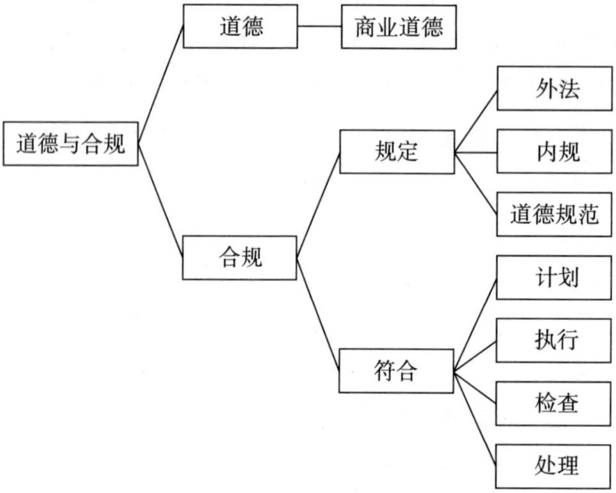

图1-1　道德与合规的关系

(一)合规与守法的辨析

守法,一般指遵守法律,指各类组织或个人严格依照法律的规定去从事各种行为和相关事务的活动。[①] 守法是法的实施的一种基本形式,国家制定法律的目的,就是使法律在社会生活中得到实施。合规是在守法的基础上发展而来的。从合规的具体义务来看,不仅包括遵守法律法规的内在要求,也包括履行合规承诺。其中,合规要求指的是外部的监管要求、法律法规等,具体包括法律和法规,许可、执照或其他形式的授权,监管机构发布的命令、条例或指南,法院判决或行

---

① 参见张文显主编:《法理学》,法律出版社1997年版,第254页。

政决定,条约、惯例和协议。合规承诺指的是企业对社会的承诺内容,具体包括与社会团体或非政府组织签订的协议、与公共权力机构和客户签订的协议、组织要求(如方针和程序)、自愿原则或规程、资源性标志性环境承诺、与组织签署合同产生的义务、有关组织与产业的标准。如果企业没有遵守监管要求,或是不履行自己作出的合规承诺,那么可能受到社会大众的谴责,严重的可能还会涉及监管处罚。合规与守法存在的主要区别在于:一是合规义务的来源不仅包括遵循法律法规的要求,还包含履行合规承诺;二是合规制度不仅包括守法行为,也要求具备完善的合规体系以及合规文化建设。① 企业外部的合规监管主要是法律法规对企业的要求,这不仅包含母国的法律规范,还包括企业分支机构或以其他形式经营业务的所在国的法律规范及合规政策。企业内部的合规承诺就主要是企业依据法律、法规及监管政策制定的企业规章制度,企业的内控制度一般是对国家法律法规的回应,是一种对规范经营行为的承诺。

准确地揭示合规的含义,有效地将规定内容与实际发生的社会现实之间相联系,实现在合法合规框架范围内,企业利益的最大化与自身安全,是"合规"所要实现的最终目标,也是实现"合规"的重要核心路径。从范围层面上来看,"合规"的概念不同于"守法",这是因为企业在生产经营过程中所需要遵守的除了法律、法规之外,还有相应的监管规定、行业准则和企业章程、规章制度甚至国际条约、规则等。简言之,合规不仅仅是指守法,也不能仅仅将合规定位为遵守规则,因为从本质上来看,合规往往是与高强度的监管领域紧密相连。

(二)企业合规概念的外延

概念,是人们认识世界的语言工具。我们往往只留意于其抽象的一般性,但概念不仅仅代表抽象的一般性,在个别特殊的事务之中其仍保留自身的独特性。对于企业合规与其他相关概念进行界别将有助于我们更好地认识和理解其内涵,又有助于厘清其概念外延。

1. 合规与风控

企业合规与企业风险控制不能等同。企业风险控制是企业风险管理工作的重要组成部分,目的是防范企业经营管理活动中的各类风险。根据具体防范的风险内容,两者并不相同。企业合规所进行的风险防范是针对企业及其员工的

---

① 参见邓可祝:《企业环境合规:自制与他制互动性环境合作治理模式》,载《企业合规论丛》2019 年第 1 期。

违法违规行为可能导致的风险，而企业风险控制是企业可能面临的各种因违反法律规定所带来的经济或商誉损失的风险。目前，设置风险控制部门专门从事风险防控工作是许多企业的常规操作。一些国有企业在推进合规体系建设过程中，常常对企业合规本质认识不足，认为企业合规就是进行风险防控或者内部控制，因此这些企业的合规管理部门一般就是由风控部门分管。实际上，企业合规具有高度的法律专业性，是专门针对行政监管处罚风险、刑事法律风险以及国际组织制裁风险所建立的自我监管、自我报告、自我预防和自我整改的公司治理体系。

企业合规与企业风险控制之所以不同，根本在于管理思维与目的存在差异。合规管理关注企业及其员工的行为，以及由此所产生的风险，是过程管理型思维；企业风险控制关注各类法律风险后果以及需要采取的应对措施，是结果导向型管理思维。过程型思维与结果导向型思维相比，其优势在于更具主动性。① 研究合规的性质需要明确合规风险的性质，也需要厘清其与其他公司风险的关系。在公司治理结构中，一般存在不同股东之间的关系以及股东与经营者之间的关系；从公司治理层面来看，企业需要防范的风险类型主要包括投资、融资、并购、销售、技术、知识产权、产品质量、环保等风险。将这些风险进行合理分类后便形成财务风险、经营风险以及合规风险。财务风险主要指企业在财务管理上存在混乱或贪腐等问题。实践中对于企业的财务管理应设置较为完善的监督机制。企业除财务管理之外还有经营管理，经营风险一般是产生于企业在开展各类业务活动过程之中所面临的无法营利、投资不得回报等问题。最后是合规风险，合规风险与上面的财务风险、经营管理风险存在不同，是企业因为在经营过程中因违法违规或从事犯罪行为而产生的可能面临承担行政或刑事追究的风险。一般来说，企业独立的治理体系由财务管理、经营管理以及合规管理共同构成，三者之间互相独立且分别发挥不同的作用。企业建立合规体系不是进行一般意义上的“风险控制”，而是搭建具有风险控制职能的治理体系。

2. 合规与法务

越来越多的企业开始建立合规管理体系，其大多都是设置在企业的法律部门之下。由此，有些人将企业合规等同于公司的法律事务，直接对企业所遇到的各类风险进行防范。但应注意的是，企业建立合规机制应聚焦于企业违反法律

① 参见姜先良：《企业合规与律师服务》，法律出版社2021年版，第42～45页。

法规而受到的行政、刑事处罚或是国际组织制裁等后果，如此将这些特定的处罚视为合规风险，并与其他一般企业经营风险进行区别，以着重于防控行政监管处罚风险、刑事法律风险以及国际组织制裁风险等，并根据合规管理制度进行自我治理与自我服务。

经过对中国企业以及国外企业的考察与分析，大多数企业并未将合规组织与企业的法律事务部门进行分离。实践中，很多企业的合规官都是由法律顾问担任，或者没有专门的合规官，而是由企业法律事务部门作为合规管理组织，这充分体现出合规风险防控和一般法律风险防控的关联性。但是法律事务部门所承担的法律风险防控工作主要针对包括民事主体之间法律纠纷在内的所有相关风险的防控，这与主要防控行政监管、刑事法律责任风险的专门性合规管理在工作方式上有所差别。

综上，本书认为企业合规是指保障企业的行为符合各种规定的一种管理机制，它可以确保企业在可行范围内进行企业合规管理后，能避免在合理预计范围内因违反规定所产生的不良影响。从具体层面分析，“企业合规”涵盖的内容非常广泛，也容易与其他范畴相混淆，因此，本书暂对“企业合规”作出一种状态性质的描述。而需要强调的是，无论将“企业合规”分析得多么透彻，归根结底还是要立足企业的实际情况建立有针对性的、可控的、可根据实际需要不断完善修正的合规管理体系。

3. 企业合规与高管合规

合规不仅是指企业合规，而且会涉及企业高级管理人员的合规。有人甚至认为，企业合规风险防控就等于企业家的风险防控。[①] 该观点主要是受刑法制度的影响。以我国刑法制度为例，我国刑法对单位犯罪的处罚实行双罚制，即在单位构成犯罪的情况下，不仅处罚单位，还要一并处罚单位直接负责人和相关主要责任人员；单位一般是受到罚金刑，而自然人作为单位犯罪的共犯还可能面临自由刑。在《中华人民共和国刑法》（以下简称《刑法》）中，单位可作为犯罪主体的罪名多达将近两百个，这对单位及其主要责任人员的威慑力较大。正因如此，建立企业合规机制，既是为了防控企业法人的法律风险，也是为了规避企业高级管理人员的刑事责任风险。[②]

---

① 参见陈瑞华：《论企业合规的性质》，载《浙江工商大学学报》2021年第1期。

② 参见陈瑞华：《企业合规基本理论》，法律出版社2020年版，第10～15页。

将企业合规与企业家风险防控的概念进行混同的观点源于企业合规的实质是指通过建立一种防范、识别以及应对相应违法违规行为的一种机制，从而形成企业内部能够自己主动进行合规经营的一种习惯或文化传统。合规机制的建立能够进一步为企业高级管理人员、普通员工和第三方的行为设定行为边界和标准，使各方在法律法规规定的权利、义务以及责任框架之内从事相应的行为，遵守法律法规的规定，避免因违法违规行为而承担相应的责任及后果。从此方面来看，企业合规对于企业高管、员工和第三方等主体而言，不仅是一种自我管理的约束机制，更是进行自我职业风险防控的保护机制。企业合规管理越来越成为一种重要的企业治理方式，企业所需要防范的是企业所面临的所有风险，而不仅仅是企业家所面临的风险，故而企业合规与企业家风险是不同的，企业合规的范围更为广泛。

与企业高级管理人员的合规不同，企业合规管理制度的建立不仅能够防范企业风险，还能够将企业责任与企业工作人员、第三方乃至被投资并购方的责任进行有效的分离，以更大限度地保障企业的利益。随着企业的不断发展与壮大，企业内部的治理结构逐渐复杂多样，对于企业自身治理能力的要求更为复杂，对于企业治理能力的要求也在不断提高。有的企业规模庞大，员工数量可能是数以千万计的，且一般拥有较多的分支机构，这样的企业不仅管理成本较高，而且也因其工作人员众多、合作伙伴较多、跨地域等不确定因素较多等原因而面临更大的不合规法律责任风险。建设企业的合规管理制度体系，不仅需要构建完备的合规管理机制，还需要对高级管理人员、员工等进行合规培训，将合规的理念、政策及具体程序及时有效地传达至高级管理人员和各级员工，并印制相应的合规管理手册进行学习；必要时还可与企业高管、员工签署合规承诺书。一旦企业高级管理人员或员工有违法违规等行为，企业可以将其已建立完备的合规管理体系作为企业责任减免的一项重要的依据，以此能够将企业责任与高级管理人员、员工等相关主体的责任进行有效的分离。①

从防控合规风险的角度来看，企业合规管理不仅能够通过将企业责任与高级管理人员责任、员工责任、第三方责任和被投资并购方责任进行分离，还能借此促使企业工作人员、合作第三方或者被投资并购方规范各自行为，从而最大限

---

① 参见尹云霞、李晓霞：《中国企业合规的动力及实现路径》，载《中国法律评论》2020年第3期。

度地保障企业不因受其他主体违法违规行为的牵连而承担法律责任,从而实现有效防范或避免法律风险的目标,此种企业合规并不能等同于企业家的风险防控。另外,从防范或应对合规风险的角度来看,企业合规包括自我调查与披露,这意味着企业合规涉及对于企业内部人员违法违规行为的惩戒。这种企业合规不仅不等于企业家的风险防控,而且更有可能追究企业家的法律责任。

二、环保合规的相关概念

(一)环保合规的概念

环保合规与合规的概念是一脉相承的。环保合规是合规的一个方面,其内容更加具体,整体上指的是社会主体的活动方式、行为后果要符合生态环境保护的原则和要求,以及社会主体为了符合生态环境保护规定而作出的一系列有关规范制定和自查制度安排的管理工作。环保合规的义务主体是全体社会成员。由于环保具有公共性,因此环保义务覆盖了每一个参与社会活动的主体。企业作为最主要的市场主体,其生产经营活动对自然资源的消耗及生产副产品对生态环境的影响都最为强烈。因此,企业也是环保合规最主要的义务主体。

环保合规的"规"即环保合规的义务来源,其与合规中"规"的渊源一样,不仅包括法律规范,还包括社会规约,但其还有更加抽象的一点,即还需践行绿色原则。绿色是一个抽象概念,这意味着绿色原则是一个口袋规则,具有较大的裁量性和不确定性,且其概念内涵往往随着现实状况的发展而发生动态变迁。环保合规的义务来源相比于其他合规项目来说更加广泛,这也与生态环境的复杂性有关。我国法律中规定的生态环境责任具有结果导向性,即只要出现了环境损害结果,无论行为过程中是否严格遵守了规定,都不能完全免责。这就要求环保合规的义务主体负有全过程的注意义务。从法律技术层面来说,这主要体现为环境监测制度。在我国,环保合规的义务来源主要有环保法、各专项污染防治法、各部门法中关于生态环境的保护性规定等。对于企业来说,环保合规义务贯穿企业设立、选址建厂、生产销售、污废处理等各个环节。因此,法律有关环保的规定融合到了对企业行政监管的各个环节中就形成了独特的企业环保合规制度:环保义务被细化到各个环节,环保合规与否的厘定也都有相应的测量尺度。这一方面使环保合规更具可操作性;另一方面也增加了环保不合规的风险。

如今,合规已成为企业合法化、一体化、公平化营商的通识标准,也已进入了当下中国企业治理的主流话语体系。《中央企业合规管理办法》,不仅对合规概念进行了阐述，还对合规风险及合规管理概念作了解释。根据《中央企业合规管理办法》的规定，环保合规是指企业的生产经营管理行为符合国家环境保护法律法规、监管规定、行业准则和国际条约、规则，以及公司章程、相关规章制度等要求。

尽管我国已有许多企业环境合规的实践，但从环境法学出发对这方面的研究还非常薄弱，针对环保合规含义的研究较少。一般意义上的环保合规是指企业在制度制定环节、经营决策环节、生产运营环节，为确保严格执行环境保护法律法规，建立和完善企业生产规范和环保制度，加强检查，及时发现和整改违规问题所开展的一系列的工作。狭义的企业环保合规是指企业的生产经营活动与国家环境保护法律、法规、标准、政策以及企业内部规则相一致。从广义的角度来看，企业环保合规指企业除了遵守国家在环境保护领域的强制性规则之外，还要遵守自身的自愿性承诺，承担相应的绿色社会责任，包括遵守组织标准、行业标准、合同约定、与非政府组织间的协议、节能减排承诺，构建绿色供应链、公开环境相关信息等。

环保合规是指企业建立预防和发现环境违法体系，遵守合规要求和承诺，并及时报告环境违法的一系列的制度，主要包括企业的环境管理制度、环境违法问责制度、环境违法发现制度、环境违法或者环境事故的报告制度等。而这一系列制度的核心是发现与报告潜在的环境违法，对企业员工和高级管理人员进行相关的合规培训，从而建立和完善企业生产规范和环保制度，加强检查、及时发现和整改违规问题。① 企业环保合规制度对于加强环境保护、提高整个社会环境保护绩效具有关键性作用，这在发达国家已经得到了普遍的实施。企业环保合规已成为企业合规管理的重中之重。完善环保合规管理，既是企业承担社会责任的必然要求，也是防范风险和提升企业形象的重要契机。事实表明，企业对环保合规管理的重视程度对企业持续稳健经营起到至关重要的作用，开展环保合规管理是管理和控制企业环境法律风险，避免环境事故发生最有效的途径。

（二）环保合规风险的内涵

在现代社会繁杂多样的风险之中，环保合规风险日益成为公众讨论与关注的焦点，尤其是对于企业而言，企业在生产经营过程中一旦违反了国家环境保

---

① Carol Dinkins & Sean Lonnquist, *The BeLt and Suspenders Approach: The Advantages of a Formalized Environmental Compliance Program*, 4 Utah Law Review 1129 (2009).

护、节能减排方面的法律法规,不仅带来关于商业机会以及声誉的重大影响,还会面临危及企业存续的高额罚款,企业的法定代表人或主要负责人也会受到刑罚。由此,企业主动识别环保合规风险,避免违法违规事件的发生,主动采取相关措施,建立科学有效的环保合规体系建设以更好地防范环保合规风险,是企业健康稳定发展的必然选择。

环保合规风险由“环保合规”与“风险”两个基本词根构成。前文已对环保合规的概念进行界定,而“风险”主要来自各种情况的不确定性。《中央企业合规管理办法》规定,合规风险是指企业及其员工在经营管理过程中因违规行为引发法律责任、造成经济或者声誉损失以及其他负面影响的可能性。在环保合规管理体系中,环保合规风险就是指违反环保合规情况发生的可能性与后果。由此来看,环保合规风险与环保合规义务相对应,企业的生产经营应当符合有关环境保护的各类环保合规义务的规定,一旦违反环保合规义务,就产生了不确定性,进而产生了环保合规风险。可以说,企业环保合规风险是指企业因其自身或公司员工、合作方等违反环境法律规定而被追究法律责任的风险。企业自身造成的环保合规风险以及企业最主要的环保合规风险,一般多发生于生产制造环节和污废处理环节,而企业经营活动需要具体的执行者,这就导致执行者也可能成为企业环保合规风险。在生产过程中,企业工作人员如果没有按照清洁生产的规定操作,那么可能导致污染物外泄进而损害生态环境;企业在委托第三方处理污废物等生产副产品时,如果没有尽到第三方资质审核义务,或者第三方没有按约定合法处理污废物品,也可能造成企业环保合规的风险。因此,企业环保合规的风险不仅源于企业自身,还可能源于任何参与企业生产经营环节的主体。

环境合规风险是指企业因环境保护违规行为而引发相关法律责任、面临监管处罚、造成财务和声誉损失甚至倒闭的风险。企业能否有效识别并管理此类风险,关乎企业的生死存亡。企业环保合规既是外部监管的要求,也是企业内部管理的目标。企业环保合规风险可分为外部风险和内部风险。外部风险即国家法律、法规、政策等的变化给企业带来的合规风险,例如我国环境法律法规日益完善,不断加大对违反环境法律的责任追究力度,从客观上就造成了企业更容易违反环境法律规定,进而招致承担法律责任的风险。内部风险则是因企业内部经营管理方面存在违反环境法律的规定或者因企业违背自身作出的环境责任承诺而给企业带来的风险。从根本上来说,企业环保合规风险的发生在大多数情况下是由内部环保合规管理因素导致,环境法律对企业作出的强制性环境监管规定，一方面对企业形成了义务和限制，但从另一方面来看其实也为企业提供了自我保护的依据。比起笼统的原则性规定，细化的监管规定对于企业识别环保合规风险和进一步管理环保合规风险而言则更加具有可操作性和指引性。对于企业这一私主体而言，其民事行为遵循法无禁止即自由的原则；而对监管部门来说，其管理和处罚都需要明确的法律依据作为支撑，法律风险越具体，合规风险的管理则更便利。企业在进行环保合规风险的内部管理时，首先需要识别环保合规风险，其次就是有针对性地防范风险。而在企业合规制度之下，企业内部的环保合规风险管理行为本身也可能成为企业的环保合规风险，例如企业按照法律规定进行环境监测、制作企业环保台账等本是企业环保合规风险管理行为，但如果这个过程涉及数据造假，合规管理行为则可能演变为另一类环保合规风险。

企业环保合规风险的后果主要表现为法律责任、经济损失、声誉受损、经营资质以及生存发展等方面的风险。根据部门法调整内容的不同，企业环保合规法律责任风险主要有民事法律责任风险、行政法律责任风险和刑事法律责任风险，这三类环境法律责任风险后果的严重性依次递增，而且往往并非独立存在，多为交叉并存。经济损失、声誉受损、经营资质以及生存发展等方面的风险则是企业环保合规风险责任，尤其是法律责任的副产品。经济损失风险可能伴生于任何企业环保合规风险，无论是民事法律责任中的损害赔偿责任，还是行政罚款、刑事罚金等，对涉事企业均形成经济损失风险；而行政风险和刑事风险则更为严重，企业不仅面临罚金，还可能面临剥夺经营资质、责令停产停业、责令关闭等关乎企业生存发展的风险。企业因损害环境而被追究天价赔偿或被处以严重处罚经常引起社会广泛关注。生态环境具有公共性，损害生态环境既是对自身社会责任的违背，也是对公众利益的损害。因此，无论是什么形式的环境责任，都可能对企业声誉形成风险。

当前，企业所面临的环保合规风险越来越高。由于所处行业及所经营的业务的不同，企业合规管理的侧重点也会有所差异。以重工业、化工类企业为例，其在进行合规管理时，应侧重于对企业的资质证明、安全生产制度、环境保护、风险预警及应急处置等方面的管理。针对这些风险点，化工企业广泛存在着民事责任风险、行政监管风险、刑事法律风险交叉发生的现象，尤其是在环境保护合规方面，这种风险交叉的现象更加明显。我国法律对化工企业普遍有通过环境影响评价的硬性规定，如果没有通过或者甚至没有展开环境影响评价，不仅可能影响企业相关资质证照的审批和颁发,严重的还会导致停产整治、厂址迁移、职工安置等问题。另外,如果没有按照国家法律法规、国家环境标准或者地方、行业环境标准等规定贮存、处置废物,可能还要缴纳环境保护税。在只是行为不合规的情况下,法律风险看似小一些,但是一旦这些违规行为造成了生态环境损害的后果,甚至如果后果严重,那么企业、企业的负责人员、直接负责的主管人员还可能触犯《刑法》中的污染环境罪、投放危险物质罪等。除了企业自身的生产经营活动,企业合作方的违法违规行为也可能给企业造成法律风险。例如,企业在购买第三方的排污处理服务时,没有充分查验第三方的经营许可等资质证明,仅因为熟人关系或者出于节省成本的目的就将企业产生的污染物、废弃物等交由该资质不全的第三方处置,在这样的情况下,一旦发生环境损害后果,或者虽未发生损害后果,但是被行政监管部门查获,企业也将面临环保合规风险。对于其他的违规排污行为,如通过暗管、渗井、渗坑、裂隙、溶洞、灌注等方式排放污染物以逃避监管、节省处理费用,法律都规定了较为严厉的处罚措施。企业必须严格按照监管部门的监管要求进行资质合规管理、安全生产制度、生态环境保护制度等的建设,打造符合现代化治理要求的企业环保合规管理体系。

第二节　环保合规的价值与功能

"每一个时代都有自己的独特的法律现象或法律问题,各个时代的法学必须针对这些现象或问题提出新的解释或解决方案。"①当今世界,生态环境已经成为全球普遍关注的问题,环保合规的提出能够有力促进生态建设和环境保护事业的发展,故而对其价值与功能的分析与探讨就显得尤为重要。

一、环保合规的价值目标

价值一般可理解为客体满足主体需要的作用或积极意义。在法理学中,往往将法的目标分为目的性价值与工具性价值,其中目的性价值居于主导地位,反映法所追求的社会目的和理想,体现出法律中人类的目标追求。工具性价值是法为实现其目的性价值所应具备的基本属性或共性价值。在法学中所实现的法

① 舒国滢:《并非有一种值得期待的宣言——我们时代的法学为什么需要重视方法》,载《现代法学》2006 年第 5 期。

律价值是一个由多层次价值构成的有机系统,体现着目的性与工具性的统一。

合规的价值目标亦是社会价值的系统之一,对于环保合规价值目标的分析可以借鉴法律价值目标的分层进行分析,目的性价值统率与整合合规的动态运作,反映出合规的本质特征只能有一个,而不能将其他的一些工具性价值纳入其中。反之,要使合规的目的性价值得以实现,就必须依靠工具性价值的支持和具体实施。在目的性价值中较为重要的是目的性价值的手段与实现方式,没有工具性价值,合规的目的性价值就变成了空中楼阁,成为无法落实的海市蜃楼。通过此种分类,可以初步构建出体系化的、具有层次性的合规价值目标。

(一)环保合规的工具性价值

环保合规危机会给企业造成损失,企业建立有效的环保合规管理体系能够系统性地降低环保合规危机所带来的风险,其中比较直接的价值体现在减少违法违规的事件、及早发现违规行为以及控制违规事件的后果。可以将强化环境法律风险的应对机制以减少企业违法成本理解为环保合规的工具性价值,体现环保合规的特殊含义,共同作用于环保合规的动态运作之中。随着我国发展模式转变,企业市场竞争模式渐由“逐底竞争”转为“逐顶竞争”,一味压缩成本,特别是合规成本已经不符合当前市场发展主旋律;“谁污染谁治理”原则的推进使环境成本内部化程度大大提高,企业需要为自己的污染后果买单;同时,整体法治水平的提高,企业“关系投资”效果下降。这意味着,在环保领域企业必须树立“合规”意识,在“责任”与“风险”发生之前,通过主动环保投资建立环保合规体系。

环保违规具有高昂的成本。显性成本包括应对环保合规危机支出的人力资源成本以及管理成本,还有一旦被执法部门认定违法所产生的货币性处罚,以及会关乎企业生死存亡的责令关闭等更严重的处罚。隐形成本包括企业因关闭面临的损失以及业务伙伴对企业的信心度下降、媒体和公众对于企业产生的负面评价等,这些隐形的成本是难以预估的,其影响范围和程度可能超乎想象。实践中,企业环保违规也会影响银行贷款的额度,使企业贷款成本有所增加。企业环保违规造成的声誉损失和社会成本远远大于罚款等造成的直接影响。

(二)环保合规的目的性价值

环境、资源和气候变化是当前人类共同面临的最大挑战。改革开放以来,我国经济建设和社会发展取得了伟大的历史性成就。而随着我国经济的长期高速发展,快速城镇化和工业化进程中累积的环境问题越来越多,我国面临资源约束趋紧、环境污染严重、生态系统退化的严峻形势,生态文明建设成为关乎民生的重大社会问题。在环保要求越发严格以及生态环境治理的关键时期,环保合规的企业会获得新的竞争力,环保守法的企业,可以创造更大的价值。

从环保合规的目的性价值层面来看,由于目的性价值居于指导地位,是制度所要追求的最终的目的与目标,具体的合规制度需要由目的来引导,目的性价值是环保合规的根本属性所在,对于环保合规目的性研究的意义是多方面的。目的性价值的研究便于企业对整个环保合规制度的把握,以结果为导向,将环保合规的目标层次化、普遍化,并将其实际判断与法律判断紧密联系。

1. 确立可持续发展的战略目标

环保合规的目的价值应是一个能够涵盖工具性价值目标,集中反映、体现环保合规自身特质与精神的范畴,其由合规的根本任务所决定。环保合规目的性价值应是可持续发展,只有立足于可持续发展的目标模式,才能实现更大程度上经济、生态、社会多方面的良性协调发展。仅仅将企业环保合规看作减少企业违法成本是不够的。环保合规部门应作为企业的专门部门,促进企业的可持续发展,使企业在发展过程中有计划地开展环保合规,建立和完善企业生产规范和环保制度。环保合规合理与否以及合理性程度的高低,决定了环保合规的有无及实现程度。环保合规的目的性价值是整体环保合规制度具有合理性的前提与基础,赋予企业环保合规现实性与生命力。只有这样,对于环保合规的认识才能趋于普遍化和深入化,而不仅仅是停留在形式层面。

2. 可持续发展价值目标的具体体现

可持续发展战略对企业发展应是一种根本性、长期性、整体性的影响,其主要表现在价值理念和实践两方面。首先,可持续发展是对企业环保合规价值理念的影响是多方面的,譬如更全面地理解企业的发展方向、所应承担的社会责任以及更明晰的效益定义。在持续发展"高效性"原则的冲击下,企业的效益、价值观都在被重新评估。其次,可持续发展战略对于环保合规实践的影响相当广泛、全面。从整体层面来看,需要将企业的生存和价值要素内化到效益的考虑范围之内,这表现为提升企业环境合规意识和管理水平。只有从可持续发展的实际需要出发,才能有利于改变传统的不可持续的生产方式、有利于发展生产力出发,才能进一步改进和健全企业环保合规体系,从新的角度、更大的范围、更长远的未来利益来考虑企业的行为取向、合规体系的重点和实施手段,转变以往重政企关系、轻生态环境合规的思维。

二、环保合规的功能定位

罗伯特·默顿(Robert King Merton)提出两种关于功能的划分,具体包括显性功能与隐性功能,以及正功能与负功能。法律实施的客观后果符合立法者的原本意图的,谓之法律的显性功能;反之则为法律的隐性功能。一项制度亦是如此,环保合规的显性功能就在于能够激发社会成员的积极主动参与之意愿。

(一)防范风险的制度性功能

从动态角度分别考察各不同阶段的制度性功能,环境保护合规制度的不同阶段发挥着不同的制度功能,从标准阶段、行为阶段、执行阶段、监管阶段、救济阶段,分别对应选择功能、识别功能、规制功能、监督功能和救济功能。

以化工企业为例,环保合规的防范风险的制度性功能的体现主要在企业资质管理、安全生产合规管理、环保合规管理以及突发应急事件管理四个方面。化工企业的合规风险不仅指被主管机关"罚款",还包括责令停产整顿、暂扣、吊销许可证、行政拘留、刑事法律责任等多重合规风险。因此,化工企业合规管理体系就需要围绕企业资质、安全生产合规、环保合规管理和突发应急事件管理四个核心进行评估和建设。

1. 企业资质管理

化工企业的资质证照管理应当站在产业政策或发展规划、生产工艺、技术与装备是否已在国家规定应淘汰的落后之列、污染物排放情况、细分市场准入标准等高度进行前瞻性的规划和布局,以避免措手不及的证照换发问题,确保及时开展入园或搬迁项目评估和布局。有关资质证件的管理应建立在全面梳理公司生产、经营相关的法律、法规、标准、细则等基础之上,结合企业是否有行政处罚、整改情况、重大事故隐患等特殊历史,围绕相关证照申请依据(原始申请材料)的真实性,有无应及时申请变更的情形,期限续展及换发,新建、改建、扩建的项目是否及时经过安全、环境评价或审查等重心进行管理。实践中大量的案例表明,仅合规管理中的资质管理,就可以触及化工企业生存的生命线。

2. 安全生产合规管理

企业安全生产合规管理主要分为责任机构以及全流程保障安全生产两个方面:一方面,进行安全生产合规保障要明确各个层级风险源对应的责任人或责任机构(如构建公司高级管理人员、中层职能部门和生产小组环保专员的多重组织体系),且相关负责人以及从业人员必须经过法定培训并取得相应资质证书,符合法定配备数量;另一方面,全流程保障安全生产要从设施设备、危险化学品生产、储存、处置、管理、相关警示标识、安保人员管理查验登记、定期评估、识别、排查隐患等流程制度保障安全生产。

3. 环保合规管理

针对目前出台的法律规定、司法解释、标准、办法,结合企业的污染物种类、数量、排放数据、路径,许可、历史合规情况,环保达标合规管理应先评估企业存在的环保合规风险,然后重点针对污染物排放、环保设施的使用、运行、合作的第三方资质核查等重要方面进行排查、梳理、管理。值得关注的是,由于生态环保形势日趋严峻,此类法律、法规、司法解释更新频繁,化工企业环保合规制度以及由此确立的具体工作指引应及时更新迭代,才能使企业达到有效防范环保合规风险的目标。

4. 突发应急事件管理

在化工领域,由于化工事故特别是危险化学品事故一旦发生危害后果和社会影响都极其严重,因此突发应急事件管理也是化工企业合规重点,事故应急预案不仅应当符合法律、安全监督管理部门等的规定,也应具有切实可操作性,即应将环保合规与风控体系嵌入到企业应急预案之中,保障事故发生后应急反应符合法律要求。

(二)企业守法经营的基本指南

随着我国环保监管力度的不断加强和对环保违法犯罪行为的打击力度,可以预见对企业环保合规的要求会越来越高。为尽量避免环保行政处罚以及环境刑事法律风险,企业制定并做好环境保护、环保合规工作,推进绿色生产势在必行。作为企业,必须认真贯彻落实建设资源节约型、环境友好型社会的战略部署及各种举措。

企业环境保护制度不健全存在极大法律风险,一旦出现环保不合规、环境污染等问题,就极有可能被行政处罚。如果出现突发性环境事故,没有健全的制度也极难追责。例如,有些企业在兴建过程中不办理环保手续,擅自开工建设;一些经过审批的企业没有按照环境影响评估的要求做好环保"三同时"①,设施没有配套上马或者设施不完善,达不到环评的要求,无法保证治理的效果;一些企

① 根据《中华人民共和国环境保护法》(以下简称《环境保护法》)第41条的规定,"三同时"是指:建设项目中防治污染的设施,应当与主体工程同时设计、同时施工、同时投产使用。

业没有环境影响评估手续,或者验收合格后仍然存在超标排污现象。

在大环境下,企业在手续齐全合规后才能投入生产。无环评手续、未通过验收的企业极容易受到环境行政处罚,严重的甚至被责令关停。实践中,很多企业生产的设备到位了,但是环境治理的设备却不合规甚至缺失,这也是很多企业受到处罚或者被责令整改的原因之一。例如,实务中某工厂的喷涂半开放式生产车间,在使用过程大部分涂料未加盖管理,无组织废气逸散严重,在涂装过程中仅有水帘除漆雾简易设施,未达到去除挥发性有机物的效果;某建材厂有6吨蒸汽锅炉,除尘设备漏风,水膜脱硫未运行;某轮窑每月使用煤泥十几吨,烟气使用双碱法脱硫,但未正常投加石灰石碱液,无法有效脱硫。生产过程中排放的废水、废气和固体废弃物是主要的环保问题,环境治理设备设施不到位也是环保不合规。有一些企业虽然设备到位,却存在设施运行和维护不符合规定的问题,这也让企业面临极大的法律风险。

实践中还存在企业花费高价购入环保设施之后,但因缺乏专业管理技术人员或者运营成本过高等问题导致这些环保设施虚置或废置。一些企业在生产期间不使用设备,或者维护不及时导致这些设施老化,使用过程中导致污染物处理不彻底,使用年限减少。这些企业都有环境治理设备,但他们的环境治理设备形同虚设,没有按照相关规定运行维护,同样也会对环境造成极大的污染。环保合规在多数企业来看是多出来的成本开支,甚至是"赔钱"的,不会给企业产生利润,所以企业无论是在环保硬件,如环保设施、排污设施上的投资,还是在环保管理人员的引进上都是能省则省的态度:设备选最便宜的,应付环境影响评价;环保合规人员要么没有,要么就是非专业人士上阵。看起来是省了不少成本,但以我国环保监管力度的不断加强,企业环保不合规在企业经营过程中就像地雷一样,无论埋得再深也总是会被查出来。一旦企业被责令整改,或被罚款甚至直接关停,造成的损失就更大。企业需要向其他企业合规服务机构或公司进行实地调查以获得具体、科学的方案。企业环保工作的开展对于企业形象、社会地位及生态环境都有着重要影响,企业开展环保合规管理是将目光放长远,规避环保行政处罚风险,完善企业环保管理体系,实现绿色可持续发展。

(三)建设现代环境治理体系的重要举措

从更深层次看,环保合规的功能定位应是实现现代环境治理模式的预防性转型,即通过让主动有效进行环保合规的企业获得一定的优待,让被动且无效进行环保合规的企业付出一定代价的激励制度,推动企业主动遵守环保法律法规,承担保护环境之社会责任。将环境治理融合到企业整体战略是一个会影响可持续发展的紧迫性问题,环保合规会成为企业新的竞争力。

环保合规理念与价值应融入企业发展的目标与规划之中,加强企业环保合规文化建设,不断解决企业环保合规与实际运营之间的问题。促进企业对于环保合规的积极性,不仅需要合规制度、合规机制等形式上的完备,还需要关注企业是否真正重视环保合规文化建设,是否将提升员工环保合规意识落到实处,并且采用切实有效的措施营造企业环保合规的整体氛围与风气,从而激发企业自我预防违法违规的动力,以此建立环保合规相关的企业内部控制与国家外部监督相结合的预防型现代环境治理体系,进而提升企业发展质量,增强我国经济发展的竞争力。而这些皆建立在完善的环保合规机制基础之上,环保合规机制是提升企业环保能力与环境治理效益的重要指导原则。

三、企业环保合规的内在价值分析

对于企业而言,环保合规管理需要成本投入,这会让企业产生抵触心态,认为环保合规管理因不创造利益而没有必要。但实际上,环保合规是可以创造价值的。目前,很多企业因为环保事故被勒令停产整改,企业因环保不达标被关停最直接的后果就是企业经营方面直接的经济损失,除此之外,还涉及企业社会声誉损失所带来的品牌形象损失,以及由环境信用评价降低延伸而来的对政府招投标、环保税、银行贷款等的一系列消极影响。避免风险本身就是一种价值,环保合规创造价值,价值就体现在企业的环保管理越完善,将来在这方面出问题的概率就越低。

(一)环保合规的基本价值:夯实企业持续发展之基

当前快速变化的监管环境正在给企业带来了诸多不可知、不可控的风险。对于企业而言,在危机来临的时候,有效运转的合规体系是抵御风险非常重要的一环,而企业构建合规体系正是以确定性的合规管理应对不确定的外部环境。电商平台封号事件①带给我们的启示并不局限于跨境电商行业,这一事件揭示了合规的底线价值——合规可使企业抵御溃塌式风险带来的致命打击,而合规则

① 2021 年 9 月亚马逊电商封号事件涉及约 1000 家企业,5 万多个账号,造成行业损失超过千亿元人民币,其中电商账户被冻结金额从数千万美元至数亿美元。有约 600 个中国品牌的销售权限被关闭,涉及这些品牌的约 3000 个卖家账号,包括消费电子、日用、家居和运动品类商品。

是企业永续经营的“压舱石”。

在推进企业合规治理的过程中，我国监管部门引入了“可持续性发展”的公司治理理念。合规是组织可持续发展的基石，是实现“良好治理原则”的保障。从表面看来，合规管理体系的建立和完善会对企业追求高利润、高收益带来一些负面的影响；但从长远来看，一个合法合规经营的企业可以成功地规避各种法律风险，避免因违法违规所带来的法律制裁和监管处罚，避免受到重大财产损失和声誉损失。与此同时，建立合规管理体系本身就可以为企业带来直接的经济效益，增强竞争优势，树立良好的企业形象和品牌，这就是合规对企业可持续发展所带来的积极促进作用。①

实践中太多真实的案例指出，环保问题是能够导致企业突然死亡的大事。对于企业而言，如果过不了环保法规之关，可能会突然性死亡；如果过不了节能减排之关，就会走上慢性死亡之路。这足以看出，节能环保事关企业生死存亡，环保法规是底线，也是高压线。大量企业就是因触碰此线而被迫关门停业。目前，我国企业更是要充分认识大势，做好企业和产品的环保合规工作，并且控制好相关供应商企业的环保法律风险，否则环保不达标不仅影响企业后续的持续发展，也有可能导致企业被直接关停。企业要清醒地面对环境监管问题，不要认为自身会因规模或者创造的利益就会被豁免。在当前“坚决打赢蓝天保卫战”的大形势下，我国经济发展正处于转型关键时期，决不能触犯环保的底线。

（二）环保合规的安全价值：赋能企业高质量发展

目前，随着全球化的不断发展，企业所面临的风险已不仅仅局限于传统的商业风险，其中还包括环境责任风险、社会责任风险等在内的非传统风险。环保合规风险逐渐成为企业所面临的核心风险之一。企业内部长期实施科学合理的环保合规管理能够让企业立足当前实际，适应不断变化的形势，提升员工的综合素养，强化企业制度的执行，更好地发挥出合规管理的作用及功能，这对于企业的持续高质量发展很有必要。通过建立环境保护领域的合规体系将环境保护合规风险控制在边界之内，通过体系化的管理制度和管理动作及时及早发现环境保护合规风险，能够对风险源头有效回溯并形成制度性保证。

《中华人民共和国大气污染防治法》规定，造成大气污染事故的，对污染责任

---

① 参见陈瑞华：《论企业合规的基本价值》，载《法学论坛》2021年第6期。

单位和负责人实行“双罚制”。2018年该法修正后涉及的法律责任除了责令停业、关闭、停产整治、没收违法所得、取消检验资格、治安处罚等,还明确规定了民事赔偿责任和刑事责任。企业进行环境管理除了防范被处罚和关停的风险之外,还应意识到环保合规管理本身也是一道防范责任的“防火墙”。这体现了合规的安全价值的第一个层面——合规是企业高质量发展的“安全阀”,即在合规风险尚未发生之时,通过对企业和员工的经营活动设置边界,确保经营活动都在安全边界之内,对违规风险、越界行为进行预测、防范,监督、改正违规和越界行为,回溯风险源头并形成制度性的保证。例如对于员工干扰监控设施、篡改监控数据,或是不正当处置危废、非法填埋等涉及刑事责任的环保违法问题,如果被认定是单位犯罪,往往也会抓捕法定代表人。而区分单位犯罪和个人犯罪的重要界限,是企业的环境管理是否完善。如果企业有完整的环境管理体系和制度并加以实施,且对员工开展了完善的培训,在这种情况下员工的行为属于个人犯罪,而企业法人因履行了管理责任,可以只承担行政责任,免于刑事责任,这样公司的声誉也可以少受牵连。①

(三)环保合规的激励价值:持续推进企业竞争力提升

目前环保监管非常重要的一项工作是建立以达标排放为核心的社会信用评价体系。通过把所有生产企业、所有生产行为通过现有的技术手段、科技手段,以环保定期检验、遥感监测、路检路查发现的超标车辆信息建立超标排放车辆车型信息数据库,再结合生产企业环保信息公开数据全面分析超标车辆的生产、使用单位以及与其配套的污染控制装置相关的关键零部件供应商,把发生机动车排放超标的原因找出来,进而对整个产业链的各个环节实施精准打击。通过上述手段,生态环境部希望形成违规企业“一处受罚、处处挨打”的局面,让好的企业得到更大的市场空间,让差的企业无路可走。环保合规形成的企业新的竞争优势也是一种价值。例如,京津冀及周边地区煤改气或煤改电的重要任务通常会涉及采暖设备的大批量招标,当时由于原中标的一家跨国公司因供应商环保问题突然无法供货,另一家跨国公司在重新招标过程中中标,拿到了一批电采暖设备大批量采购订单,又因为供应链体系给力,该公司在紧迫的规定供货期内顺利完成了交付。仅此一项使该公司当年的销售利润增加了33%。在此案例中,企业的竞争对手因为供应链的环保合规存在问题而失去了市场份额,相应地,这

---

① 参见陈瑞华:《论企业合规的基本价值》,载《法学论坛》2021年第6期。

家企业因为这笔业绩收获了良好口碑，在后续的招投标中更具优势，赢得了更大的市场份额。

企业可以运用环保合规去创造价值。环保合规可以成为企业提升营商能力的“助推器”，不仅仅帮助公司防御外部风险，同时也可以为企业带来正向的激励价值。企业构建自身的合规体系可享受到“信用红利”，获得商业社会中的“通行证”，企业合规体系的完善程度将会成为消费者选择企业、交易相对人选择合作伙伴的重要参考和指南。环保合规将成为企业新的竞争力，环保守法的企业可以创造更大的价值，将环境治理融入企业的整体战略是一个会影响可持续发展的紧迫问题。对于企业而言，只有做好全面的环境管理，适应目前环保监管的标准和要求，才能可持续发展，并且形成未来新的竞争力。

第三节　环保合规的发展演进

随着合规发展的不断深入与细化，为了防范环境风险，从政策与法律层面，各国都加强对环保合规的重视。绿色新政的浪潮让世界范围内的企业面临严格的环保合规监管。在我国，《中央企业合规管理指引（试行）》明确将安全环保纳入重点领域的合规管理，指出严格执行国家安全生产、环境保护法律法规，完善企业生产规范和安全环保制度，加强监督检查，及时发现并整改违规问题。《合规管理体系　要求及使用指南》确定了组织建立、制定、实施、评价、维护和改进合规管理体系的要求及通用做法，为组织建立有效的合规管理体系提供了技术规则，企业可依此建立和维护有效的合规管理体系，进而提升合规竞争力，为进一步明确相关组织涉及不同因素的合规义务及落实打下基础。

一、我国环保合规管理的发展考察

随着国企改革的进一步深化和“一带一路”倡议的全面展开，越来越多的中国企业抓住机遇转战国际市场，并取得一定的国际竞争力；同时，我国企业在海外拓展时面临极大的合规风险。同时，由于经济全球化深入，各国政府出于对区域内市场秩序的维护，对企业合规的要求越来越高，监管力度也日益加大。例如，在我国大型企业被外国调查或重罚等事件引起国内企业广泛的关注，也促使各大企业加强对企业内部的合规管理。我国政府也关注到了这一迫切需求，不断发布相关企业的合规指引文件，为企业合规管理提供政策支持。合规管理制度在我国的发展历程大致可以分为起源阶段、起步阶段以及全面发展阶段这三个阶段。

(一)起源阶段

在1992年1月6日颁布的规范性法律文件《关于对金融机构贷款合规性审计意见》中,“合规”二字首次在我国正式文件中出现。该意见中所提到的合规指在计划经济背景下金融机构发放贷款时应符合信贷计划。系统化的合规概念是在2006年10月原中国银行业监督管理委员会颁布的《商业银行合规风险管理指引》中引入我国。随后2007年9月原中国保险监督管理委员会颁布的《保险公司合规管理指引》和2008年8月中国证券监督管理委员会颁布的《证券公司合规管理试行规定》宣告我国金融机构全面进入合规管理时代。随着加入世界贸易组织(World Trade Organization,WTO)过渡期的结束,商务部、财政部等也陆续颁布了《贸易政策合规工作实施办法(试行)》和《税收政策合规工作实施办法(试行)》等规定,进一步拓宽了“合规”的概念。从改革开放到21世纪以前,合规以“反腐败”为核心的刑事、行政监管,此时“合规”概念尚未被提出,企业合规体系建设处于混沌状态。①

随着合规管理融入企业自身管理活动,该阶段的合规管理不再局限于“三腐领域”,而是覆盖企业各业务领域、各部门全体员工,贯穿决策、执行、监督全流程。合规管理的内容也扩大至环境保护、市场交易、产品质量、安全生产、劳动用工、数据保护、反垄断、利益冲突等领域。随着社会经济全球化发展,一些国家和国际组织在全球范围内不断倡导企业加强合规管理,并不断调整和更新《内控、道德与合规的良好做法指引》、ISO 19600:2014《合规管理体系 指南》等一系列合规管理相关的手册、指南,提出了更全面的企业合规实践指引,为所有企业建立有效的合规管理体系提出了指导性建议。国外很多企业,特别是大型跨国企主动建立了符合企业自身切实有效的合规管理体系以防范合规风险。以跨国公司为代表的现代企业逐渐认识到合规管理的重要性和专业性,把合规经营融入企业经营管理,加强了自身合规监管力度,整合内部资源,创新管理方式,逐渐形成了一整套完善的合规管理办法。与此同时,环境保护开始受到重视,大量企业开始逐渐重视环保合规。

---

① 参见肖树伟、韩冰、杨琨:《大合规时代来临,律师如何切下这块蛋糕?》,载《新产经》2019年第3期。

（二）起步阶段

中国企业合规管理率先在金融行业开展、发展和成熟。从2000年到2016年，银行、保险和证券三个高风险金融行业率先建立起比较完善的合规体系，重视将行业监管规则的执行融入业务流程，并且积累了多年丰富的经验。如中国工商银行专门成立内控合规部，牵头开展合规管理；中国人民保险集团将“法律部”改造为“法律与合规部”。随着法律法规、监管制度不断健全及国家反腐力度不断加强，中央企业合规管理进入加速发展的新阶段。2010年，中国海油初步建立起了企业的合规文化，公司每逢开会都要先让独立监事检查会议的合规性，并做两个月的合规大检查；2014年，中国石油、中国移动开始分别成立公司合规管理机构。2015年，国务院国资委发布《关于全面推进法治央企建设的意见》，对中央企业提升合规管理能力提出了具体要求。当年，中国石油发布了集团的合规管理手册，基本确立了依法管理、合规经营的战略定位和价值导向，基本形成了齐抓共管、协同联动的合规管理组织构架以及预防为主的治理机制；国家电投集团已把合规牵头职能放到法律企管部门，将合规确认点及标准要求嵌入各业务信息化管理系统操作节点。同时，中国海油、中国国航、中国建筑、中国铁建等大型企业也开展了大量的工作。在这个阶段开展合规工作的大多是国有企业，随着法律法规、监管制度的不断健全及国家反腐力度的不断强化，合规管理在国有企业呈现出全面铺开的态势。

在合规管理整体发展的背景下，企业在此阶段逐渐开始重视环保合规研究与企业的环保合规建设。但环保合规作为整体合规建设下的一个专项合规项目，在这一阶段还缺乏系统的研究，大多数的企业环保合规风险管理能力较弱。随着环保合规逐渐受到重视，这一阶段的环保合规开始从观念导入转向制度构建，特别是相关法律法规的推出使环保合规实践有了现实的法律基础与实践主体。

（三）全面发展阶段

2016年，“大合规”的概念被提出，我国开始注重全行业全面合规体系的建设。在合规管理体系建设的发展过程中，经过国家近年来的正面引导，中央企业大都构建了本企业的合规管理体系，同时带动一部分地方国有企业构建形成自身的合规管理体系，如国内首批合规管理试点的中央企业东方电气公司，已全面推行合规管理体系建设。

2016年5月，国资委将中国石油、中国移动、中国中铁、东方电气、招商局集团 5 家央企列为首批中央企业合规管理试点单位，探索开展合规管理体系建设。

2018 年 8 月 1 日，《合规管理体系　指南》正式实施。这是中国第一个关于合规的国家标准，对国有企业、民营企业以及其他企业的合规管理体系建设具有指导意义。该指南提出了较为具体的合规管理体系的流程，基本上是通过梳理有关法律法规、政策的对企业的要求，针对企业业务各环节进行风险识别，审查企业现行管理制度，对照相关规定的要求评估企业的合规管理现状及需要加强管理的风险点，并有针对性地进行完善，最终形成包括规范文件、组织架构、各部门职责及追责机制、企业违规行为举报及预警机制、相关管理制度的完善建议渠道在内的企业合规管理体系。合规管理体系流程如图 1－2 所示。

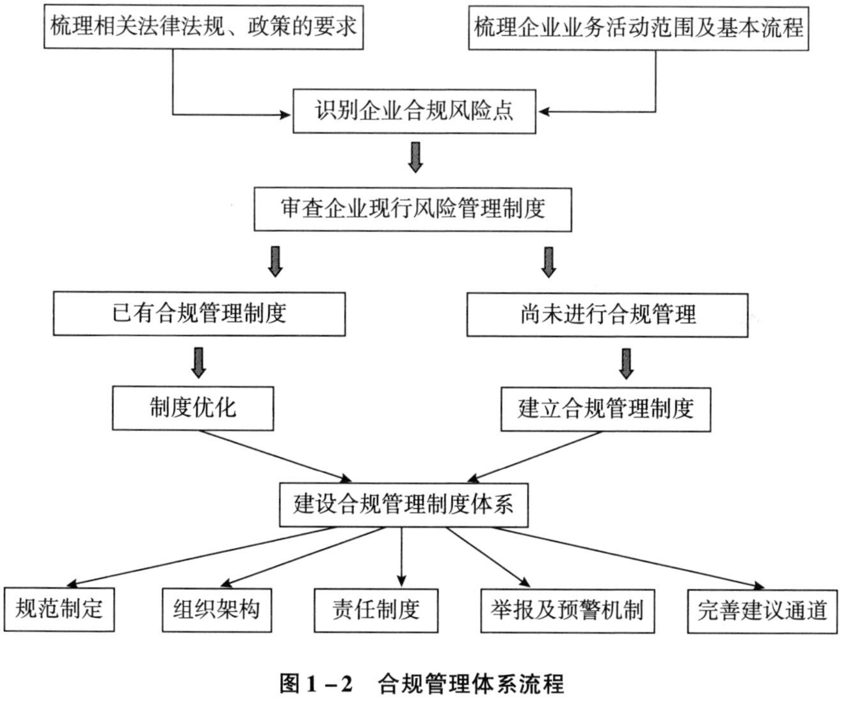

图 1－2　合规管理体系流程

从图 1－2 的合规管理体系流程图可知，合规管理体系至少具备以下几个要素：第一，确立公司合规方针；第二，明确合规领导与组织机构、职责分工；第三，梳理和确定公司需要遵循的合规义务；第四，识别、分析、评估合规风险，确定公司合规管理重点领域、重点环节和重点岗位；第五，策划和制定合规风险控制措施;第六,完善合规管理制度;第七,合规效果监测评估;第八,管理不合规并持续改进;第九,建立合规工作运行的资源保障机制。这九个方面构成了合规管理体系的核心内容。

2018 年 11 月 9 日,国资委在总结试点央企经验的基础上,经过长期充分的研究论证,正式发布《中央企业合规管理指引(试行)》。此针对中央国有企业的专门合规指引,提出了合规的价值和合规的组织结构,要求所有中央国有企业建立首席合规官和合规部,架设合规组织机构,还要有合规风险评估和合规管理体系。这对央企合规管理提出了全面、系统、务实、严格的要求,既将成为我国依法治企加速器,也将成为央企合规管理发展的重要里程碑。《中央企业合规管理指引(试行)》颁布施行后首先在央企和国企全面铺开,并为其他所有制企业所广泛借鉴和采用。2022 年,为深入贯彻习近平法治思想,落实全面依法治国战略部署,深化法治央企建设,推动中央企业加强合规管理,切实防控风险,有力保障深化改革与高质量发展,国资委颁布《中央企业合规管理办法》,进一步加大企业合规管理的推动力度,提升企业依法合规经营管理的水平。

从企业层面来看,我国大部分企业都是以风险来源划分企业的风险类型和防控手段。按照企业经营活动涉及的领域范围和经营过程,企业风险分为战略风险、运营风险、财务风险、市场风险、法律风险、合规风险 6 大类别和 20 个子项,即宏观经济风险、人力资源风险、技术风险、债务风险、合同风险、诉讼风险、市场竞争风险等。其中值得注意的是针对合规风险的企业环保合规已成为企业合规管理的重中之重。完善环保合规管理是承担社会责任的内在要求,也是不断提升企业防范风险的机遇,不断通过完善细化环保合规管理对企业健康发展具有重大意义。企业风险分类如图 1 – 3 所示。

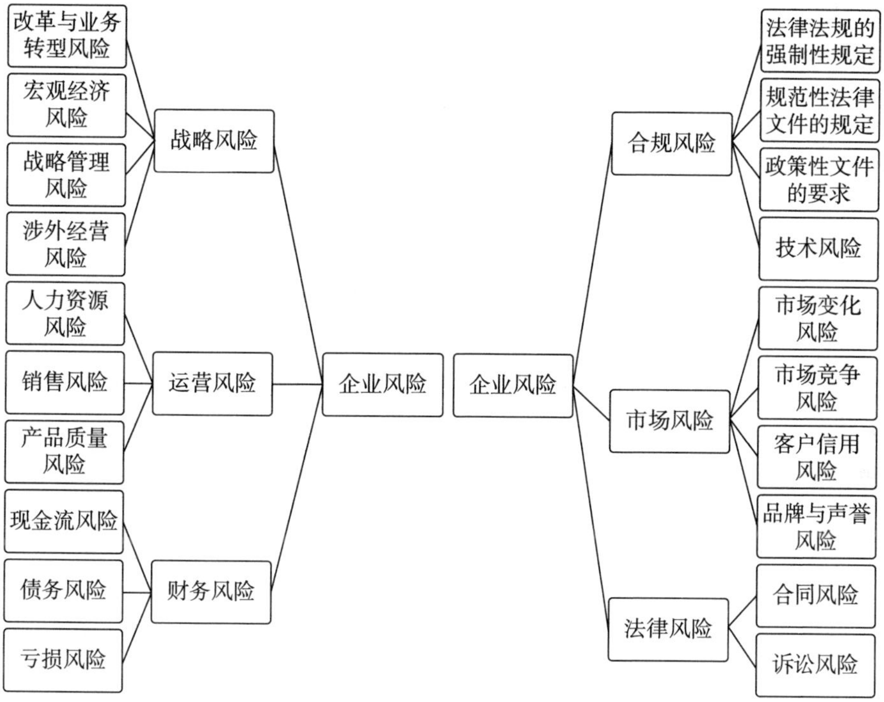

图 1－3　企业风险分类

国有资产监督管理委员会于 2022 年 9 月 15 日发布并于 2022 年 10 月 1 日实施的《中央企业合规管理办法》，明确要求央企及其下属企业建立合规管理体系。2022 年 10 月 12 日，《合规管理体系　要求及使用指南》（GB/T 35770—2022）正式发布，该标准等同于国际标准 ISO 37301：2021，统一了各相关方关于合规管理的认识，为各类组织声明符合合规管理体系要求提供了依据，为行政机关采信企业的合规整改计划、合规管理体系实践，构建以合规管理为基础的合规监管模式提供具体的解决方案，为《中央企业合规管理办法》等政策文件落实提供了技术工具，其是我国又一重磅级的管理体系认证标准，将对我国企业及组织的合规管理具有重要的指导意义。

二、域外环保合规的发展概况

企业合规管理发端于美国银行业。由于 20 世纪 30 年代发生金融危机造成的持续时间较久的经济大萧条，美国监管者为确保金融系统稳定加强了对银行业的监管。在强力的监管措施下，美国银行业均展开了合规管理建设，这一举措为美国银行在第二次世界大战后的30年间的稳定发展提供了有效保障。[①] 美国金融市场所产生的合规计划理念得到了全球许多国家的认可。之后，合规制度在金融、保险、证券等行业得到进一步推广与适用，这也就是我们所称的企业合规。在金融行业进行公司内部合规控制，主要是将国家的金融管理措施应用于企业合规管理中，是对金融监管的模仿和运用。可见，合规管理起源于美国的金融领域，银行业率先展开了合规管理体系的建设，后来逐渐推广至其他金融业，证券、保险、基金等企业也都开始了合规体系建设。除美国外，其中最具典型代表的还有德国与欧盟。合规管理的发展历史也体现了合规的本质是对国家监管政策的回应。[②] 当前，随着国家法律制度的不断完善，企业合规也随之动态发展和调整。正如目前随着全球范围内对环境保护的重视，很多国家都不断完善环境法律，加强对环境保护的监管，而环保合规也逐渐成为企业合规管理的重点内容。

环保合规实质上体现了"外规内化"的过程，除了企业自身环保合规建设之外，还需要政府环境监管的外在约束。美国是较早在环境监管中引入合规的国家，以美国、德国为例具体分析，其环保合规的整体框架主要体现在构建多元环保合规法律体系、设置合规保障办公室、建立企业合规激励制度以及设置引导企业合规的专业机构。[③]

（一）构建多元环保合规体系

美国的企业合规逐渐重视环境保护领域。早在1986年，美国发布了《环境审计政策声明》，明确指出将企业环保作为合规工作要点。1988年，美国又通过《内幕交易与证券欺诈取缔法》，进一步防止证券内幕交易。美国环境保护署（Environmental Protection Agency，EPA）在引导企业主动守法上经验丰富。在顶层设计上，EPA的国家合规计划（National Enforcement Initiatives，NCIs）明确要求鼓励企业守法并给予帮助，在《清洁空气法》《小企业监管和执法公平法案》等相关法律中要求设立技术和环境合规协助项目，并通过成立合规协助中心或专家

---

① 参见杨斌：《新形势下国有企业合规管理体系建设研究》，载《江西师范大学学报（哲学社会科学版）》2020年第4期。

② 参见谢甜甜：《期货公司合规法律制度研究》，对外经济贸易大学2015年博士学位论文，第27～30页。

③ 参见王东光：《组织法视角下的公司合规：理论基础与制度阐释——德国法上的考察及对我国的启示》，载《法治研究》2021年第6期。

团队等方式为企业提供技术咨询支持。在鼓励企业自主守法方面,EPA 建议开展国家环境表现跟踪计划(ENPT),建立环境审计自我报告制度,并通过适当的激励措施鼓励企业自主守法。在通过社会监督引导企业环境守法方面,政府及时公开执法与守法历史在线数据库、有毒物质释放清单,并要求上市公司在公开的信息中包含环境财务事项信息。[①] 表 1 – 1 为美国 2020 ~ 2023 年国家合规计划。

表 1 – 1　美国 2020 ~ 2023 年国家合规计划

类别	具体内容
提升大气质量	(1)减少固定源污染物排放,包括 VOCs(挥发性有机物)和 HAPs(有害空气污染物) (2)减少危废处置机构的 HAPs 排放 (3)禁止制造、销售、安装可篡改机动车尾气处理/净化装置的零部件
提升水环境以及清洁卫生质量	(1)减少违反美国国家污染物排放削减(NPDES)许可证制度的行为 (2)减少固定饮用水水源的水质超标现象
危险化学品风险防控	减少工业及化工行业的化学品意外泄漏导致的环境风险
铅污染防控	减少儿童的铅暴露及相关引发不健康的问题

资料来源:涂龙科、刘东:《美国企业合规计划的要素与启示》,载《中国检察官》2021 年第 16 期。

德国一直十分重视环保合规。2006 年,德国西门子公司深陷"贿赂门"事件,最终向美国司法部和证券交易委员会分别支付了 4.5 亿美元和 3.5 亿美元的罚款。2015 年,德国大众汽车公司因"尾气门"事件向美国消费者、经销商和政府赔付了 250 亿美元,并被德国检方处以 10 亿欧元的罚款。知名企业因环保问题被制裁折射出建立企业环保合规制度的必要性和紧迫性。[②]

德国的企业合规不仅限于刑事法领域,在民商法、行政法以及环保法领域都有相关的法律规定,由此形成了一套多元合规体系。德国公司法的多个条款都规定了公司机关的合规职责,这构成了企业合规的重要法律基础。德国一直较为重视环保合规,在 20 世纪 90 年代《德国联邦共和国基本法》曾两次修订增加环境保护相关内容,关于环境权利的规定在德国具有较高的位阶。目前,德国涉

① 参见张健、刘牧远:《美国引导企业合规的经验及启示》,载《环境影响评价》2021 年第 2 期。

② 参见王东光:《组织法视角下的公司合规:理论基础与制度阐释——德国法上的考察及对我国的启示》,载《法治研究》2021 年第 6 期。

及环保领域的法律法规较多，通过法律建立起全方位、多层面的环保法律体系。

各项环保法律法规对气候与能源、空气与噪声、水源保护等标准都做了明确规定。《联邦废气排放法》对200多种有害气体制定了排放标准；《水资源管理法》则对城镇和企业的取水、用水以及污水处理和排放等标准作了明确规定。德国生产者延伸责任（Extended Producer Responsibility，EPR）作为一项环保政策，要求卖家从产品设计到产品生命周期结束（包括废物收集、处理）负责。德国EPR共3个类目：包装法、电池法、德国电气与电子设备废料指令（Waste Electrical and Electronic Equipment，WEEE）。所有销往德国市场的跨境卖家都会涉及注册德国EPR。EPR生效时间如表1－2所示。

表1－2　德国EPR三大类目生效时间

EPR内容	生效时间
包装法	2022年7月1日
电池法	2022年1月1日
WEEE	2022年12月31日

每一个销往德国的产品必不少包装，因此所有德国站卖家都要注册德国包装法，并且申报预售产品的包装材料、种类和重量，否则产品会被禁售下架甚至处以最高20万欧元的罚款。纸皮、塑料、玻璃、铁、锰、铬、钒、钛、铝、饮料纸盒包装、其他复合包装以及其他材料如木头、布料等产品需要进行注册。卖家在注册后会有一个DE开头的包装法注册号，同时产品还需印上回收标志。目前，德国官方未强制印刷包装法标识，但德国市场的产品基本都带有相关标识。德国包装法回收标志印刷的是三个循环箭头，黑白版和绿色版均可。德国将欧洲电池指令2006/66/EG转为国家法律——电池法（BattG）。从2021年1月1日起，BattG已升级为新版电池法BattG 2，并于2022年1月1日生效。新电池法是按照自然年度收费，即无论卖家什么时候注册，到期时间都是每年的12月31日。所以，需要注册德国电池法的卖家应及时尽早进行注册。

除了包装法，德国WEEE指令近期也成为卖家极其关注的类目。WEEE指废弃电子电气设备，该政策规定卖家必须对其在德国境内销售的废弃电子电气产品进行处理回收。将电子电气设备投放到德国市场的卖家都必须注册WEEE，其适用的产品非常广泛。另外，德国专门制定了《联邦环境影响评估法》，要求对环境可能产生不利影响的生产经营，从项目对人类、动物、植物、土壤、水、空气、景观等方面进行评估。评估程序主要被分为筛选阶段和决策阶段：筛选阶段包括确定范围过程、建议人提交环境影响说明文件主管部门和公众参与；决策阶段包括项目环境影响概要说明、评估环境影响并就颁发项目许可证事宜作出决定。

（二）设置合规保障办公室

EPA 每三年会根据国家环境情况和发展需要，制订国家执法计划，其内部设置执法和合规保障办公室，该部门的主要任务是制订计划指导地方环境保护办公室和州政府等执行国家法律，提高企业的合规性。2018 年 EPA 将国家执法计划修订为 NCIs，表达了对引导企业合规的重视，进一步对违法率高的企业制定专门的合规指南、提供相应的专家咨询、开展讲座和培训以及提供其他现场援助活动，帮助企业合规生产，最终达到防控水污染、减少大气污染、保护土地安全的目的。目前 EPA 实施的 2019 年 7 月 7 日发布的《2020—2023 年国家合规计划》聚焦七个重点领域，其中前面六个是由地方执法部门牵头，最后一个是由执法部门进行配合完成。

德国的合规制度在民商法、行政法、刑法领域亦有相关法律规定，由此形成了一套多元的企业合规法律体系，有关环境保护的主管部门是德国联邦环境、自然保护、建设与核安全部，其主要职责是制定德国环境保护方面的相关政策，共分为 6 个职能司局，在柏林和波恩均有办公地点。除德国联邦政府和欧盟外，16 个联邦州和各个县政府都设有官方的环保机构，并根据法律制定了具体的地方法规。德国的刑事警察当局还建立了专门负责侦查环境犯罪案件的部门。

（三）建立企业合规激励制度

守法奖励是企业守法最直接的引导方式，能快速、直接、有效地作用于排污企业的生产经营决策，通过提供投入与支持，实现促进与引导企业“自觉”守法。德国很多企业都拥有较为广泛的海外业务，这一方面为企业提供了前所未有的商机，另一方面也出现了逃税漏税、污染环境以及贿赂腐败等法律风险。为维护海外企业的利益，确保其在法律框架内活动，德国构建了完备的企业合规激励制度以帮助企业有效降低法律风险，不断提高企业的市场声望。总的来说，德国建立了事前加事后的双重企业合规激励制度。①

---

① 参见吴伟：《德国企业合规制度的特点》，载《人民法院报》2021 年 12 月 3 日，第 8 版。

在遭遇法律风险之前,如果企业积极主动地履行了相应的企业合规义务,构建了完备的企业环保合规体系,可减轻或免除其之后承担的法律责任。例如,德国联邦法院曾在判决中明确表示,当企业因违法行为应被科处罚款时,确定罚款数额要考虑企业履行环保合规义务的程度,即企业在多大程度上履行了防止企业内部出现违法行为的义务以及在多大程度上建立了能够有效防止违法行为的合规管理体制,是确定企业罚款数额的重要考量因素。① 质言之,如果企业严格依照法律规定在企业内部建立了完善的环保合规制度,并积极履行了对企业经营者和职员的合规培训、教育、监督等义务,则可减少甚至免除罚款;反之则无法享受处罚"优惠",以激励企业未雨绸缪,事先建立完善的企业环保合规制度。

美国通过政府激励制度,为自愿加入计划、主动守法的企业提供经济激励,如降低罚金、提供财政补贴等,鼓励企业采取减少污染、有利于环境保护的管理方式进行生产。美国国家环境表现跟踪计划(National Environmental Performance Track Program,NEPT)旨在鼓励那些已经达到了法律要求的企业进一步采取有利于公众、社会和环境的行为,以取得更好的环保业绩,自觉提高环境管理水平,并鼓励环保部门与企业建立伙伴关系,对于 NEPT 中表现优异的企业实施一定奖励。美国的经营实体无论规模大小、公营或私营都可申请加入 NEPT 且其成员覆盖几乎所有制造业及联邦、州和地方各级的公共机构。申请加入的企业需要向 EPA 提供申请表、遵守环境法规的记录和年度环境表现报告等。企业加入后,每年都要向 EPA 提交年度表现报告并签署现场考察协议。为了鼓励企业申请加入 NEPT,EPA 提出几种奖励措施:一是减少检查频次;二是根据在 NEPT 中的表现,接受罚款时可酌情减免金额;三是企业可在 NEPT 相关网页进行宣传,其活动可使用 NEPT 标识;四是 NEPT 计划内的企业共享成功经验等信息;五是得到 EPA 的其他宣传;六是参与国家环境管理工作跟踪计划并改进 NEPT 计划。2009 年,NEPT 发布第六次评估报告:自整个项目开展以来,聚集了大量的企业,调查发现这些企业在节能减排方面发挥了巨大作用,600 多家企业保护了 10,062 公顷的土地,节约 10.8 亿升用水量,并减少了 366,948 吨温室气体排放量。②

(四)设置引导企业合规的专业机构

各国陆续设立了引导企业合规的专业机构。在此方面美国就专门设立了合

① 参见王东光:《组织法视角下的公司合规:理论基础与制度阐释——德国法上的考察及对我国的启示》,载《法治研究》2022 年第 1 期。

② 参见张健、刘牧远:《美国引导企业合规的经验及启示》,载《环境影响评价》2021 年第 2 期。

规协助中心(Compliance Assistance Centers,CACs),此中心主要是指 EPA 与产业协会、高校等第三方机构合作设立的涵盖石油及天然气安全提取、金属表面处理、医疗卫生、建筑等多个特定行业的合规协助中心,其可以提供一站式服务,包括技术问答、法规更新、解读、合规培训、技术信息支持等,并可以 EPA 资金资助,由第三方运营的方式针对特定的行业提供环境合规信息。另外,美国各州设立了专门的污染防治专家团队。以华盛顿州为例,环保部门提供污染防治援助,由不同背景的专家组成团队向企业提供免费、可实操的咨询服务,专家团队可以帮助企业检查污染防控措施,提供个性化技术解决方案。通过与专家合作,企业可以掌握法规变化,确保污染防控和安全生产。在顾问服务过程中,由于专家没有执法权,旨在帮助企业寻找环境问题的解决方案,所以企业更信任专家,不会对环境问题进行遮蔽或回避,对于发现和解决问题更有动力。①

各国公司开始普遍重视合规化经营,企业合规管理从行业化指南和个别公司的规定转变为企业普遍的治理方式。除司法部门外,行政部门也开始加强合规监管,企业合规在不同的领域进行发展。在环保合规方面,主要呈现以下两个特点:一是企业环保合规管理被企业所接受,并逐渐成为大多数企业治理与风险管控的基本方式。二是企业环保合规治理官方化、标准化,官方给出了合规管理体系的有效标准、匹配合规激励措施、完善合规管理流程,并将上述内容制度化。

三、企业环保合规的基础与动因

环保合规是新时代背景下产生的新需求。我国已经进入中国特色社会主义新时代,生态文明建设受到前所未有的重视,并已经写入宪法、党章。中央要求将生态文明建设融入其他各项建设的全过程和各方面,生态环保力度不断加大并会持续增强。企业作为法律明确的环境保护的主要责任主体,风险日益增大。在此背景下,构建环保合规体系日益成为企业适应新时代新要求、防范和化解生态环保风险、维持企业持续健康发展的迫切需求。环保合规不仅是政治问题,也是社会问题。在最严格的生态环境保护制度下,环保合规是企业经营的必然选择。如果企业环保不合规或者受到环保行政处罚,将面临信用评级降低,投标难、融资难、上市难等系列问题。

---

① 参见张健、刘牧远:《美国引导企业合规的经验及启示》,载《环境影响评价》2021 年第 2 期。

绿水青山就是金山银山。近年来，为贯彻绿色发展理念，国家对生态环境的保护力度不断加大。2015 年 9 月 21 日，中共中央、国务院发布《生态文明体制改革总体方案》提出“构建以改善环境质量为导向，监管统一、执法严明、多方参与的环境治理体系，着力解决污染防治能力弱、监管职能交叉、权责不一致、违法成本过低等问题”。该方案客观地指出一系列生态环境领域亟待解决的问题，并表达了解决问题的决心。2018 年 6 月 16 日，《中共中央　国务院关于全面加强生态环境保护　坚决打好污染防治攻坚战的意见》作为我国生态环境领域的纲领性文件，指出要“加快构建生态环境治理体系，健全保障举措，增强系统性和完整性，大幅提升治理能力”，明确将改革完善生态环境治理体系作为加强生态环境保护的重要内容，表明生态环境治理体系是生态环境保护的重要组成部分。2020 年 3 月 3 日，中共中央办公厅、国务院办公厅印发了《关于构建现代环境治理体系的指导意见》，提出到 2025 年建立健全环境治理的领导责任体系、企业责任体系、全民行动体系、监管体系、市场体系、信用体系、法律法规政策体系七大体系的主要目标。2020 年 9 月 1 日修订后的《中华人民共和国固体废物污染环境防治法》（以下简称《固体废物污染环境防治法》）实施后，企业出现的环保方面的违法问题日趋增多，面临的环保压力也越来越大。

（一）市场风险日益突出

科技进步与工业发达带来生产力和生活便利的同时，也使社会处处充满着风险，尤其是在生态环境方面，如重金属污染、水污染、大气污染等。这些来自科学技术的风险都不是原来应用科技的目的，而是科技所产生的副作用。环保合规也是针对风险社会背景提出的。风险社会是现代社会的典型面相，具有总体性、弥散性等特征，以土壤环境风险与事故为代表的生态环境恶化正是现代风险社会的主要表现。生态环境风险充满着不确定性，生态风险是否会发生或是出现生态环境风险的可能性有多大，对于这些问题，无论从法律规范层面还是通过概率计算都很难得出相对准确的答案。有学者指出，现代意义上的风险规制或者控制成本是一种精算主义的体现，都是对不确定性的最大可能的调整。[①] 对于企业而言，企业不断加强自身环境保护合规的管理是从外部风险不断突出的现

---

① 参见[英]珍妮·斯蒂尔：《风险与法律理论》，韩永强译，中国政法大学出版社 2012 年版，第 61 页。

实需要中内生出来的，而催生企业合规的最根本动因就是企业需求，而不同性质的企业，针对环保合规的需求不尽相同。

企业想要更好地防范环境风险，首先需要做到的就是环保合规管理。环保合规管理既是法律监管的必然要求，也是企业防范违规环境风险、自我保护的有效措施。合规管理的核心也是聚焦防范企业风险，不断强化企业安全发展的底线思维，这种思维也极大影响着当代企业的实践与发展。整体上看，企业合规管理体系的建设是一个不断完善和发展的过程，环保合规管理已经成为企业内部管理的重要组成部分。因此，企业应该在日常的合规管理中，加强对环保合规管理制度的反馈与评估，并不断进行调适，使其符合企业实际，更具可操作性。

（二）政府监管不断强化

科学技术的不断发展和经济竞争性的加强也加大了社会的风险性因素，由此带来了许多负面效应，其中环境污染问题就是典型代表之一。以环境风险与事故为代表的生态环境恶化即是现代风险社会的主要表现，其不仅严重威胁公众生命健康，而且还会引发“公众健康风险”，并将其转化为“社会风险”。在风险社会背景下，预防与应对生态环境风险已成为现代国家、社会与个人共同面对的任务。因此，在一定意义上，运用法律手段保护社会利益是国家不得不作出的选择。①

合规经营是企业采取一切行为的必然要求，企业不依法依规经营必然会遭受国家法律制裁，社会公众抛弃，最终使企业走向灭亡。公共利益理论的主要观点认为，缺乏监管的市场会出现市场失灵，为了保护社会公众的利益，出台监管政策以应对市场失灵现象是有必要的。随着国际社会环保法规的进一步完善，以绿色标志为特征的环保认证越来越多且更加严格，这些公约与法规成为企业所必须遵守的行为准则。企业合规经营环境发生明显变化，不合规的企业将面临更加严格的监管制约，所取得的市场机会也会锐减，企业的合规管理制度也将从市场竞争角度获得潜在利益。结合企业自身的发展及各国重要监管法案的要求，构建有效运转的环保合规管理体系，即主动按照国家监管要求完善公司内部治理体系的制度建设，确保公司的各项决策经营活动、程序都有章可循；构建监督制约公司规范开展决策经营活动的运行机制，包括配置相应的人员、提供了相

---

① 参见吕忠梅、陈虹：《经济法原论》，法律出版社 2008 年版，第 27 ~ 29 页。

应工作条件和经费保障等，可在客观上取得减少政府监管负担和减少企业违法行为的正面效果，同时能够实现政府和企业的双向利好，这是国家和企业共同推动合规管理体系建设的动力。①

随着我国的环境监管体系不断完善，污染排放标准不断提高、相关处罚力度不断加大、环保执法检查常态化等趋势显现，各级政府强化环保标准的硬约束，对违反环境标准的企业执法越来越严格。与此同时，企业环境违法违规成本大幅增高，越来越多的环境违法企业被行政处罚、关停，环境行政处罚案件数量逐年上升。若企业对环保问题重视程度不足，不仅会受到行政处罚，还可能构成污染环境罪，从而被追究刑事责任。据报道，2021 年全国共下达环境行政处罚决定书 13.28 万份，罚没款数额总计 116.98 亿元，平均罚款金额 8.8 万元。② 值得注意的是，一旦企业因为环保问题涉嫌违法犯罪，不仅会给企业带来经济、声誉和商业机会上的重大损失，双罚制下对企业的高额罚金甚至将可能危及企业自身的生存。因此，为保障企业的绿色、健康、可持续发展，企业在生产经营中应当主动承担环保责任，遵守环保法律法规，做好环保合规工作，预防环境违法风险。由此，在高度重视环境保护的现实背景下，企业环保合规并不仅是地方生态环境行政主管部门的要求，更是整个社会的要求，是所有企业所要作出的必答题，而不是选择题。

（三）企业持续发展的内在需求

企业环保合规可以认为是企业将环境的外部不经济转化为外部经济的过程，企业内部各个部门及员工能够通过对设计、原材料采购、加工、销售及废物处理等全过程进行绿色管理，对过程中的废弃物、毒物的产生与排放的数量及质量进行控制以达到法律要求。企业进行环保合规的原因一部分是来自风险社会的外界压力，另一部分是企业不断创新以实现可持续发展的内因。

归根结底，环境违法行为是企业的趋利性、掠夺性导致的负面破坏性的后果。企业环保合规的内因形成了企业主动实施合规管理并为完善长期战略实现可持续发展的组成部分，而外因促成企业被动选择环保合规策略以应对外界压力。企业是否致力于实现环保合规取决于内外因的互动作用，以及在此互动中

---

① 参见孙一杰：《公司合规治理体系的域外启示》，载《董事会》2020 年第 12 期。

② 参见《生态环境部通报 2021 年 1－12 月环境行政处罚案件与〈环境保护法〉配套办法执行情况》，载生态环境部网，http://www.gov.cn/xinwen/2022－01/24/content_5670106.htm。

不同行为主体之间进行博弈的是否处于均衡状态。企业环保合规可以看作一种企业文化建设,能够不断促进、优化企业行为。企业只有将环保合规的理念与价值根植于企业的运营与发展之中,使企业自身的环保要求成为企业环保合规的内在动力,才能通过环保合规不断实现绿色可持续发展。

第二章　企业环保合规的现状分析

环境合规因素对于企业规范、健康运营开始具有举足轻重的影响,企业对于环境合规法律服务,产生了迫切需求。中国企业环保合规的现状主要体现在国家对企业的合规监管和企业内部的环保合规控制两个方面,前者基于保护环境的现实需求和规范企业行为的治理需要而作出,而后者则主要是对前者监管的回应以及对环保支持性政策优惠的争取,两者之间相互紧扣,共同形成了我国企业环保合规制度。

我国的环境保护性规定可分为两大类:一类是强制性监管要求,另一类是鼓励性政策保障。强制性监管要求是企业环保合规的主要回应对象,也是企业进行内部环保合规制度设计的主要依据。鼓励性的政策保障则在环境保护的底线性规则之上进行环保意识的引导。从企业内部的合规控制来看,目前我国企业的环保合规动力主要源于对环保合规风险的规避以及争取国家对绿色产业、绿色能源等环保项目的政策优惠。总体来说,无论是源于强制性监管还是寻求政策支持,合规工作都起到了促进环保的社会作用,提高了环保责任意识。

第一节　企业环保合规的外部监管

2016 年开始,在中央环境保护督察组的领导下,我国各地都展开了环境保护整改工作，认真落实党中央、国务院关于大气污染治理的各项政策。根据2018年国资委发布的《中央企业合规管理指引（试行）》和国家发改委等联合发布的《企业境外经营合规管理指引》，环保是企业合规管理的重点领域，这也意味着国家开始转变环境保护治理方式，逐渐从政府纠察转为政府监管下的企业自查。2019年7月，我国又启动了第二轮第一批中央生态环境保护督察，将企业生态环境保护管理和遵守环境保护法律法规的情况作为督察重点之一。此后，2020年8月第二轮第二批中央生态环境保护督察工作提出对中央企业等国资企业进行依法环保和落实生态环境社会责任等督察。截至2022年6月，中央生态环境保护督察已经进行到第二轮第六批，这体现出国家环境保护治理的决心。企业环境保护合规管理和中央环保督察等一系列措施意味着国家寻求政府企业对生态环境保护的协同治理，环保合规也已经是企业合规管理的重点内容。企业的社会责任也是企业环保合规的重要动力，国资企业在企业承担社会责任方面具有带头作用。2022年8月，国务院国资委发布《中央企业合规管理办法》，通过部门规章对中央企业进一步深化合规管理提出明确要求。与2018年印发的《中央企业合规管理指引（试行）》相比，《中央企业合规管理办法》更加突出刚性约束，内容更全、要求更高、措施更实。从企业外部的合规监管来看，在一系列的环保督察、合规监管、国资企业示范等措施下，我国对企业的环保合规的要求发生了从形式审查到实质监管的极大转变。

一、环保合规法律规范逐渐完备

作为外部环境，法治建设的不断推进能够有效促进企业转变价值观，针对法律的要求不断作出策略调整，从而达到国家对于环境保护的合法性要求。近几年，我国针对环境污染的严峻形势，不断完善污染防治法律制度，为打赢污染防治攻坚战提供法律支撑。

在全面依法治国大背景下，我国生态环境保护的法治化建设也得到了长足发展，环保的规范化治理也越来越成熟。我国的环境立法从1979年开始至今，以宪法为依据、以《环境保护法》为基础、以污染防治和自然保护单行法为主干的立法体系已经形成。截至目前，全国人大及其常委会出台的生态环境保护方面的法律已有34部，多部法律被多次修订。据不完全统计，国务院、地方人大出台生态环境保护行政法规、地方性法规200余部；生态环境保护相关部门、地方人民政府制定的部门规章及地方性规章逾千件；全国人大常委会法工委、司法机关、国务院法制部门、国务院生态环境主管部门发布相关答复意见、司法解释、规范性文件等数百件。

(一)宪法中的环保规定

我国现行宪法颁布时就已经在"总纲"中对生态环境保护作出了规定。第9条规定:"矿藏、水流、森林、山岭、草原、荒地、滩涂等自然资源,都属于国家所有,即全民所有;由法律规定属于集体所有的森林和山岭、草原、荒地、滩涂除外。国家保障自然资源的合理利用,保护珍贵的动物和植物。禁止任何组织或者个人用任何手段侵占或者破坏自然资源。"第26条规定:"国家保护和改善生活环境和生态环境,防治污染和其他公害。国家组织和鼓励植树造林,保护林木。"这体现出我国爱护生态环境的核心价值追求。

在此后长达40年的法治建设过程中,宪法"总纲"对环境保护的相关规定成为环境保护立法的依据,在各部门法、专门立法中不断得到丰富和发展。宪法是国家的根本大法,是治国安邦的总章程,集中体现了党和人民的统一意志和共同愿望,是国家意志的最高表现形式。将生态文明建设纳入人类命运共同体范畴并规定于宪法之中,在全世界尚属首例,这为我国生态环境法治建设注入了灵魂,为生态文明建设提供了强大的精神指引和有力的法治保障。

(二)环保相关法律法规

除了在宪法和行政法中生态环境保护的法治价值目标,我国还有相当多的专门性环境保护法律规范,其中《环境保护法》是最全面的,涵盖了海、陆、空全领域的自然和人文环境要素,可视为生态环境保护的基本法。《环境保护法》经过了1979年首次颁布并试行,于1989年正式颁布,直至2014年进行了较大范围的修订,最终形成了《环境保护法》。《环境保护法》第5条遵循宪法"总纲"中关于环境保护的立法精神,将环境保护确定为国家的基本国策,并明确环境保护的基本原则是"保护优先、预防为主、综合治理、公众参与、损害担责",这项基本原则也正好对应了《环境保护法》的六章:第一章确定了保护环境的基本立场;第二章以政府工作规划、环境质量标准、监测制度等国家监督管理方式为主要的预防手段;第三章和第四章则主要规定了各级政府的治理任务和建立分类管理制度指引;第五章是《环境保护法》于2014年修订时中新增的章节;第六章是由修订前的第五章往后顺延。与前四章中强调政府责任不同,第五章将公众作为环境保护的义务主体纳入进来,这是我国第一次在环境保护法中规定公众参与制度,第六章则主要是对损害生态环境的追责规定,其中对企业事业单位及其他经营者违法行为的处罚规定又衔接上了《中华人民共和国行政处罚法》(以下简称《行政处罚法》)的相关规定。《环境保护法》所构建出来的环境保护机制是一种全面协同保护,如政府部门间协同监管、区域间协同防治、政府和公众协同治理等,这是国家共治理念在环境保护领域得到贯彻的体现。

除了综合性的《环境保护法》,我国还发布了多部专项法律,如《中华人民共和国海洋环境保护法》、《大气污染防治法》、《中华人民共和国水污染防治法》(以下简称《水污染防治法》)、《中华人民共和国土壤污染防治法》(以下简称《土壤污染防治法》)、《中华人民共和国环境影响评价法》(以下简称《环境影响评价法》)等,通过对环境进行分类保护,有针对性地对各类环境污染进行预防治理。目前,我国企业在进行环保合规管理的时候,往往也是主要围绕这几部法律的环境类型划分来进行专项管理,在作出完整的环境影响评价报告时也需要包含各专项的内容。此外,我国还有各类资源保护法,如《中华人民共和国森林法》《中华人民共和国矿产资源法》《中华人民共和国野生动植物保护法》《中华人民共和国草原法》《中华人民共和国水土保持法》等,这些配套性的法律在综合性环境保护法律的基础上,对各领域的生态资源保护进行了更加专业、细致的规定,与众多环境保护法律规范一起形成了环境保护治理法治体系,如表2-1所示。

表2-1 环境保护相关法律

法律类型	法律名称
自然资源保护类	《中华人民共和国森林法》
	《中华人民共和国草原法》
	《中华人民共和国渔业法》
	《中华人民共和国矿产资源法》
	《中华人民共和国水法》
	《中华人民共和国野生动物保护法》
	《中华人民共和国水土保持法》
	《中华人民共和国气象法》

续表

法律类型	法律名称
污染防治类	《中华人民共和国水污染防治法》
	《中华人民共和国大气污染防治法》
	《中华人民共和国固体废物污染环境防治法》
	《中华人民共和国噪声污染防治法》
	《中华人民共和国海洋环境保护法》
其他环境保护类	《中华人民共和国环境影响评价法》
	《中华人民共和国清洁生产促进法》
	《中华人民共和国循环经济促进法》

(三)民法、刑法中关于环保的法律规范

我国民法、刑法两大部门法中也有专门的环境保护条款。2020年我国《中华人民共和国民法典》(以下简称《民法典》)颁布并纳入了民事领域的绿色原则。作为调整民事主体间权利义务关系的法律,《民法典》在“总则”中对民事主体的行为习惯作出了环境保护方面的要求,即在第9条中规定:“民事主体从事民事活动,应当有利于节约资源、保护生态环境。”在“物权编”与“合同编”中,又分别对业主、用益物权人、建设用地使用权设立人、合同当事人重申了这一要求;此外,还在“侵权责任编”中设置了专门的章节对破坏环境的责任进行了规定,即环境污染和生态破坏责任。《民法典》中对环境保护的相关规定,将环境保护理念普及到私人自治领域,对民事主体的环境保护意识有很强的促进作用,也增强了《环境保护法》中公众参与环境保护的相关规定的适用性。

我国《刑法》中对环境保护的规定主要出现在分则罪名中,如在《刑法》第229条提供虚假证明文件罪规定,中介组织的人员在履行环境影响评价、环境监测等职责时提供虚假证明文件构成犯罪,这对企业环保合规管理中的专业评估机构提出了业务风险上的考验,也从法律责任上倒逼中介组织在合规评估、监督过程中加强对企业文件真实性的审核。《刑法》将对环境保护的罪行规定在第六章“妨害社会管理秩序罪”中,体现了违反环境保护规定的犯罪的公共性。该章第六节是对环境保护的专门规定,为破坏环境资源保护罪,该罪名类别下包含了对污染环境行为、破坏自然资源的行为、非法处置进口固体废物等行为的入罪规定。其中第338条规定了污染环境罪,规定了违反国家规定,排放、倾倒或者处置有放射性的废物、含传染病病原体的废物、有毒物质或者其他有害物质，严重污染环境的行为在不同情形下的刑罚幅度。这一条规定的污染环境罪是基础罪名，是对破坏环境保护行为的概括性刑罚规定。针对各类型的犯罪，《刑法》在第339条规定了非法处置进口的固体废物罪，在第340条至第345条分别规定了非法捕捞水产品罪，危害珍贵、濒危野生动物罪，非法占用农用地罪，破坏自然保护地罪，非法采矿罪，危害国家重点保护植物罪，非法引进、释放、丢弃外来入侵物种罪，盗伐林木罪。此外，《刑法》第346条规定了对单位犯上述罪行的刑罚，将破坏环境资源保护罪纳入单位犯罪范畴。除了对个人、企业事业单位、其他经营者的刑事责任规定，《刑法》还规定了环境监管失职罪，此条主要是针对国家机关工作人员的履职行为，与前述针对中介组织的提供虚假证明文件罪的效果类似，通过加强对监管方、第三方的法律责任，促进企业环保合规监管制度的良性发展。

《刑法》中对于环境保护的规定主要起到衔接其他法律中的责任规定和强化违法责任的作用。《环境保护法》中关于法律责任的规定主要针对违反了环保法律规定但尚不构成犯罪的行为，对于构成犯罪的，则需要刑法来应对；而《民法典》中却没有类似的规定。这表明违反环境保护相关法律的民事责任和刑事责任是两个并行的追责机制，当违法行为较严重，仅追究民事责任不足以起到震慑作用时，还得靠刑法来强化法律责任。

（四）针对环保类法律规范的司法解释

随着各部门法对环境保护规定得越发完善，在司法实践中产生了一些法律适用的问题，对此，最高人民检察院和最高人民法院均发布了相关司法解释，对环境保护法律规定的司法适用进行了解释和指引。2016年《最高人民法院、最高人民检察院关于办理环境污染刑事案件适用法律若干问题的解释》对构成“严重污染环境”的18种情形进行了列举式规定，在此基础上还增加了“后果特别严重”的犯罪情形，明确了办理刑事案件时适用污染环境罪的定罪量刑标准。2019年，为贯彻落实习近平生态文明思想和中央重大决策部署，最高人民法院、最高人民检察院、公安部、司法部、生态环境部五部门联合印发的《关于办理环境污染刑事案件有关问题座谈会纪要》指出，为了统一司法尺度，特针对司法实践中环境污染犯罪的单位犯罪、犯罪未遂、主观过错、从重处罚情形、生态环境损害赔偿的标准、有害物质，以及非法排放、倾倒、处置行为等的认定进行了指导性说明。此外，还对非法经营罪、投放危险物质罪、涉大气污染的环境犯罪等罪行的适用作出规定。

2020 年至 2022 年,针对环境保护的民事法律相关规定,最高人民法院陆续发布了几项重要的司法解释。为依法追究环境损害者的赔偿责任,2020 年 12 月,《最高人民法院关于审理生态环境损害赔偿案件的若干规定(试行)》(2020 年修正)发布;2021 年 12 月 27 日,《最高人民法院关于审理生态环境侵权纠纷案件适用惩罚性赔偿的解释》通过,增强了环境损害民事赔偿的司法适用性;2021 年 12 月,《最高人民法院关于生态环境侵权案件适用禁止令保全措施的若干规定》公布,对实践中如何适用环境保护禁止令作出了规定,充分贯彻落实了我国法律关于生态环境保护优先、预防为主的环保理念。最高人民法院和最高人民检察院还针对环境保护的公益诉讼案件发布了司法解释。如 2020 年 12 月 29 日,修正后的《最高人民法院关于审理环境民事公益诉讼案件适用法律若干问题的解释》发布;2022 年 5 月,《最高人民法院、最高人民检察院关于办理海洋自然资源与生态环境公益诉讼案件若干问题的规定》发布。

除了司法解释,最高人民法院、最高人民检察院、公安部等部门还发布了环境保护相关的典型案例,如最高人民法院 2020 年至 2021 年连续两年均分别发布 10 例长江流域、10 例黄河流域生态环境司法保护典型案例。2013 年 6 月 18 日,最高法公布了 4 起环境污染犯罪的典型案例①,此后每年都持续着发布民事、刑事、行政典型案例的工作,通过典型案例,向社会传递贯彻损害担责原则的环境保护决心。

(五)环境标准

根据生态环境部发布的《生态环境标准管理办法》,环境标准是指由国务院生态环境主管部门和省级人民政府依法制定的生态环境保护工作中需要统一的各项技术要求。在我国,环境标准主要有三级六类:三级即环境标准可分为国家环境标准、地方环境标准以及行业环境标准;六类则是环境标准主要包括环境质量标准、污染物排放标准、环境基础标准、监测分析方法标准、环境标准样品标准,以及环保仪器、设备标准。按照《中华人民共和国标准化法》第 21 条的要求,地方标准和行业标准不能低于国家标准。由此可以看出,国家环境标准其实是一个环境控制目标的底线值,通过对各种污染设置最低标准来达到整体控制的

---

① 参见《最高法院公布四起环境污染犯罪典型案例》,载中国法院网,https://www.chinacourt.org/article/detail/2013/06/id/1014579.shtml。

目的。环境标准一般针对大气、水、土壤、噪声、固体废弃物、辐射等污染形态。实践中,我国许多的环境标准规定具有强制性法律效力,如污水综合排放标准(GB 8978—1996)、生活垃圾焚烧污染控制标准(GB 18485—2014)等。学界对环境标准的法律性质与适用争论已久,这些标准虽然不是立法法意义上的法律规范,但在司法实践中往往是被当作法律规范来适用的。从国家标准来说,其可在法律规范的司法适用时作为情形量化的依据。从学理上来说,由于民事侵权责任和刑事责任的追责机制都是以损害结果为要件的,损害结果及因果关系被证实后,即使责任人的行为符合环境标准,往往也不能在民法或刑法上免责;而环境标准达标一般可以免予行政处罚。因此,环境标准在行政合规责任判定上的适用性更强。在《环境保护法》《标准化法》的指引下,我国相关主管部门领导制定并发布了各类专门的环境保护标准。在国家机构改革前,主要由国家环境保护总局领导相关环境标准的制定工作;在 2018 年国家机构改革后,经改组成立了生态环境部作为贯彻落实宪法关于生态文明建设规定的专门部门。2019 年,生态环境部发布《关于征集 2020 年度国家生态环境标准计划项目承担单位的通知》,并于 2020 年 12 月 15 日发布《生态环境标准管理办法》。经过一年多的筹备工作,生态环境部在 2021 年至 2022 年集中对国家生态环境标准进行了修订和完善工作,这一批国家生态环境标准不仅为环境保护作出了技术性指导,也为各地方政府、各行业设置了制定生态环境保护的地方标准和行业标准的最低要求。我国主要的生态环境标准如表 2 – 2 所示。

表 2 – 2　主要的国家生态环境标准汇总

序号	制定主体	名称	发布时间
1	生态环境部	《化学物质环境管理、化学物质测试术语》	2022 年 6 月 6 日
2		《废塑料污染控制技术规范》	2022 年 5 月 31 日
3		《淡水生物水质基准推导技术指南》	2022 年 3 月 10 日
4		《水质、硫化物的测定、亚甲基蓝分光光度法》	2021 年 12 月 16 日
5		《突发环境事件应急监测技术规范》	2021 年 12 月 16 日
6		《国家移动源大气污染物排放标准制定技术导则》	2021 年 12 月 30 日
7		《工业企业挥发性有机物泄漏检测与修复技术指南》	2021 年 12 月 21 日

续表

序号	制定主体	名称	发布时间
8	生态环境部	《环境空气颗粒物(PM10 和 PM2.5)连续自动检测系统技术要求及检测方法》	2021 年 12 月 30 日
9		《入河(海)排污口三级排查技术指南》	2021 年 12 月 24 日
10		《优先评估化学物质筛选技术导则》	2021 年 12 月 21 日
11		《环境空气和废气　吡啶的测定　气相色谱法》	2021 年 12 月 16 日
12		《规划环境影响评价技术导则流域综合规划》	2021 年 12 月 8 日
13		《水质　可吸附有机卤素(AOX)的测定　微库仑法》	2021 年 11 月 29 日
14		《滨海核电厂温排水卫星遥感监测技术规范(试行)》	2021 年 11 月 26 日
15		《环境空气中氡的测量方法》	2021 年 11 月 26 日
16		《建设项目竣工环境保护设施验收技术规范　造纸工业》	2021 年 11 月 25 日
17		《固体废物　无机元素的测定　波长色散 X 射线荧光光谱法》	2021 年 11 月 18 日
18		《土壤和沉积物 13 种苯胺类和 2 种联苯胺类化合物的测定　液相色谱－三重四极杆质谱法》	2021 年 11 月 15 日
19		《自然保护区生态环境保护成效评估标准(试行)》	2021 年 11 月 15 日
20		《放射性物品运输容器防脆性断裂的安全设计指南》	2021 年 11 月 13 日
21		《排污单位自行监测技术指南　电池工业》	2021 年 11 月 13 日
22		《排污许可证申请与核发技术规范工业固体废物(试行)》	2021 年 11 月 6 日
23		《短波广播发射台电磁辐射环境监测方法》	2021 年 10 月 29 日
24		《放射治疗辐射安全与防护要求》	2021 年 10 月 17 日
25		《液态制冷剂　CFC－11 和 HCFC－123 的测定　顶空/气相色谱－质谱法》	2021 年 10 月 9 日
26		《水质　28 种有机磷农药的测定　气相色谱－质谱法》	2021 年 9 月 17 日

续表

序号	制定主体	名称	发布时间
27	生态环境部	《规划环境影响评价技术导则产业园区》	2021 年 9 月 8 日
28		《核医学辐射防护与安全要求》	2021 年 9 月 6 日
29		《放射性物品运输核与辐射安全分析报告书格式和内容》	2021 年 8 月 27 日
30		《废锂离子动力蓄电池处理污染控制技术规范(试行)》	2021 年 8 月 7 日
31		《区域性土壤环境背景含量统计技术导则(试行)》	2021 年 7 月 6 日
32		《土壤和沉积物 6 种邻苯二甲酸酯类化合物的测定 气相色谱-质谱法》	2021 年 6 月 3 日
33		《水质色度的测定稀释倍数法》	2021 年 6 月 3 日
34		《全国生态状况调查评估技术规范——生态系统遥感解译与野外核查》	2021 年 5 月 12 日
35		《纺织工业污染防治可行技术指南》	2021 年 5 月 12 日
36		《包装印刷业有机废气治理工程技术规范》	2021 年 4 月 30 日
37		《环境标志产品技术要求 再生橡胶及其制品》	2021 年 4 月 23 日
38		《环境 γ 辐射剂量率测量技术规范》	2021 年 3 月 19 日
39		《辐射环境监测技术规范》	2021 年 5 月 1 日
40		《自然保护地人类活动遥感监测技术规范》	2021 年 2 月 4 日
41		《生活垃圾焚烧污染控制标准》	2019 年 11 月 21 日
42	原国家技术监督局	《污水综合排放标准》	1996 年 10 月 4 日

(六)与环保有关的国际条约

国际环保公约由一系列国际公约组成,具体包括与保护臭氧层有关的国际环保公约、《控制危险废物越境及其转移巴塞尔公约》、《濒危野生动植物物种国际贸易公约》、《生物多样性公约》、《生物多样性公约卡塔赫纳生物安全议定书》、《联合国气候变化框架公约》等。我国加入的一些国际条约相较于我国国内环境保护法律而言具有一定的优先适用性,这体现出我国在环境保护方面坚持与国际接轨,积极承担全球生态环境保护的主体责任。截至 2022 年,我国加入或缔结了30多项环境资源保护类国际公约、条约，其中很多都是全球性的国际公约，如《气候变化框架公约》，其由153个国家于1992年6月3日至14日的联合国环境与发展会议期间签署，我国在1992年11月7日批准加入该公约，《气候变化框架公约》于1994年3月21日生效。正如其名，《气候变化框架公约》旨在保护气候系统，通过约束、督促各国在全球范围内履行环保承诺来防止气候变化带来的消极影响。《气候变化框架公约》的主要内容包括：气候系统的保护目标、为实现目标而采取行动所遵循的原则、缔约国承诺采取的行动和措施、气候变化的研究和系统观测、气候变化及其影响的教育和培训及公众意识的提高、缔约方会议的设立及其职责、附属机构和附属科技咨询机构的设立及其职能、资金机制的建立及其运行方式、有关信息的交流、争端的解决等。该公约是国际社会环保意识强化的结晶，是人类为了为防止气候不利变化而共同努力的结果，也是人类形成生态环境保护共同体的重要体现。

其他与环保有关的国际公约还有关于大气保护的《保护臭氧层维也纳公约》、关于生物多样性保护的《生物多样性公约》、对公海资源管理及污染处理作出了约定的《联合国海洋法公约》等。我国加入的主要环保国际条约如表2-3所示。

表2-3　我国加入的主要环保国际条约

类别	名称	加入/颁布时间
国际公约	《国际油污染损害民事责任公约》	1980年4月
	《濒危野生动植物物种国际贸易公约》	1980年12月
	《保护世界文化和遗产公约》	1985年12月
	《核事故或辐射紧急情况援助公约》	1986年9月
	《保护臭氧层维也纳公约》	1989年9月
	《控制危险废物越境转移及其处置的巴塞尔公约》	1990年3月
	《生物多样性公约》	1992年6月
	《关于特别是作为水禽栖息地的国际重要湿地公约》	1992年7月
	《气候变化框架公约》	1992年11月
	《联合国海洋法公约》	1996年5月

续表

类别	名称	加入/颁布时间
国际条约	《南极条约》	1983 年 5 月
	《关于各国探索和利用包括月球和其他天体在内的内外层空间活动的原则条约》	1983 年 12 月
	《禁止在海床洋底及其底土安置核武器和其他大规模毁灭性武器条约》	1991 年 2 月
国际协定	《中日保护候鸟及其栖息环境的协定》	1981 年 3 月
	《关于油类以外物质造成污染时在公海上进行干涉的议定书》	1983 年 2 月
	《国际热带木材协定》	1986 年 7 月
	《中美自然保护议定书》	1986 年 11 月
	《中蒙关于保护自然环境的协定》	1990 年 5 月
	《中朝环境保护合作协定》	1992 年 10 月
	《中加环境保护合作谅解备忘录》	1993 年 9 月
	《中印环境合作协定》	1993 年 10 月
	《中韩环境合作协定》	1993 年 10 月
	《中日环境保护合作协定》	1994 年 3 月
	《关于建立中、俄、蒙共同自然保护区的协定》	1994 年 5 月
	《中俄环境保护合作协定》	1994 年 5 月

二、企业面临环保合规的监管趋严

我国生态环保法律体系已经基本形成。① 这些环境法律、法规对企业规定了严格的义务，企业一旦违反，将承担十分严厉的生态环境行政责任、生态环境民事赔偿责任甚至刑事责任。随着我国不断加大节能减排力度、公众环保意识增强以及法律制度不断健全，企业违反法律法规的风险以及违反法律规定所要承担的责任不断加重。

从各部门法对环境保护的相关规定以及近几年发布的司法解释可以看出我

① 参见《我国生态环保法律体系已基本形成》，载中国人大网，http://www.npc.gov.cn/npc/kgfb/202210/7fb2fcd66b084be2aa48176ce8d0fe07.shtml。

国环境保护力度越来越大，通过检索裁判文书网也能发现近年的环境保护公益诉讼越来越多，这也是环保意识增强和环保法治化的体现。企业面临的环保监督不仅来自行政机关的行政监管，还有公众的监督。企业面临的来自社会监督、行政监管、司法惩处的风险增加，必须以严谨的合规管理计划应对趋于严格的环保合规监管。

（一）生态环境行政责任强化

生态环境行政责任不仅包括行政相对人违反行政法律的责任，还包括行政主体疏于监管履职不力的责任。行政主体规避自身环境保护职业责任风险最有效的途径就是加强对以企业为代表的、最易造成环境损害的主体的环保合规监管。依据宪法对政府职权的规定，我国中央政府领导各级地方政府进行经济工作、城乡建设、生态文明建设的领导和管理工作，即无论法律是否有具体规定，生态环境建设作为政府职权职责之一就意味着政府是整体环境保护的法定主体，对环境保护具有法定义务。在环保理念越发受到重视的当下，行政机关环保职责的加强也体现为对企业监管、处罚的力度加大。

《环境保护法》关于按日连续处罚、查封扣押、停业停产、信息公开、移送刑事侦查等环境保护责任的规定使《环境保护法》被称为史上最严环保法。《行政处罚法》在追究环境保护行政法律责任上起着重要的作用。作为一部主要适用于事中监管和事后追责的法律规范，其赋予行政机关一定的自由裁量权，同时针对行政执法工作多样性、复杂性的特点，关于处罚的种类和权限的规定也较为灵活，在规范执法程序的前提下，给予行政机关行政管理工作最大限度的法律支持。根据《环境保护法》第59条的规定，企业事业单位和其他生产经营者违法排放污染物，受到罚款处罚，被责令改正，拒不改正的，依法作出处罚决定的行政机关可以自责令改正之日的次日起，按照原处罚数额按日连续处罚。该处罚规则使得生态环境行政处罚的罚款不再有天花板——上不封顶。这就体现出《环境保护法》和《行政处罚法》的配合实施，《环境保护法》中的行政责任需要通过行政处罚程序来落实。实践中，行政机关具有的法定范围内的行政裁量权，可以根据加强环保责任的趋势来作出严格责任的处理决定。

根据生态环境部公布的数据，2015年至2018年，生态环境行政处罚案件数量及罚款额度呈持续高速增长，在2019年有缓慢回落的趋势，2020年行政处罚案件的数量下降许多，自2021年起又有增多的趋势。除了行政罚款，由于我国生态环境领域的行政处罚采取单位和主要负责人“双罚制”，《大气污染防治法》

《水污染防治法》《固体废物污染环境防治法》《土壤污染防治法》《环境保护法》等环境保护法律中均有停产停业甚至拘留等处罚措施规定。2015 年至 2021 年环境行政处罚数量及罚款金额如图 2－1 所示。

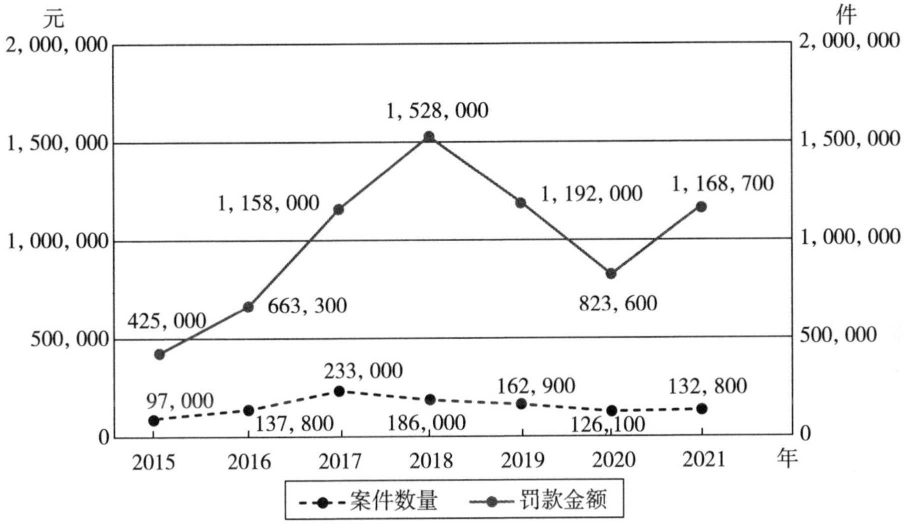

图 2－1　2015～2021 年环境行政处罚数量及罚款金额

资料来源：生态环境部官网

（二）生态环境民事责任加重

《民法典》第 9 条规定了民事主体从事民事活动，应当有利于节约资源、保护生态环境。这一规定被称为绿色原则，是《民法典》对宪法中关于和谐美丽、生态文明等新发展理念的贯彻落实。在确定了绿色原则后，《民法典》“侵权责任编”中第七章专章规定了环境污染和生态破坏责任，在环境污染责任的基础上加上了对生态破坏行为的法律责任规定，其中第 1232 条规定了侵权责任人承担惩罚性赔偿责任的情形。针对这一条法律规定的司法适用，2022 年 1 月，《最高人民法院关于审理生态环境侵权纠纷案件适用惩罚性赔偿的解释》发布，体现出了民事法律在赔偿损失的基础上增加了环境损害惩罚性赔偿责任的适用，意味着损害生态环境的民事法律责任加重。

除了法律后果更严重，民法上的环境法律责任追究机制也呈现出企业将会承担更多社会责任的倾向，例如在责任分配上，环境民事侵权多适用无过错责任原则，尤其是针对矿业等特殊领域的企业，无论其是否有过错，只要造成了生态环境破坏都要承担相应法律责任。在举证责任方面，环境民事法律采取举证责任倒置的原则，侵权人需承担更多的法律义务。这些民事法律的变化都在提醒着企业加强环境保护合规管理，将环保合规作为合规管理的重点已经是企业合规的大势所趋。《民法典》和《环境保护法》都为环境保护公益诉讼提供了更加完善和有力的法律依据，有权提起环境公益诉讼的主体范围得到法律的明确授权，协同共治的生态环境治理格局已经初步形成。2015 年起，全国人大常委会授权最高人民检察院在 13 个省(区、市)检察机关开展公益诉讼试点。从 2015 年 1 月到 2019 年 12 月，全国法院共审理环境公益诉讼案件 5184 件，其中社会组织提起的环境民事公益诉讼案件 330 件，检察机关提起的环境公益诉讼案件 4854 件。① 最高人民法院于 2021 年 3 月 11 日在第十三届全国人大会第四次会议中作出的工作报告中显示，2020 年人民法院共审结环境公益诉讼案件 3557 件，同比增长 82.1%；在 2022 年 3 月 8 日召开的第五次会议上，最高人民法院在工作报告中着重汇报了其 2021 年发布的几项重要的涉环境诉讼案件司法解释以及相关典型公益诉讼案例。2015 年至 2019 年 12 月环境公益诉讼案件发起主体如图 2-2 所示。

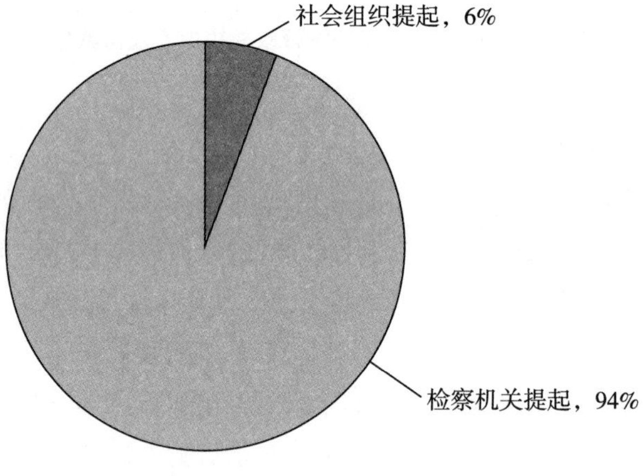

图 2-2　2015～2019 年 12 月环境公益诉讼案件发起主体

(三)生态环境刑事责任趋严

《刑法》对涉生态环境犯罪的刑罚也呈现越来越严厉的趋势。《刑法》于 1997 年增设了重大污染环境事故罪，规定了造成重大环境污染事故的刑罚规定；

① 参见《最高法举行第 22 至 24 批指导性案例新闻发布会》，载国务院新闻办公室网 2020 年 1 月 14 日，http://www.scio.gov.cn/xwfbh/qyxwfbh/Document/1671896/1671896.htm。

2011年《刑法》再次修订时，将重大环境污染事故修改为污染环境罪，即现行《刑法》第338条规定的污染环境罪。该条规定违反国家规定，排放、倾倒或者处置有放射性的废物、含传染病病原体的废物、有毒物质或者其他有害物质，严重污染环境的，处3年以下有期徒刑或者拘役，并处或者单处罚金；后果特别严重的，处3年以上7年以下有期徒刑，并处罚金。这一次修订删去了"造成重大环境污染事故"这一犯罪结果构成要件。2016年《最高人民法院、最高人民检察院关于办理环境污染刑事案件适用法律若干问题的解释》发布，对"严重污染环境"的情形进行了解释规定。在2020年《刑法修正案（十一）》中，我国再次对该条进行了修正，在原来的刑罚基础上，增加了处7年以上的有期徒刑的四种法定情形，由此《刑法》对污染环境犯罪的刑罚不再是最高刑罚七年以下。《刑法》第338条的修正过程体现出我国惩罚环境犯罪的决心越来越强，惩罚措施越来越严厉，环境犯罪整体呈现出入罪门槛降低、刑罚加重的趋势。

三、环保合规指引的规范性文件有待完善

（一）民营企业的合规管理依据仍需进一步细化

企业在进行合规管理时需要统一有效的标准化指导。由于企业所在行业和所处的发展阶段的不同，在合规计划方面的需求也不同。由于环保合规具有很大的技术依赖性，在环保标准的理解和把握上需要比较强大的技术支持，而目前一些民营企业合规管理的指引性规范文件内容都比较宏观和抽象，只能给企业提供大致的方向性指引，在具体的操作上则缺乏指导。以《合规管理体系　指南》为例，该合规指南主要是为各类企业提供通用性的合规管理框架指导和建议，但是对于合规管理的组织和运行机制却缺乏指导。因此，中小微企业在参照适用标准时，面对抽象概括的合规管理框架仍无法把握重心。一般来说，企业合规指引等规范性文件都是方向性的，不会提出具体的强制性要求。但是由于环保合规有违企业控制成本追求利润的天性，还是需要针对企业的环保合规作出全面的、可操作的规范指引。随着国内外相关方对合规和合规管理体系的认识不断深入，在此背景之下，2022年10月12日发布的《合规管理体系　要求及使用指南》，统一各相对方对合规管理的认识，为相关说明符合合规管理体系要求提供了依据，并为《中央企业合规管理办法》等政策文件落地提供了技术工具。市场发展的规律决定了大多数企业都是中小企业或者小微企业，而制订合规计划属于比较专业的工作，聘请专业人士进行合规指导对这些小企业来说成本较高。

另外,行政管理中大量的规范性文件具有地域性和行业性,可能存在规定错综复杂、重叠交叉的情况,这也导致民营企业在进行合规管理的时候难以把握个中核心要素。因此对于他们来说,需要具有实际可操作性的实操指引和专业指导。

(二)国有企业的合规管理实践经验有待进一步推广

国有企业的管理制度一般较于民营企业更为成熟,也更加完善,这是国有企业的性质决定的。国有企业承担了较多的社会责任,由于其具有国资属性,也享有比民营企业更多的制度资源,其内部管理制度类似于政府行政,具有很强的层级性,受到的监督和管理也比普通民营企业更多。因此,无论是在合规指引文件中,还是实际经营运行过程中,国有企业都有较为成熟的合规管理制度和风险管控机制,也正因如此,许多民营企业也倾向于参照、借鉴国有企业的合规管理制度来制定自己的合规计划。虽然国有企业的合规管理制度在一定程度上不失为一个好的范本,但是由于具体情况不同,其往往适应性不是很强,这主要是由国有企业与民营企业在组织架构、效益追求,以及人事制度等方面的不同造成的。

在组织架构上,国有企业比民营企业更复杂,运行的机制也比较程序化,国资属性也决定了其相较于民营企业要更主动地承担社会责任。国有企业繁杂的合规管理体系在民营企业中难以实质运行。实践中,不同种类的企业的效益追求目标也不一样,国有企业在市场竞争中有竞争优势,在风险管控中更需要考虑国有资产流失、损害的风险;在环境资源保护方面,国有企业也更有动力加强管理。而民营企业由于组织架构简单及私利性,对于一些民营企业而言,追求经济效益是其主要目标,而且一些民营企业更注重短期内的经济效益,控制成本增加收益是其运营逻辑,过于严格的环保管理计划可能使其无法降低经营成本。因此种种,国有企业的环保合规管理并不能很好的运用到民营企业。

(三)合规的有效性标准有待统一

合规计划在我国还处于发展阶段,对其运行机制进行审视会发现还有许多方面尚不够成熟。2020 年 3 月,在最高人民检察院的领导下,我国开展了第一轮企业合规改革试点,经过一年的实践,2021 年 3 月又扩大了试点规模。为了激励企业推进合规管理,我国引入合规不起诉制度,通过增强企业自我治理来实现社会协同共治目标。但是在具体的制度运行过程中存在有效性标准的问题,即什么样的企业合规计划能够认定为可减轻、免除法律责任的依据。

一方面,由于合规管理的专业性较强,不少企业在做合规计划的时候,会选择借鉴或者模仿其他企业,这样制订出来的合规计划可能并不完全符合企业自身情况；另一方面，虽然模仿和借鉴他人的合规计划，但企业在实际运作中并没有执行该计划，这就导致不合规、违规，甚至违法行为依然发生，给实践中认定合规有效性造成了困扰。如果只要制订合规计划就可以成为减轻或者免除法律责任的依据，那么合规制度就失去了意义。因此，无论是学界还是在实务工作中都认为只有被认定为有效的合规计划才能被作为免除处罚、减轻或从宽处罚的依据。①

对于环保合规而言，我国制定的众多国家级生态环境标准大多都是技术层面的，企业在进行环保合规管理的时候执行这些标准的技术参数指标就可以符合标准。但是针对依据法律规定和环境标准作出的合规计划是否有效、有效程度或者是否无效，则没有相应的审查和判断标准。2021 年 6 月 3 日，最高人民检察院、司法部、财政部等九部门联合印发了《关于建立涉案企业合规第三方监督评估机制的指导意见（试行）》，规定了委托第三方对企业合规计划进行监督和评估相关事宜，但依然缺乏对合规计划的有效性及其审查标准等的具体规定。在当前企业合规试点改革背景下，亟须制定尺度统一的合规计划有效性审查标准。

第二节　企业环保合规的内部环境

在环境保护方面，企业内部的管理方面还有以下几个方面待完善。

一、环保合规意识有待增强

在以往的企业管理过程中，一些企业管理人员往往重视经济发展，轻视环境保护，缺乏环保意识，极少提供相应的环保资金支持。随着目前我国对于环境保护的不断重视，企业逐渐转变观念。环保处罚力度加大和入刑等措施出台倒逼企业主动提升自身的环保管理能力。但实践中当眼前利益与环保合规相冲突时，一些企业往往可能为了商业利益忽略环保合规所存在风险，企业管理人员的环境保护意识仍然欠缺问题，严重依赖传统管理观念。

（一）人合性依赖

考察企业的源起就能发现其人合性特点，民营企业管理模式的人合性尤为

① 参见李勇：《涉罪企业合规有效性标准研究——以 A 公司串通投标案为例》，载《政法论坛》2022 年第 1 期。

突出。企业发展初期的经营运作基本上依赖组织成员之间的信任，其管理机制的机动性较强，大多是通过灵活协商并实施，没有太多程序限制。但对于企业的合规发展来说，这种人合性信任甚至依赖则可能导致企业缺乏及时有效的反馈和监督机制，尤其是对于环保而言，由于是需要外部督促才能落实的无私理念，与企业趋利的天性相悖，企业内部如若环保意识、社会责任感不强，在没有内部制度管理和外部监督执行的情况下，很难主动落实环保政策。这也是民营企业在发展壮大后慢慢开始注重制度化管理的原因，也是企业想要摆脱人合性依赖，谋求更高一阶发展所必经之路。

（二）财产混同

在一些企业的发展过程中往往容易出现忽略个人财富与企业经营所得之间的隔离，长期将公私财产混同，将个人资产注资进公司，导致个人财富暴露在企业经营风险中；或者将公司盈利随意转换为个人财产，造成经营界限不明使公司涉税风险加大。一些民营企业家缺乏对法人独立性的认识，在日常经营活动中经常不注意区分公私，导致企业在关联方交易以及财务方面经常存在混同，潜藏着较多的合规风险隐患。直系亲属之间的交易、通过个人账户进行公司资金往来等操作、对需要纳税的项目变换名目和形式交易，都存在较大的法律合规风险，甚至是刑事责任风险。在这种情况下，由于公司的合规体系不完善，合规计划执行程度低，其面临的环保合规风险更难得到重视，在审查环保合规计划的有效性的时候，甚至可能还会因为合规计划的虚置导致无效合规管理，进而无法适用合规不起诉制度。这些问题如果不得到正确认识和纠正，会影响合规计划的执行，还会降低合规计划的有效性。在环保的民事责任、行政责任和刑事责任全面加强的现代社会，企业应该加强合规意识，促进环保合规的切实执行。

（三）决策权集中

决策权集中也是民营企业的另一个突出特点。相较于国企，民营企业的组织架构简单，没有繁复的决策程序，因此在日常的经营活动中效率较高。这也导致企业的合规程度基本取决于决策层领导的合规意识，这对企业和决策人来说，都具有较大的风险。按照《刑法》对环境保护单位犯罪的规定，具有代表单位意志的人员在职权范围内实施的污染环境行为一般可以归责于单位，而且在追究单位责任的同时，还会追究决策人员、执行人员的法律责任。也就是说，一旦决策失误，或者因履职不当造成了环境污染的后果，可能导致单位和企业人员都要负刑事责任，无论是对企业工作人员的职业风险，还是对企业自身的经营合规风险而言，控制难度都会更大。另外，决策权过于集中也不利于企业整体合规计划的执行，也可能导致上述的合规计划无效的后果。

二、环保合规职能部门有待系统化

企业的环保合规管理是企业合规管理的其中一个环节。我国企业目前的合规管理还处于初始阶段，各方面的机制还不够成熟，对于环保合规则更加缺乏足够的认识和关注。和业务部门常常抱怨企业风控部门增加业务负担一样，环保合规对企业来说更是一种成本负担，也更容易被忽视。我国企业的环保管理大多是综合管理体制，如由厂长统一领导，各职能部门再分别由一人主管，各自在自己的主管领域内分工负责。以实践中已有环保管理制度的企业为例，一般由厂长领导下的副厂长分管环境管理职能部门，组织协调各职能部门之间的环保工作，以此构成企业的环保管理体系。在实际运作过程中，这一套环保管理体制可能会失灵。由于部门之间的联系性不强以及各负其责的制度特性，综合性环保管理协调难度较大，环保合规管理也最终流于形式。这种传统的环境管理体制在一定时期内对帮助企业规避一些环境保护违规风险是有成效的；但是在环保合规管理越来越专业化的社会背景下，这种综合性的管理还是效果有限，应对合规风险、执行环保合规计划的能力不足。企业亟须在其内部合规管理体系中将环保合规风险管理作为一个重点项目对待，并设立专门的环保合规部门来进行环保合规管理。

三、环保合规管理体系需进一步细化

环保管理的价值取向决定了企业环保管理的道路走向，目前大多企业的环保管理价值目标不明，缺乏真正意义上的环保追求，更多出于规避常见、高频的法律风险，并未重视环保合规管理体系的建立。在制订合规计划时，企业往往只重点关注特定的业务风险，比如税务合规和反贿赂等方面，对环保合规的关注不足，主要表现为企业在进行经营规划时忽视环境保护效益而更加关注经济效益的实现，缺乏环保目标。

现代社会专业化和体系化的趋势在企业内部管理上也有体现。目前，企业部门之间由于职责不清，协调机制不明，日常工作中缺乏有效沟通，进而导致企业的环保合规风险管控工作难以有效开展。虽然我国很早就开始企业污染环境等治理工作，但是由于没有形成制度化的合规管理，现行企业环境管理还不够专门化,其规范化、程序化的程度也不高,在实际运行过程中没能起到很好的风险管控效果。一个完善的环境保护合规管理体系应当包括风险评估机制、风险预防机制、内部合规培训机制、内部及第三方监督与考核机制等,目前的企业合规现状,大多是照搬其他企业的合规计划,而没有在实质上配置对应的制度措施,导致环保合规管理无法正常运行。如果缺乏系统化的环保管理体制,企业就难以及时识别环保风险,而企业识别不到风险,就无法启动风险评估和预防等工作,也就使得环保合规风险控制的目的落空,难逃承担法律责任的风险。

第三章 企业环保合规的风险来源

第一节 企业环保合规的主要风险来源

合规风险是指不确定性对合规的影响,主要体现为企业不履行合规义务的可能性和后果。从广义上来看,合规风险是指发生合规危机的风险。合规危机是指因不履行合规义务可能发生的违规事件使企业的持续性经营面临不确定性。从狭义上来看,合规风险是指发生违规事件的风险。违规事件是指具体的一个或一系列活动中企业违反合规义务的行为。[①] 环保合规风险是指企业因环境保护违规行为而引发相关法律责任、监管处罚、财务和声誉损失甚至倒闭的风险。经过梳理,在具体实践中企业环保合规风险主要有损害生态环境、超标排污及造假、环保评价失信、项目开发涉及自然保护区、销售不符合环境标准的产品等行为所引发的相关法律责任、监管处罚或者其他方面的风险。

一、损害生态环境

实践中一些企业片面追求利益的最大化,容易造成公共环境的破坏与污染,在损害了其他市场主体利益的同时也造成了严重的环境损害。生态环境损害是针对生

---

① 参见胡国辉:《企业合规概论》,电子工业出版社 2018 年版,第 39 ~ 40 页。

态环境自身的损害,是因环境污染和生态破坏的原因行为致使公众环境权益或环境公共利益处于一种不利益的状态。《生态环境损害赔偿制度改革方案》以及《环境损害鉴定评估推荐方法(第Ⅱ版)》均对"生态环境损害"的概念作出界定,将"生态环境损害"作为"环境损害"的下位概念,从而与"人身财产损害"相并列。

既定政策性文件将其概念特定化以后足以将"生态环境"这一损害对象与环境侵权造成的人身、财产损害相区分。另外,根据技术性文件的定义,"生态环境损害"要求具备环境抑或生物要素的"不利改变",以及生态系统的"功能退化和服务减少"。因此,本书所论述的生态环境损害要求具备客观存在的损害后果,并不包括损害之虞。

二、超标排污及造假

排污指生产经营者在生产建设或者其他活动中产生的废气、废水、废渣、医疗废物、粉尘、恶臭气体、放射性物质以及噪声、震动、光辐射、电磁辐射等,是对环境污染的危害行为。

企业环境治理技术选择不当会导致运维成本、能源消耗、碳排放高,碳排放配额缺口大,将需要支付巨大的配额购买成本。这也是导致超标排污以及造假的重要原因。一般来说,企业环境治理技术不当大多具有以下几种原因:

第一,经费不足。一些企业为了节约成本选择了低成本的环境治理技术。特别是环境治理设备在坏损的情况下得不到及时的维修处理而继续运行使用,反而导致企业运营维护成本增加,却达不到环境治理的目的。

第二,一些企业技术人员的水平参差不齐。在企业的生产工厂中,一些设备的使用者文化程度不高,治理技术水平欠缺,又没有经过必要的培训,有的甚至连设备运行、处理工艺、处理的原理都不了解,从而造成设备操作不当影响设备的正常运转,无法达到设计要求和技术要求,使设备不能发挥其作用。

第三,设备管理不善造成新的投资浪费。环保设备建成后一些企业无专人管理或管而不落实,久而久之失去了处理废物的功能,有的建而不用,作为摆设,完全浪费。

三、环境影响评价违法

根据《环境影响评价法》的规定,在中华人民共和国领域和中华人民共和国管辖的其他海域内建设对环境有影响的项目,都应当依照《环境影响评价法》对规划和建设项目实施后可能造成的环境影响进行分析、预测和评估,提出预防或者减轻不良环境影响的对策和措施,并进行跟踪监测。在《环境保护法》第 32 条也规定了国家为加强对大气、水、土壤等的环境保护,建立和完善相应的调查、监测、评估和修复制度。实践中,企业在开展项目时,需要按照要求进行各类环境影响评估并出具证明报告,这些工作大多由企业聘请的第三方机构完成,因此,为了增强第三方评估机构出具的报告的真实有效性,我国法律又对第三方评估机构进行了许多法律规制。如《环境保护法》第 17 条第 3 款规定了监测机构应当使用符合国家标准的监测设备,遵守监测规范,监测机构及其负责人对监测数据的真实性和准确性负责。这一规定对监测机构所使用的监测设备提出要求。对此,我国还专门发布了监测设备相关的标准规范,如住房和城乡建设部发布了《森林火情瞭望监测系统设计标准》。此外,《环境保护法》第 65 条还规定了环境影响评价机构、环境监测机构以及从事环境监测设备和防治污染设施维护、运营的机构,在有关环境服务活动中弄虚作假,对造成的环境污染和生态破坏负有责任的,除依照有关法律法规规定予以处罚外,还应当与造成环境污染和生态破坏的其他责任者承担连带责任。《刑法》第 229 条提供虚假证明文件罪的相关规定中也规定了承担环境影响评价、环境监测等职责的中介组织人员故意提供虚假证明文件的相应刑罚措施。主要的环境影响评价违法行为及法律责任参照表 3－1。

表 3－1　环境影响评价中的主要违法行为及其法律责任

主要违法行为	法律依据	法律责任	责任主体
建设单位未依法提交建设项目环境影响评价文件或者环境影响评价文件未经批准,擅自开工建设	《环境影响评价法》第 31 条	由县级以上生态环境主管部门责令停止建设,根据违法情节和危害后果,处建设项目总投资额 1% 以上 5% 以下的罚款,并可以责令恢复原状;对建设单位直接负责的主管人员和其他直接责任人员,依法给予行政处分	建设单位及其直接负责的相关人员
建设单位未依法备案建设项目环境影响登记表		县级以上生态环境主管部门责令备案,处五万元以下的罚款	建设单位

续表

主要违法行为	法律依据	法律责任	责任主体
环境影响评价机构、环境监测机构以及从事环境监测设备和防治污染设施维护、运营的机构，在有关环境服务活动中弄虚作假，对造成的环境污染和生态破坏负有责任的	《环境保护法》第65条	除依照有关法律法规规定予以处罚外，还应当与造成环境污染和生态破坏的其他责任者承担连带责任	第三方机构
承担环境影响评价、环境监测等职责的中介组织的人员故意提供虚假证明文件	《刑法》第229条	情节严重的，处5年以下有期徒刑或者拘役，并处罚金；在涉及公共安全的重大工程、项目中提供虚假的安全评价、环境影响评价等证明文件，致使公共财产、国家和人民利益遭受特别重大损失的，处5年以上10年以下有期徒刑，并处罚金	第三方机构

四、环保评价失信

在最严格的生态环境保护制度下，企业环保合规是企业经营的必然选择。企业环保不合规或者受到环保行政处罚，企业将面临信用评级降低，投标难、融资难、上市难等系列问题。企业环境信用评价指的是环保部门将企业环境情况和相应的指标、方式以及相关程序进行科学结合，开展企业环境信用评价，并明确企业环境信用等级，并向社会公开，供公众监督和有关部门、金融等机构应用的环境管理手段。

环境信用评价的情况会同步推送人民银行，直接影响商业银行向企业放贷，或是影响企业招投标、各类评优评先。但在企业进行环境评定的过程中，由于企业对环境信用评价的认知度不足，常常缺乏主动参与的积极性。环境信用评价结果与行政许可、采购招标、评先评优、信贷支持、资质等级评定、安排和拨付有关财政补贴资金等工作息息相关，企业环境信用评价等级高、环境守信则处处得益；企业环境信用评价等级低、环境失信则处处受限。

2020年1月，江苏省生态环境厅、江苏省生态环境监控中心公布“全省2019年下半年环保信用评价结果为黑色等级（严重失信）和红色等级（较重失信）企业名单”，其中有198家企业被评为黑色等级（严重失信），269家企业被评为红色等级(较重失信)。根据环保信用评价结果,对这些企业实行差别化价格政策:对黑色等级企业的用电价格上调 0.1 元/kW·h,红色等级企业用电价格上调 0.05 元/kW·h。对上述企业名单中的建材、钢铁等用电大户企业而言,用电成本占其总成本的比重大,电价提高将大幅推高其生产成本。

五、项目开发涉及自然保护区

自然保护区是国家依法划定的有代表性的自然生态系统、珍稀濒危野生动植物物种的天然集中分布区、有特殊意义的自然遗迹等区域。自然保护区是生态功能保护红线区域,是禁止开发区。实践中存在企业项目开发在自然保护区内违法违规建设问题,例如山东省烟台市某公司于 2012 年在海阳市建设风电场,安装风力发电机组共 53 台,其中 3 台位于自然保护区的缓冲区,39 台位于实验区。因工程涉及自然保护区,未能办理建设工程规划许可证,当地建设主管部门于 2017 年 7 月作出《责令限期拆除决定书》,责令建设单位于 2017 年 8 月 12 日前拆除风机设备。2017 年 7 月 29 日,建设单位自行拆除了位于自然保护区缓冲区的 3 台风电机组,其余机组由属地政府牵头,相关部门配合,于 2018 年 12 月底前予以强制拆除,并对机位全部铺设草坪、种植树木,进行生态恢复治理。以项目建设当时的价格估算,拆除导致总投资约 6.5 亿元的项目损失。

六、销售不符合排放标准的产品

对于一些企业来说,如何妥善进行危险废物收集处理一直是个难题。固废产生的量小,但是种类繁杂,企业无法自行处理。请第三方处理成本过高,不及时处理又存在环境隐患,这让企业陷入两难的境地。例如,2022 年四川省发布了危险类处置费收费标准:可综合利用特殊危废类,≤3 元/千克;废弃剧毒化学品类,≤1 元/克;其他废弃化学品类,≤20 元/千克;废弃电器电子产品类,≤8 元/千克;工业废水处理污泥类,≤3 元/千克;其他危险废物类,采用焚烧工艺无害化处置的≤5 元/千克,固化+填埋方式无害化处置的≤4 元/千克。

2015 年 7 月,北京市环保部门对某汽车公司进行新车环保的一致性和符合性进行抽查检验,抽查其两款车型各 3 辆。检测结果显示:尾气排放超出 2014 年《北京市大气污染防治条例》的国五标准要求。环保部门根据销售数量计算,于 2016 年 1 月对该汽车公司下达行政处罚决定书,没收这两款车销售所得 1260.5 万元,并处罚款 378 万元。此外,环保公益组织对该汽车公司提起公益诉讼,要求其修复被污染损害的生态环境。经北京市第四中级人民法院调解，由该汽车公司在北京市公共场所安装新能源电动汽车充电桩100根，投资约几百万元，且负责维护5年，以作为替代措施来修复环境。

七、碳排放违法

2011年10月，我国启动了碳排放权交易试点工作，《国家发展改革委办公厅关于开展碳排放权交易试点工作的通知》批准北京、天津、上海、重庆四个直辖市，湖北省（武汉）、广东省（广州）以及深圳经济特区开展碳排放权交易的试点工作；2020年12月，生态环境部正式公布《碳排放权交易管理办法（试行）》提出建设全国碳排放权交易市场；2021年5月17日，生态环境部印发《碳排放权登记管理规则（试行）》、《碳排放权交易管理规则（试行）》和《碳排放权结算管理规则（试行）》三项文件，为全国碳排放权交易市场的建设提供重要规则支撑。双碳目标的实施，是生态环境保护、能源和产业发展所关注的热点和重点。2022年6月29日，国务院国资委发布《中央企业节约能源与生态环境保护监督管理办法》，以中央企业为抓手，进一步推进双碳目标的实现。

随着“双碳”目标的进一步推进，很多能源企业出现大量的违法违规行为，目前我国对于能源企业的监管也日趋严格。在实现“碳达峰、碳中和”的目标背景下，大量企业在碳排放合规管理方面面临着行政处罚的风险。对于能源企业来说，能够以合规的方式参与碳市场交易影响企业未来的长远发展与规划安排。重点排放单位首先应该按照碳排放分配的配额进行排放，并且需要及时清缴碳排放配额，对于碳排放的各项数据要确保真实，在碳交易过程中做到法律制度依据清晰准确。碳排放权交易作为一种市场机制，能够在实现节能减排的同时，创造经济效益，实现经济激励的作用，但企业容易陷入逐利违法的风险，因此，企业要积极主动建立风险点管控措施，按时足额缴纳碳排放配额，最大限度防范行政或刑事风险。

第二节　企业环保合规风险的基本类型

合规风险是企业合规的重要客体之一。对于合规风险概念的正确认知关系到企业合规管理体系的科学建构。准确识别企业环保合规风险的前提是企业对可能面临的环保合规风险类型具有一定的了解，在此基础上才能更为准确地把握这些风险的发生以及运行规律。对企业环保合规风险认识的不断深入也是认识各类不同的风险属性的过程，这是对企业环保合规风险进行划分的基本依据，划分方法应符合企业的运行规律。

一、企业环保风险的划分方法

企业环保合规风险是指企业在经营中存在环保违法违规乃至犯罪行为，而遭受行政监管部门处罚或司法机关刑事追责的风险。研究合规风险的基本概念应注意从学理上对企业合规风险加以分类研究。从学理角度来说，本书依据不同的标准，将企业合规风险作出以下分类。

（一）环保合规风险涉及的范围

依据合规风险涉及范围不同进行分类，可以将环保合规风险分为：全面环保合规风险和专项环保合规风险。其中，全面环保合规风险是指企业在运营过程中所面临的较为系统性的环保合规风险，其可能涉及企业的生产经营以及管理的各个领域和环节。与全面环保合规风险相对应的即全面环保合规管理。专项环保合规风险，也称局部合规风险，主要指企业在生产运营以及管理等局部领域或者环节所隐藏的合规风险。专项合规风险又可以进一步分为专门领域的合规风险与专门项目的合规风险。某个专项合规风险对企业造成的影响可能有限，但多项合规风险的累加会形成叠加效应，在风险爆发时形成星火燎原的态势。①

作为现代企业所应当承担的社会责任之一，环境保护越来越受到企业的重视，在实践中往往表现为专项环保合规风险。往往较大的企业才能进行全面的环保合规风险管理。以联想集团的具体实践为例，环境保护合规是联想集团整体合规工作体系的一大重点。除关注自身的环境表现，联想集团主动提高自身站位，积极打造绿色供应链，从行业高度全面推进绿色设计和绿色制造。自2014年以来，通过引进并优化业务领先的材料《全物质声明解决方案》（Full Material Declaration，FMD）和GDX/WPA系统平台，联想集团大力推动供应链开展全物质信息披露，变革产品有害物质合规模式，提高环境合规验证效率，为产品废弃拆解、逆向供应链、材料再利用等提供依据，实现了有害物质的合规管理。截至2016年，联想集团所生产的手机和平板类产品全物质信息披露程度达100%，笔记本类达100%，台式机和服务器类达92%。此外，基于联想集团全物质信息披

① 参见胡国辉：《企业合规概论》，电子工业出版社2018年版，第41页。

露平台获得的大数据分析，计算机类产品降低有害物质种类使用约1%。[①] 诸如此类环保合规既为企业节约了成本、提高了效益；也为企业赢得了良好的社会形象和口碑。

企业业务、工作均可划分为一个个项目，通过逐个项目的完成实现总体的完成。因此，专门项目的合规风险是企业整体风险的重要组成部分。以中铁一局集团有限公司投资项目的合规管理为例，其针对整个集团公司及其所属各单位在境内实施基础设施投资项目、房地产投资等项目制定了《投资项目合法合规审核指南》。该合规文件覆盖了中铁一局集团有限公司投资项目的多个方面，包括项目可能涉及的环保合法合规的审查。[②]

（二）依据环保合规风险是否增长变化

依据环保合规风险是否增长变化，可将环保合规风险分为存量的环保合规风险和增量的环保合规风险。其中，存量的环保合规风险是指企业在运营过程中已产生的环保合规风险，此类环保合规风险往往具有较强的隐蔽性和顽固性。由于各种综合作用的影响，此类风险很难予以完全消解。增量的环保合规风险是指企业在运营过程中由于新业务、新问题的产生而引发的新的环保合规风险。此类环保合规风险需要企业加以重视，及时予以防范和化解。

此种分类方法的主要意义在于，引导企业高度关注环保合规风险数量以及种类的变化。企业既要关注存量的环保合规风险，又要特别重视增量的环保合规风险，处理好存量的环保合规风险与增量的环保合规风险两者关系，保持存量与增量之间的平衡。一方面，应注意防止增量的环保合规风险演变为存量的环保合规风险，从而导致企业环保合规风险的加剧；另一方面，也要不断采取有效的合规措施来积极化解存量的环保合规风险，防止存量的环保合规风险在新的环境中演变为增量的环保合规风险。

（三）依据环保合规所处的状态

依据环保合规风险所处状态不同，可以将环保合规风险分为静态的环保合规风险与动态的环保合规风险。其中，静态的环保合规风险是指针对企业各个岗位尤其是关键岗位所涉及的环保合规风险。比如，企业项目合规部门的工作

---

① 参见《联想：绿色供应链管理深度解析》，载中国水网2019年3月18日，http://wx.h2o-china.com/news/288993.html。

② 参见黄胜忠、郭建军主编：《合规管理理论与实务》，知识产权出版社2020年版，第67页。

极具重要性，也是可能涉及违规违法事件发生的重点领域。因此，对于合规风险的识别、处置就显得尤其重要。

动态的环保合规风险是指针对企业在整个运营过程中的各个工作流程和步骤所涉及的相关环保合规风险。此类环保合规风险的变化性很强，需要企业合规人员予以及时地识别与处置。通过这种分类方式，可以协助企业合规人员提升合规管理水平，准确识别重点的环保合规风险，逐步构建"纵横交织"的环保合规管理网络体系。其中重要的一种是聚焦企业岗位职责来有效防范和化解环保合规风险，主要围绕着企业业务流程的步骤环节来有效防范和化解环保合规风险，从而保障合规管理的有效性和合规效果的优质性。

1. 设立阶段

企业应当首先按照《环境保护法》的规定，优先使用清洁能源，采用资源利用率高、污染物排放量少的工艺、设备以及废弃物综合利用技术和污染物无害化处理技术减少污染物的产生。其次，应当通过环境影响评价许可、"三同时"验收，其中建设项目中防治污染的设施应当与主体工程同时设计、同时施工、同时投产使用。除此之外，企业应及时取得污染物排放许可、危险废物经营许可。

2. 生产经营阶段

企业应当及时将环境信息公开，制作环境管理台账，实施在线监控记录，做好固体废物管理，做好突发环境事件应急管理，确保清洁生产，合法缴纳环境保护税、环境影响后评价。企业在建设阶段的环境不合规行为，根据项目投资情况可能面临的罚款数额非常高，甚至要恢复原状拆除项目，这是生态环境部门重点监管的内容之一，属于一类高风险环保处罚。建设阶段环境法律风险主要包括未批先建、未验先投、违反"三同时"制度等。以"未批先建"为例，2016 年修订的《环境影响评价法》取消了 20 万元罚款上限，改为按总投资的 1% ~5%，并可以责令恢复原状。企业应当特别重视环境合规，有效防范此类风险。常见的建设阶段常见环境法律风险有以下几类：

（1）企业违反"三同时"制度被处以重罚

有些企业管理者往往会错误理解"法不溯及既往"原则，以为有的项目虽然环评手续长时间存在缺漏，时间过久生态环境主管部门不会再进行追究责任。由苏州市中级人民法院审理判决的（2019）苏 05 行终 480 号案件是该类典型案例之一。某企业从 1995 年开始从事日用化妆品生产加工，在 2018 年 6 月的执法检查过程中，该企业因建设项目违反环保设施"三同时"验收制度，且被认定其违反环保设施“三同时”验收制度的违法行为一直处于连续或者继续状态,法院因此支持行政处罚决定。即使“未批先建”违法行为已超过两年行政处罚追溯期限,环保部门仍可以对违反环保设施“三同时”验收制度的违法行为依法作出处罚,不受“未批先建”违法行为行政处罚追溯期限的影响。

(2)企业因“未批先建”被处以重罚

有些企业管理者并没有真正重视环境影响评价手续,为了尽早开工建设,存在“先动工、环评后补充”的违法侥幸心理,未履行环评手续即开工建设,最终因此受罚。2019 年 12 月 30 日,安徽某啤酒厂在迁厂建设阶段,一期项目启动厂房建设中未履行环评手续,违反了《环境影响评价法》第 25 条之规定,根据《环境影响评价法》第 31 条第 1 款规定,被处建设项目总投资额 2% 的罚款。单就违法的经济成本而言,项目总投资额高的项目,1% ~5% 的罚款额度可以高达上百万元、上千万元,将给企业带来很大的经济损失。

(3)企业因“未验先投”被处以重罚

企业办理完环境影响评价手续,还需要及时完成验收手续,否则,企业及主要负责人有被实施“双罚”的法律风险。以 2019 年海南省生态环境厅发布的十大环境违法典型案例之一为例,海南省某置业公司主要从事石材加工销售,现场项目有 A、B 两条生产线,两条生产线破碎和震动环节均有铁棚封闭,建有除尘设施;厂区设有危废贮存间,生活区产生的废水经过三级化粪池处理,厂区出料道路设有喷淋装置。该公司于 2017 年 8 月 9 日取得原海南省生态环境保护厅的环境影响评价批复文件。项目竣工后,该公司一直未对需要配套建设的环境保护进行验收,擅自投入生产,因违反建设项目“三同时”及验收制度被当地生态环境主管部门根据《建设项目环境保护管理条例》第 23 条第 1 款的规定,该公司及其法定代表人分别被处以 20.03 万元和 5 万元的罚款。

就“未验先投”的处罚时效问题,企业不能心存侥幸,至今未完成验收手续的,该补办的要趁早补办。根据生态环境部 2019 年 10 月 17 日印发的《关于“未验先投”违法行为行政处罚新旧法律规范衔接适用问题的意见》之规定,“未验先投”违法行为发生在 1998 年《建设项目环境保护管理条例》施行期间,一直连续或继续到 2017 年《建设项目环境保护管理条例》施行之后的,适用 2017 年版条例作出行政处罚,不再是 10 万元以下的低成本处罚,而是处 20 万元以上 100 万元以下的罚款,逾期不改的,处 100 万元以上 200 万元以下的罚款等。

(4)企业因“无证排污”被处以重罚

自《排污许可管理条例》2021年3月1日施行以来,无证排污是生态环境监管重点内容之一。2021年3月,福建某塑胶公司虽然已在全国排污许可证信息管理平台进行了固定污染源排污登记,但其生产过程使用的醇溶型柔性凸版油墨实际使用量超出环评使用量约4.48吨,该企业未按规定申请核发排污许可证,被认定属“无证排污”。根据《排污许可管理条例》的规定,针对无证排污、超浓度超总量排放污染物等行为,生态环境主管部门可责令改正或者限制生产、停产整治,并处20万元以上100万元以下的罚款;情节严重的,报经有批准权的人民政府批准,可责令停业、关闭。类似的案例有很多,有的企业会提出自企业投产经营至查处,从未收到任何整改通知,无从知晓生产经营过程中存在问题,一旦收到查处通知,往往一边懊恼,一边推卸责任,认为政府主管部门没有给企业主动改正的机会。这实际上体现了该类企业在合规管理上存在重大漏洞,既缺少风险预防能力,也缺少合规管理体系,更无法及时更新法律法规新要求。

(四)依据合规风险持续时间的不同

依据环保合规风险持续时间的不同,可将企业环保合规风险分为临时性环保合规风险和常态化环保合规风险。其中,临时性环保合规风险指主要集中或者暴露在某一短暂的时期之内的企业环保合规风险。针对临时性环保合规风险,企业往往需要及时采取有针对性的环保合规管理措施加以防范和化解。临时性合规管理往往具有应急性特征,主要扮演着企业“消防员”的角色。

而常态化环保合规风险指企业合规风险一般具有较长的持续性和过程性,伴随着企业生长发展的全过程,而并非只于某一个具体时间段里存在或者暴露。与常态化合规风险所对应的就是常态化合规管理。有学者将企业合规的常态化特征概括为以下六个主要方面:第一,以合规管理体系为基础全面地梳理企业的价值链、业务链和控制链;第二,不再片面强调合规专业团队的独立性,而是以平常心对待合规;第三,合规官成为企业管理层的成员或者管理层可以信赖的顾问;第四,企业的规章制度少而精,而且容易被理解;第五,企业员工理解企业的合规目标设定,并自发地保持与企业合规目标一致;第六,当发生合规危机时,监管部门和公众认可该危机为偶发性事件。①

之所以采取这样的分类方法,是因为其有助于企业合规人员分门别类地制

① 参见胡国辉:《企业合规概论》,电子工业出版社2018年版,第23~24页。

定企业合规管理制度和机制,并且采取不同的合规措施来识别和应对不同时间段的合规风险,切实做到未雨绸缪、防患于未然,从而有效地提升企业合规管理的科学性、针对性以及可持续性。

(五)依据合规风险来源渠道的不同

依据合规风险来源渠道不同,可将环保合规风险分为内部的环保合规风险和外部的环保合规风险。其中,内部的环保合规风险,也可称为内生性的环保合规风险,指合规风险主要来源于企业自身内部的各项运行和管理。

而外部的环保合规风险,也可称为外力性的合规风险,其主要是指环保合规风险主要源于企业外部的各种因素综合影响,例如,我国企业在“走出去”的过程中面临国际形势变化尤其是国际政治经济形势变化所可能引发的各种合规风险。

采取这种分类方法的主要意义在于,帮助企业合规人员准确识别合规风险的来源渠道,及时发现“合规风险源”,继而引导企业合规人员不仅关注企业内部的运营和管理,而且关注企业外部所面临的各种错综复杂的社会环境,进一步开阔企业合规管理的视野,优化企业合规管理的方法,提升企业合规管理的质效。

(六)依据合规风险安全指数的不同

依据合规风险安全指数不同,可以将其分为高级别合规风险、中级别合规风险和低级别合规风险。其中,高级别合规风险主要是指企业合规风险安全指数较高的某种或者某类合规风险,其主要存在于企业的初创期或者高速发展期。这类合规风险主要表现为:一是企业在具体运行中反复出现的某种合规风险或者某类合规风险;二是企业或其员工的行为已经涉嫌违法犯罪后所暴露出来的相关合规风险。

中级别合规风险主要是指企业合规风险安全指数不高的合规风险,其主要存在于企业的重要转型期或者过渡期。这类合规风险主要表现为:一是企业在运行中重点岗位、人员、流程所可能涉及的相关合规风险;二是企业或其员工的行为已经涉嫌轻度违法或者违规后所暴露出来的相关合规风险。

低级别合规风险主要是指企业合规风险安全指数偏低的合规风险,其主要存在于企业的成熟期。低级别合规风险往往意味着企业合规的制度体系比较完善、管理机制比较健全、风险应对比较科学、企业合规文化比较良好等。

之所以将企业合规风险作出上述分类,主要是可以有效地帮助企业建立和完善合规风险的预警机制,从而科学识别各类合规风险安全指数,促使企业及时有效地应对各类合规风险。此处需要强调的是，各级别合规风险可能存在互相转化的问题，即高级别合规风险在经过科学识别和应对后可以转化为低级别合规风险；低级别合规风险假如未被重视或者有效应对后亦可转化为高级别合规风险。

（七）依据环保合规所针对的行业和地域的不同

对于环保合规所针对的行业和地域的不同，企业环保合规又可以分为一般环保合规风险和特殊环保合规风险。一般环保合规风险是所有企业都无差别面临的环保合规风险，如《民法典》对所有民事主体提出的绿色原则就是所有参与民商事活动的主体均需要遵循的行为原则。特殊环保合规风险是指在一般环保合规风险的基础上存在的特别的环保合规风险，一般源于法律法规等对处于特别行业、地域的企业的环保义务所作出的特别规定。特殊环保合规风险既包括特别行业的特殊环保合规风险，也包括地域范围内特别环保合规所要求的合规风险。

一般来说，环保主要包括于大气、水、土壤、噪声、固体废物等领域，我国专项环境保护法律中对企、事业单位等均提出了相应的环保义务，以《大气污染防治法》《土壤污染防治法》《水污染防治法》等污染防治法为例，其都是在规定了企业一般环保义务的基础上，明确重点企业的特别环保义务，这些特别环保义务就构成了不同行业企业的特殊环保合规风险。如《大气污染防治法》第 7 条第 1 款规定了企业事业单位和其他生产经营者应当采取有效措施，防止、减少大气污染，并对所造成的损害依法承担责任，这就是对企业环保的一般规定。同时，在该法的第三章则规定了对企业影响大气环境的建设项目的环境影响评价要求、排放工业废气或者该法第 78 条名录中所列有毒有害大气污染物的企业、事业单位应取得排污许可的要求。这些是企业环保的特别规定。企业在进行环保合规管理的时候，需要判断自己的建设项目是不是法律规定的、对大气环境有影响的建设项目，或者排放物是否含有法定名录中的有毒有害气体——也就是进行风险点的识别工作。除此之外，该法第四章还特别规定了石油炼制、燃煤单位、钢铁、建材、有色金属、化工、工业涂装等工业企业及机动车船的污染防治措施。除了对特殊企业的特别要求，《大气污染防治法》还授权地方政府负责辖区内的监管事务，也就是说，不同地域的监管要求可能还会有所差异。这些都构成了企业的特殊环保合规风险。

二、企业环保合规风险的具体类型

环保合规风险是指企业在经营中存在环保违法违规乃至犯罪行为，而遭受行政监管部门处罚或司法机关刑事追责的风险。随着生产经营活动的全球化，许多企业的业务类型都向国际化方向发展及拓展，这意味着企业不仅要考虑国内的法律法规、社会公德等环保合规风险，还要面临外国的环境法律、道德合规风险。

（一）民事法律风险

根据《环境保护法》第64条、第66条的规定，污染环境、破坏生态造成损害的，应当承担民事侵权责任，当事人自知道或者应当知道其受到损害起3年内可以提起环境损害赔偿诉讼。由于我国《环境保护法》自2015至今尚未修订，而《民法典》已正式施行，对于《环境保护法》中的准据条款，我们在实务中也应作新的理解，而且，根据全国人大常委会公布的2021年度立法工作计划，环境法典的编纂已经纳入立法计划之中，相应的法律更新也是必然结果，《环境保护法》等专门的环境保护法律规范与《民法典》之间的衔接将会得到加强，民事责任也将更加体系化。在正式的立法调整作出之前，最高人民法院已经连续发出司法解释，针对司法实践中审理环境侵权纠纷案件的法律适用作出了规定。根据最高人民法院的司法解释、《环境保护法》及《民法典》第七编第七章的规定，企业污染环境和破坏生态造成损害的，可能面临如下民事风险。

1. 侵权赔偿责任

在《民法典》施行以前，我国民法上对环境损害责任的规定主要是原《中华人民共和国民法通则》第124条和原《中华人民共和国侵权责任法》第八章，这两部分法条中均规定"污染环境造成损害的，应承担侵权责任"，比较注重依据污染结果来判定侵权责任。《民法典》第七章在承袭对环境保护进行专章规定的绿色理念的同时，极大地丰富和完善了生态环境保护的法律规定。《民法典》侵权编第七章标题为"环境污染和生态破坏责任"，增加了生态破坏责任的相关规定，这意味着环境保护的民事责任风险已经从单纯的环境污染扩展到了生态破坏。生态破坏是对生态系统平衡与否的判断，不以污染结果发生为前提，既定的生态破坏事实和可能的生态破坏后果都可能构成生态破坏责任，这一点在2021年12月27日发布的《最高人民法院关于生态环境侵权案件适用禁止令保全措施的若干规定》中得以印证。也就是说，企业在日常生产经营中更容易触发生态环境民事责任风险了。

除了更容易触发生态环境民事责任风险之外,企业还面临需“自证清白”的风险。《民法典》第1230条规定了环境侵权行为人需要就其存在不承担责任、减轻责任的情形以及其行为与损害结果之间无因果关系进行举证,即实行举证责任倒置原则。企业在面临环境责任指控的时候,需要承担更多的举证责任,而《民法典》第1233条同时又规定了环境侵权责任的第三人责任机制,即“因第三人的过错污染环境、破坏生态的,被侵权人可以向侵权人请求赔偿,也可以向第三人请求赔偿。侵权人赔偿后,有权向第三人追偿”,这一规定可能使企业面临的环保风险具有不确定性和难以预料。现实中,小到商铺,大到工厂都呈现同类型产业集中化、规模化的特点,对于生态环境可能造成影响的累积型破坏可能导致区域内的每一个经营者都成为被追责的对象,而企业间的合作则更是难以放大了这种追责风险,如生态环境损害赔偿磋商典型案例之山东济南章丘区6企业非法倾倒危险废物生态环境损害赔偿案①,就是企业未严格把关合作商资质,导致发生重大污染案件而被罚的典型案例。

《民法典》中另一个值得引起企业重视的环保合规管理要点就是环境侵权责任的惩罚性赔偿规定。民法典第七章第1232条规定侵权人违反法律规定故意污染环境、破坏生态造成严重后果的,被侵权人有权请求相应的惩罚性赔偿。该规定释放出《民法典》严格环境责任倾向的信号,但也设置了一些主观故意、损害结果的责任构成要件。如何理解和适用该条法律,直接影响着企业环保合规风险控制的效果。2022年1月,《最高人民法院关于审理生态环境侵权纠纷案件适用惩罚性赔偿的解释》发布,同年次月,浙江海蓝化工集团有限公司环境污染责任纠纷案一审就作出了支持惩罚性赔偿金的判决,该案被称为我国生态环境侵权惩罚性赔偿第一案。此后,《人民检察院公益诉讼办案规则》发布,并于2021年7月1日起施行,将惩罚性赔偿诉讼请求适用于环境公益诉讼中。这些都将使得惩罚性赔偿机制成为企业进行环保合规管理时必须研究的民事风险要点。

---

① 2015年10月21日凌晨2时,山东济南市章丘区普集镇上皋村废弃三号煤井发生一起重大非法倾倒危险废物事件,造成4人当场死亡,为重大突发环境事件。经调查与鉴定评估,该案涉及6个赔偿义务人,造成的生态环境损害数额为2.3亿元。2017年7月始,山东省原环境保护厅与赔偿义务人开展了4轮磋商,与其中4家企业成功签订了磋商合同;另外两家公司磋商不成功,后经诉讼解决。该案件的修复工作已基本完成。

2. 生态修复责任

生态修复是指对环境受损或功能退化的生态系统进行环境养护、生态功能恢复的综合环境治理行为，其目的是将人类生活的自然环境和生态系统功能等恢复并保持在较好的状态。民事主体的生态修复责任不同于行政主体或者其他负有环境养护责任的公共机构的生态修复、养护责任，民事主体的生态修复责任来源于对其生态环境破坏行为带来的生态环境损害后果的补救，即由于违反了第一性法律义务——环保义务，而引出具有法律强制性的第二性法律义务。[①] 在针对环境保护的民事法律责任承担方式中，生态修复越来越成为主要适用的责任形式之一。

我国现行环境保护法律体系致力于最大限度修复生态环境的目标，在《民法典》《环境保护法》以及许多司法解释中均有关于生态环境修复的规定。由于生态修复机制和行政法中的代履行制度有极大的相似之处，且行政主体作为生态环境建设的责任主体，对生态修复具有监督、监管的职责，生态修复责任也具有行政法责任的外观。但是侵权责任人的生态修复责任主要通过司法判决来确定，比起行政代履行复杂的法定程序，《民法典》上对生态损害代修复的规定则较为简略，没有严格的程序限制。在民法领域，我国目前对生态环境损害赔偿制度的建设体现出来的是优先实现对公共环境的损害赔偿和补救，而非对行为人的惩罚或制裁，这和民法责任的填补功能息息相关，生态修复责任的主要法律依据也来源于《民法典》，因此，无论是学界还是司法实践中，均形成了生态修复民事法律责任的观点。根据《民法典》第 1234 条的规定，生态环境能够修复的，经具有请求权的主体请求，侵权人在合理期限内未修复的，有关机关或组织可直接代为修复或委托他人修复，由此产生的费用或者损失均由侵权人承担。因此，侵权人无论是以金钱赔偿修复费用还是直接执行生态修复责任，均指向生态修复责任责任的承担。

除了修复费用无上限的不确定性风险，生态修复责任潜藏的合规风险后果比表面的修复费用风险更大。按照《民法典》第 1234 条的规定，环境损害侵权的责任来源于违反了国家规定。这里并无特别限定国家规定的具体指向或范围，也就是说，侵权责任人的责任来源依据不确定，很可能稍不留意就违反了规定。这就要求企业在进行合规管理时对国家法律规定和政策性文件的理解和回应要

---

① 参见宁清同：《生态修复责任之内涵探究》，载《学术界》2018 年第 12 期。

及时。此外,《民法典》第 1234 条还规定了具有请求权的主体范围是“国家规定的机关或者法律规定的组织”,请求权主体的范围较大,并不局限于民事被侵权人、公权力机关或组织的介入,有将民事责任转为行政法律责任的风险。根据对现行环境保护性法律法规的梳理,可以对《民法典》第 1234 条中规定的请求权主体进行初步的推定,代修复请求权的主体应当既包括享有法定环境代履行权力的机关、依法享有环境公益诉讼诉权的机关,也包括依法享有环境公益诉讼诉权的社会组织。[①] 代修复请求权主体如表 3 –2 所示。

表 3 –2　代修复请求权的主体

主体	法律依据	法条原文
享有法定环境代履行权力的行政机关	《中华人民共和国行政强制法》第 50 条	行政机关依法作出要求当事人履行排除妨碍、恢复原状等义务的行政决定,当事人逾期不履行,经催告仍不履行,其后果已经或者将危害交通安全、造成环境污染或者破坏自然资源的,行政机关可以代履行,或者委托没有利害关系的第三人代履行
依法享有公益诉讼权的机关	《中华人民共和国民事诉讼法》第 58 条第 2 款	人民检察院在履行职责中发现破坏生态环境和资源保护、食品药品安全领域侵害众多消费者合法权益等损害社会公共利益的行为,在没有前款规定的机关和组织或者前款规定的机关和组织不提起诉讼的情况下,可以向人民法院提起诉讼
	《生态环境损害赔偿制度改革方案》	省级、市地级政府可指定相关部门或机构负责生态环境损害赔偿具体工作。省级、市地级政府及其指定的部门或机构均有权提起诉讼
	《最高人民法院关于审理生态环境损害赔偿案件的若干规定(试行)》第 1 条	具有下列情形之一,省级、市地级人民政府及其指定的相关部门、机构,或者受国务院委托行使全民所有自然资源资产所有权的部门,因与造成生态环境损害的自然人、法人或者其他组织经磋商未达成一致或者无法进行磋商的,可以作为原告提起生态环境损害赔偿诉讼

① 参见周峨春、吕靖文:《〈民法典〉中环境污染和生态破坏责任的内部逻辑与外部衔接》,载《中州学刊》2021 年第 12 期。

续表

主体	法律依据	法条原文
依法享有环境公益诉讼诉权的社会组织	《中华人民共和国民事诉讼法》第58条第1款	对污染环境、侵害众多消费者合法权益等损害社会公共利益的行为,法律规定的机关和有关组织可以向人民法院提起诉讼
	《环境保护法》第58条	对污染环境、破坏生态,损害社会公共利益的行为,符合下列条件的社会组织可以向人民法院提起诉讼: (一)依法在设区的市级以上人民政府民政部门登记; (二)专门从事环境保护公益活动连续五年以上且无违法记录。 符合前款规定的社会组织向人民法院提起诉讼,人民法院应当依法受理。 提起诉讼的社会组织不得通过诉讼牟取经济利益

由于费用的无上限和请求权主体的不确定,生态修复责任远比一次性损失赔偿责任的风险更大。因此,对于企业来说,更应该注重生态环境领域的合规管理。

3. 其他损失费用

《民法典》第1234条和第1235条规定分别规定了的生态修复的请求权主体和侵权责任人对修复费用的承担范围。这里的修复费用不同于侵权责任赔偿导致的损失填补给付责任。除了生态修复所花费的直接费用,为修复所做的准备工作的花费也是一笔难以预估的开销。生态修复最主要的目的是维护生态系统的健康运行。在确定修复方案之前,需要对修复对象进行综合“诊断”,这就需要咨询专业人士进行现场的调查和方案设计。这部分费用是准备阶段的必要支出。实践中,或许可以尝试通过申请专门部门的行政指导或者寻求公共机构、公益组织的帮助,但是必要的费用还是难免的。生态修复失败的可能情形也得考虑进去。如果修复失败,已投入的修复费用必须支付,即使客观上没有达到生态修复的效果,也还是要承担赔偿环境损失的责任。在代修复的情况中,可能还会存在费用超出预计的可能。我国法律中没有规定生态修复的赔偿责任上限,也就是说,只要是符合生态修复需要所支出的费用,都是可追偿的。根据《民法典》第1235条的规定,其他的损失费用主要包括因生态环境修复期间服务功能丧失导致的损失,生态环境功能永久性损害造成的损失,生态环境损害调查、鉴定评估等费用,清除污染、修复生态环境的费用,以及防止损害的发生和扩大所支出的合理费用,这些都是法定的侵权责任人应承担的费用类型,而且这些费用是并列承担的,而不是择选承担。也就是说,只要这几类费用产生,侵权责任人都要承担。

4. 禁止令保全措施的风险

由于生态环境修复成本过高,难度过大,法律越来越推崇以保护优先、预防为主的法治原则。为了降低破坏环境的影响,及时制止环境污染和生态破坏行为,《最高人民法院关于生态环境侵权案件适用禁止令保全措施的若干规定》确定了将民事保全制度适用于环境保护领域。根据该规定,《民法典》中规定的生态修复请求权主体,有权依照《中华人民共和国民事诉讼法》的相关规定申请采取禁止令保全措施。

同生态环境修复的不确定风险一样,禁止令措施的请求权主体也不确定,在实践中这可能会发生出于竞争目的恶意申请禁止令的情况。实践中,保全措施的适用并不要求申请人提供足以确证的证据,只需要初步证明损害结果正在发生或者可能发生,就可以启动禁止令保全措施。有保全费用的担保,保全措施的适用对司法机关及申请人来说,也并无超出金钱赔付责任的风险。由于商业中抢占商机的时间紧迫性特点,付出一定的金钱成本而以利用合乎法律规定的手段来打压竞争对手,对经营者而言具有足够的动力,这也可能导致企业由于环保的不合规而陷入被施加禁止令的风险。

同时,该规定第 9 条明确,对于人民法院裁定准予申请人禁止令申请的,可以将裁定的内容制作成禁止令张贴在被申请人住所地,污染环境、破坏生态行为实施地,损害结果发生地等相关场所,并可通过新闻媒体等方式向社会公开。这对企业来说还意味着声誉风险。无论是对于自身有上市、享受绿色政策,还是合作对象有这些需求的企业,都可能导致上市受阻或者合作无望,企业自身的商业形象受损,这对企业发展来说,也是极为不利的。

(二)行政处罚风险

各国环境法的一大共同特点就是具有公法色彩。有学者的研究表明,美国的行政法案例中就有大量的环境法案例。① 环境法保护的法益是公共环境利益,

---

① 参见张璐:《环境法与生态化民法典的协同》,载《现代法学》2021 年第 2 期。

具有公益性,因此各国的环境法都以维护公共环境为立法目标。由于与公法调整的目标具有一致性,环境法受公法影响较大,理论界在进行相关研究时也不可避免地运用公法逻辑进行理论证成。早在20世纪90年代,我国学者吕忠梅教授就曾一针见血地指出环境法的本质就是运用公法手段对私领域进行调整。[1] 我国的环境保护相关立法也多见于行政监管领域,与行政法的管理思维如出一辙。因此,企业合规的行政处罚风险还具有与各专项环境保护性法律中的相关规定互相补强的特点。不同行业、地区及不同领域的企业可能涉及不同的环保法律风险。一般而言,企业在环保方面比较突出的法律风险主要涉及大气、水和固体废物污染等。企业一旦违反环保法律法规,可能面临的行政处罚主要包括:罚款、暂扣或吊销许可证、责令停产停业、责令关闭、行政拘留等。

近几年,随着国家环保相关法律法规的出台和修订,环保形势日趋严峻,企业面临的环保法律责任也越来越重。以修订后的《固体废物污染环境防治法》为例,该法对法律责任专章进行了扩充完善,加大了对固废管理不合规的处罚力度,增加了企业的违法成本。除对新增内容设定了相应罚则外,该法还普遍提高了违法行为的处罚金额,最高可罚至500万元,并且增加了按日连续处罚、行政拘留、查封扣押等执法措施,这些严格的法律责任变化也值得企业特别关注。

随着各领域的法律规范的逐渐完善,2021年我国对《行政处罚法》进行了自颁布以来的首次全面修订,使《行政处罚法》更好地衔接上了其他法律法规的规定。其中行政处罚的种类进行了更新,增加了通报批评、降低资质等级、责令关闭、限制从业等行政处罚种类,在原行政处罚的基础上宽严相济,在原暂扣或者吊销许可证、暂扣或者吊销执照的基础上增加降低资质等级的处罚规定,这实际上给了被处罚的行政相对人改过的机会。在原责令停产停业的基础上增加责令关闭、限制从业的处罚,则加强了行政处罚的责任,具有行业禁入的法律后果。总的来说,《行政处罚法》修订后主要在声誉、行业门槛两方面增加了违反环境保护行政性法律规范的法律责任。《行政处罚法》修订前后行政处罚种类对比如表3-3所示。

---

① 参见吕忠梅:《论环境法的本质》,载《法商研究》1997年第6期。

表 3－3　《行政处罚法》修订前后行政处罚种类对比

修订前	修订后	责任变化趋势
警告	警告、通报批评	增加声誉上的责任负担,可衔接诚信档案制度
罚款	罚款、没收违法所得、没收非法财物	合并为财产类处罚
没收违法所得、没收非法财物		
责令停产停业	限制开展生产经营活动、责令停产停业、责令关闭、限制从业	增加限制开展经营活动的处罚,任何形式的经营活动都属违法;增加责令关闭、限制从业的处罚,具有行业禁入的法律效果
暂扣或者吊销许可证、暂扣或者吊销执照	暂扣许可证件、降低资质等级、吊销许可证件	增加降低资质等级,取消吊销执照规定,结合上一栏中限制从业的规定,实际上在严格处罚前给了被处罚的行政相对人改过的机会
行政拘留	行政拘留	未变
法律、行政法规规定的其他行政处罚	法律、行政法规规定的其他行政处罚	

1. 商誉受损风险

我国自古就有重信重诺的传统,讲诚信的个人和组织在社会中会有较好的声誉。在现代社会,企业、商家的口碑建设已经成为展开经营活动的第一步,良好的诚信不仅可以降低企业的交易成本,也可以降低政府的监管成本,一旦失信成为常态而无惩治办法,将会造成社会范围内的信任缺失。我国目前正大力推进社会信用体系建设,在许多行业、领域都出台了诚信"黑名单"制度。在环保领域,我国法律也加入了"黑名单"管理措施。企业合规计划可视为对环境保护的责任承诺,一旦违反相关环保承诺,也是一种失信,应该承担相应的失信后果。环保诚信体系是社会诚信体系的主要内容之一,也是宪法对生态文明建设的内在要求。2014 年 6 月,国务院发布了《社会信用体系建设规纲要(2014—2020年)》,提出要全面推进环保诚信和能源节约领域信用建设。全国各地都纷纷出台了关于环保诚信管理的规章制度,同年修订的《环境保护法》也增加了环保部门将企业的环境违法信息记入社会诚信档案，及时向社会公布违法者名单等规定。原环境保护部发布的《突发环境事件调查处理办法》于2015年3月1日起正式施行，其中也强调了由环保部门将突发环境事件发生单位的环境违法信息记入社会诚信档案，并及时向社会公布等规定。2020年3月3日，中共中央办公厅、国务院办公厅印发了《关于构建现代环境治理体系的指导意见》，其中对健全环境治理信用体系的相关指导中提出要建立排污企业黑名单制度。我国《行政处罚法》经2021年修订后新增了"通报批评"这一处罚措施，通过增加声誉上的责任负担，对企业形成环保合规的压力。"通报批评"虽然只有四个字，但是其包含的内容较为丰富，包括"公开谴责""通报违法事实""列入失信名单"等形式，并衔接我国诚信档案制度，对企业来说，具有减损商誉以及降低社会口碑等软性惩罚性质。这些法律规定共同构成了我国环保法律声誉处罚制度，意味着违反环境保护相关规定的行为人将面临失信惩戒的风险。

2. 行政罚款、没收风险

行政罚款没收是行政法律体系中最为常见的处罚措施，这类措施在环境保护领域的相关规定中也较为常见。根据《环境保护法》第六章对违反环境保护法律的责任中第59条的规定，企业事业单位和其他生产经营者违法排放污染物，受到罚款处罚，被责令改正，拒不改正的，依法作出处罚决定的行政机关可以自责令更改之日的次日起，按照原处罚数额按日连续处罚。这里"按日连续计罚"的规定被视为加大环境污染惩处力度，而且法律未规定计罚的上限。针对企业拒不改正违法排放污染物等行为采取严厉措施，不仅加大了企业的违法成本，而且有助于督促企业改进生产技术。只要企业超标排放行为没有改正，计罚就会持续。也就是说，企业要么改进生产技术，要么停止生产。只要超标排放行为持续，就累计罚款，长期下来，罚款数目将非常可观。

除了罚款，涉及企业财产损失的处罚措施还包括没收违法所得、没收非法财物等。企业环保违规，最主要的原因就是节省成本，无论是从污染物处理上节省处理费用，违规排放污染物或者找资质不全的第三方处理，还是采用不环保的生产方法、生产原料等，其目的都是增加收益，却忽视对环境的损害。这一部分收益可视为违法所得，按照法律规定应予没收。而没收非法财物，在环保方面则主要是对不符合环境标准的设施、设备的没收。这些措施都会在一定程度上造成企业等生产经营者的财产损失，属于财产类处罚措施的范畴。

3. 限制生产经营类的风险

限制生产经营是行政监管的常用手段,也是在环境损害事件中最为有效的阻断危害行为的方法。阻断、控制污染行为主要依靠两类主体,分别是政府主管部门和企业等经营主体。企业作为污染环境中最主要的责任主体,其生产经营活动不可避免地会对生态环境造成影响,因此,只有企业加强自我监督和控制,配合环境保护治理,才能有效实现环境保护。但实践中,企业存在的目的就是营利,缺乏主动履行环境保护责任的内在动力,因此需要政府的监管促进。限制生产经营类的行政法律责任和民事法律责任在排除危害方面具有目的一致性,都是为了及时排除对环境的侵害。《行政处罚法》规定了限制开展生产经营活动、责令停产停业、责令关闭、限制从业以及暂扣许可证件、降低资质等级、吊销许可证件等处罚措施。除了《行政处罚法》的这些处罚规定,其他行政法律文件也对经营者的生产经营活动作出了相应的限制。根据国务院办公厅印发的《国家突发环境事件应急预案》,当突发环境事件发生后,涉事企业或其他生产经营者应立即采取关闭、停产、封堵、围挡、喷淋、转移等措施,切断和控制污染源,防止污染蔓延扩散。必要时,还应要求其他排污单位停产、限产、限排,减轻环境污染负荷。在其他专项环境保护法律规范中,也有更加具体的规定,如《固体废物污染环境防治法》第 102 条规定了责令停业或关闭的 11 种情形,对罚款的金额也进行了更为细致的规定。《最高人民法院关于生态环境侵权案件适用禁止令保全措施的若干规定》第 4 条明确了申请人申请人民法院作出禁止令需要提交的材料以及相关要求。其中最主要是需要提供被申请人正在实施或者即将实施生态环境侵权行为,以及若不及时制止将使申请人或者公众的合法权益受到难以弥补损害的初步证明材料。但考虑到此时案件尚未实质审理,甚至尚未受理,申请人提供的证明材料不一定要达到确证的程度,只要能初步证明存在前述情形或者具有较大可能性即可。这一措施,是民法保全制度和行政法责令停产停业措施的结合,这对企业来说,是一种比较严重的生产经营风险。

4. 行政拘留的风险

行政拘留是指特定的行政执法机关依法对违法行政相对人在短期内剥夺其人身自由的一种行政处罚,是典型的人身罚或自由罚。[①] 限制人身自由类的处罚措施是一种比较严厉的法律责任,必须由法律来规定。自由罚带来的威慑效果

---

① 参见刘雁翎:《论环境行政拘留》,载《贵州民族大学学报(哲学社会科学版)》2015 年第 3 期。

远大于财产罚,是行政法律责任中程度最高的一种。2014 年《环境保护法》修订后,在第 63 条中增加了“行政拘留”相关责任的规定。此后许多专门环境法律在修订时,都加强了与《环境保护法》的衔接。2017 年我国对《水污染防治法》进行了较大范围的修订,在第 94 条增加了行政拘留的责任后果;2020 年修订的《固体废物污染环境防治法》第 120 条规定了处以行政拘留的 6 种法定情形,包括擅自处理固体废物造成严重后果、将危险废物提供或委托给无许可证的主体处理、未经批准转移危险废物以及未对危险废物采取防范措施造成严重后果等违法行为;尚不构成犯罪的,由公安机关对相关企业的法定代表人、主要负责人、直接负责人的主管人员或其他责任人员处 10 日以上 15 日以下的拘留;情节较轻的,处 5 日以上 10 日以下的拘留。

在环境保护领域适用行政拘留处罚措施,能有效提高行政相对人的环保合规意识,而且该行政拘留责任主要针对直接负责的主管人员和其他责任人员,不仅对于企业来说会有违法违规受处罚的风险,而且会对相关责任人留下行政处罚记录,从社会评价和自身心理上造成一定的人格否定。因此,出于对该类风险的防范,相关人员在进行涉环保问题的决策和执行时会增强对环境保护的考虑,这对企业环保合规具有推动作用。正是出于此种设想,我国法律越来越多地在环境保护相关立法中增加行政拘留措施的适用情形。

5. 转至刑事责任的风险

刑事法律责任是法律责任中最严格的一类。只有达到一定严重程度的,才会在刑法入罪。行政法律责任则介于民事法律和刑事法律之间,具有一定的处罚性,却没有刑事法律责任那么严重的社会否定性。但是,行政法律责任是刑事入罪前的最后一道防线,对于穷尽行政处罚手段都不足以遏制的违法行为,只能由刑法来震慑。我国《刑法》第 338 条对污染环境罪的入罪条件规定为“违反国家规定,排放、倾倒或者处置有放射性的废物、含传染病病原体的废物、有毒物质或者其他有害物质”,而第 96 条又规定了“本法所称违反国家规定,是指违反全国人民代表大会及其常务委员会制定的法律和决定,国务院制定的行政法规、规定的行政措施、发布的决定和命令”。这两条其实就体现出了行政法律责任转至刑事责任的风险。《最高人民法院、最高人民检察院关于办理环境污染刑事案件适用法律若干问题的解释》第 1 条对“严重污染环境”情形的界定中,将两年内受到二次以上行政处罚再次实施的情形规定为《刑法》所称严重污染环境的情形,这一规定使行政法律责任转至为刑事法律责任的路径更加清晰。同时也表明,企业在进行环境刑事法律合规控制的时候,也必须将行政法律责任风险考虑进去。

(三)刑事法律风险

环境保护刑事法律责任除了罚金以外,更主要的还是人身自由罚,而且在刑事责任中,罚金刑和自由刑往往是并罚的。对环境的损害后果不是一天造成的,企业的刑事法律风险往往是经久违规行为累积形成。环境污染犯罪一般从小的违规操作发展而来,往往是生产经营过程中没有环保意识或存有侥幸心理导致东窗事发酿成灾祸。企业对环境的污染行为主要包括非法倾倒处置危险废物,未经处理直接排放浓度严重超标的工业废水、废气、废渣,不当存储有毒有害物质以及篡改环境监测数据等。

污染环境罪的犯罪主体主要是企业等经营主体,企业涉罪率较高。绝大部分污染行为都是在企业的生产经营活动中发生的,这是现代工业的副产品,无法避免但必须管制。《刑法》第 31 条明确规定,对于单位犯罪中的单位和有关责任人员应实行"双罚制",也就是在追究单位犯罪责任的同时,还要追究相关主管人员及直接责任人员的刑事法律责任,无论是单位犯罪累及主管责任人员,还是主管人员的责任被归为单位意志,都可能给单位及相关人员带来刑事法律责任风险。因此,企业在进行环保刑事法律风险防控的时候,不仅要预防企业涉刑事法律风险,对相关主管人员及专门人员的职业风险也要一并防范。

1. 企业单位主体的刑事风险

为了贯彻环境保护优先、预防为主的原则,我国《刑法》也体现出重视环境污染源头治理的价值取向,根据《刑法》第 346 条的规定,破坏环境资源保护罪的犯罪主体可以是单位,这样的规定有其现实价值。法人作为法律上的拟制主体,在现代社会享有众多的法律权利,也当然地承担着特别的法律义务。生活中,企事业单位、社会组织等都是以法人面貌参与各类社会活动,无论是公益还是私益,其主要目的都是获取利益。在生态环境保护领域,生态环境破坏往往是由法人企业的生产经营活动造成,这种环境破坏结果一方面是生产经营活动的必然副产品,另一方面也可能是企业忽视了环保治理。相较于自然人来说,法人往往具备更强大的经济能力和技术资源,更有能力承担环境法律责任,因此环境保护相关的法律规范均将企业作为义务主体。

刑事法律责任作为法律后果最严厉,是强制性最高的法律责任,比其他类型的法律责任更能引起人们的重视。无论是实体法还是司法实践中,刑法都体现出谦抑性原则,一般不轻易出场。但随着全社会对环境保护的日益重视,我国刑法逐渐完善环境保护相关规定。刑法对单位犯罪的处罚类型主要是罚金刑。对企业来说,刑事法律责任带来的比罚金刑更严重的后果是“犯罪标签”。我国为了促进环境保护,对绿色产业、绿色生产方式提供了许多政策优惠和支持,如果企业有破坏环境资源保护罪的犯罪记录,可能就无法享受这些政策。对于有上市计划或者其关联企业有上市计划的企业,涉环境犯罪记录将成为重大阻力,无论是对自身的发展,还是寻找合作伙伴,企业都将有失去竞争力的风险。

2. 企业人员的刑事风险

根据我国《刑法》第 346 条的规定,单位犯破坏环境资源罪的,应对单位直接负责的主管人员和其他直接责任人员依照《刑法》第 338 条至第 345 条相应的规定处罚,这是企业人员的环境责任刑事法律风险的基本规范。

根据 Alpha 法律智能操作系统数据的统计,我国破坏环境资源类犯罪呈逐年增加的趋势,这和法律加强了对环保的重视有关。其中,从《刑法》第 346 条的适用情况来看,破坏环境资源类犯罪被追责主体是单位的占极少数,绝大部分追责对象是个人,这与企业作为环境破坏、污染的主要群体的现实情况截然相反。对于单位是污染环境的主要行为主体,法律规定的单位犯罪却没有落实到单位这一现象,一般是由于单位出于逃避刑罚而借由自然人犯罪代替单位承担刑事责任。这也和我们的法律规定有关,《刑法》第 346 条确定了环境类犯罪的刑事责任双罚制,但是在具体的责任承担上面没有作责任区分,在判处单位犯罪并追究个人责任时,个人承担的责任并不会因为单位犯罪的成立而减轻,一般也是按照自然人犯罪的标准来量刑。对于个人来说,无论是在单位犯罪中承担刑事责任,还是在自然人犯罪中承担责任,其结果都相差无几;对于责任难免的主体来说,可能会因以个人犯罪替代单位犯罪从中获取单位的补偿。企业的存在以追逐利益为目的,舍小利换取更大的利益是其获利逻辑,若单位被判处刑事责任,则可能导致单位由于失去政策支持或者相关经营资格而导致成本增加,因此企业很有动力以经济利益换取自然人担责,将即将面临的罚金刑转为单位人员的经济补偿来逃避刑事惩罚。对于企业人员来说,刑事责任是更大的职业风险:犯罪行为未发生时,如不执行相关活动,可能影响工作,一旦造成环境破坏后果,则可能被推出来担责。而且就社会后果来说,个人刑事责任相比单位刑事责任影响更深远。法人单位的犯罪记录可以通过注销来清除,但是个人则犯罪记录难以消除,甚至可能影响后续就业和家庭生活。也正因为刑法的这种惩罚性,刑法给人的畏惧感高于其他法律,我国的刑罚也往往侧重对犯罪行为人进行惩罚来警示、震慑他人。另外，单位作为法律拟制的法人，其决策以及决策的执行都由自然人作出，为了督促单位合规行事，法律一般都会追究相关责任人的责任。这和我们行政法中的首长责任制类似，都是通过确定责任人来倒逼其促进决策的科学性和合法性。

对于环境保护，我国制定了《环境保护法》、《水污染防治法》、《土壤污染防治法》、《固体废物污染环境防治法》、《中华人民共和国噪声污染防治法》（以下简称《噪声污染防治法》）、《环境影响评价法》、《建设项目环境保护管理条例》、《医疗废物管理条例》、《国家危险废物名录》等法律法规进行规制。企业在经营过程中，除遵守相关法律法规的规定外，更应当以"生命线"的高度充分重视环境保护的刑事合规，深入分析自身的商业模式、工作流程，尤其是污染危险废物的排放、倾倒、处置等行为，以刑法的相关规定对照并规范企业的经营活动，使企业的生产、经营等各项行为符合环保相关的法律法规，减少、杜绝刑事法律风险的出现。

（四）涉外法律风险

1977 年，美国通过颁布《反海外腐败法》，将其涉美国反腐败行为的刑事和民事管辖权延伸到国外，导致大量的跨国企业被美国司法部和证券交易委员会查处，企业涉外风险控制由此成为各跨国公司必须面对的问题。① 后各国出于对外国企业对等待遇问题的考虑，企业合规开始在一些国家形成外贸合规管理制度，国家之间也纷纷组织制定、加入一些企业合规相关的国际公约。与此同时，全球范围内的环保意识也越来越强，环保合规也逐渐成为合规制度化的重要一环。我国也加入了许多环境保护的国际公约，如《保护臭氧层维也纳公约》《气候变化框架公约》《控制危险废物越境转移及其处置的巴塞尔公约》《联合国海洋法公约》等，经过国家及一些公益组织的大力宣传，公民环保意识得到有效增强。现阶段，各国的环境保护法律都比较成熟，一些国家也开始将环境保护合规作为制裁外国企业的依据。如美国制裁外国公司的案例就非常之多，执法力度也呈逐年加强的趋势，无论是从环境保护需要还是战略考量上来说，各国都逐渐加强环保合规监管。涉外法律风险在具有跨国业务的企业中已经司空见惯，目前国内一些较大的国际化企业大都成立了专门的涉外风控部门或者聘请专门的涉外业务合规顾问。

---

① 参见陈瑞华：《企业合规制度的三个维度——比较法视野下的分析》，载《比较法研究》2019 年第 3 期。

中国公司在境外经营时,必须关注相关的涉外法律,不能掉以轻心。即使是在中国境内的公司,一旦与其他国家有任何业务往来,那么对这些国家的跨境合规规定也不可忽视。企业合规经营的国际化发展趋势将越来越明显,设立首席合规官目前已经成为国际上通行的做法。境外机构通过设立首席合规官来保证企业经营的合规性,首席合规官的工作既包括组织对外部法律的合规,也包括在外部合规的基础上及时准确地调整组织内部结构。同时,国外的金融机构或企业还会聘请外部的法律顾问。就独立性而言,外部法律顾问相比首席合规官具有优势。

以美国《清洁空气法案》为例,该法案于 1970 年正式颁布,成为许多国家进行空气保护立法时参考的蓝本。这部法案最大的特点就是标准严明、处罚力度大。同时,美国环保局为了落实《清洁空气法案》的治理目标,制定了一系列的空气质量标准,而且这些标准的制定不是一劳永逸的。按照法案规定,环保署需要每五年对这些质量标准进行一次修订,按照近五年的研究成果及进展来对这些质量标准进行审核与评估。

在处罚力度上,美国《清洁空气法案》也可谓决心强大,它同时包含了民事法律责任和刑事法律责任,而且其中规定的罚款规则是按日处罚。

在现实中,也发生了众多引起全球性关注的、因违反美国《清洁空气法案》而受到处罚的案例,其中影响深远的当属大众汽车的排放物超标事件。2015 年 9 月 18 日,大众汽车收到美国环保局指控,称其部分车款尾气排放污染物严重超标,最高超标甚至高达法定最低标准的 40 倍。此案一出,各国都纷纷展开了对大众汽车环境违规的调查活动,如德国、意大利、韩国等都进行了专门的调查活动,甚至有国家直接禁止了当地大众牌涉案车款的销售。从 2015 年起始,全球各地对大众的索赔不断,至今仍未完全结束。而以大众为开端的汽车行业排放污染物合规调查也波及其他的汽车品牌,如 2019 年 9 月,现代汽车被美国环保局处以 4000 万美元的罚款。在谈到处罚决定时,美国环保局相关负责人表示,现代汽车无视美国法律,在获取竞争优势的同时损害了人类健康和环境保护。这是外国企业在美国受到处罚时常常面临的谴责。近几年,我国企业在海外遭到合规审查与处罚的新闻也常见诸各大新闻媒体平台,其中虽然有政治性因素,但是案涉企业相关合规控制不成熟也是不可忽视的原因。在经济全球化的时代,我国企业不断走出国门,走上国际。在国际化的过程中,我国企业除了市场的开拓,更重要的是合规风险的控制,在国际社会上环保规制日益增强的背景下,涉环保合规的风险比以往更大,更需要认真面对。

第四章　企业环保合规涉及的法律责任

企业管理过程中涉及的法律风险可能产生的法律责任几乎涵盖了法律责任的所有类别,包括民事责任、行政责任和刑事责任。这些法律责任的承担在某种程度上不仅可能对企业的经营管理造成影响,有些甚至将直接决定企业的生死。导致相关法律责任的事由和表现形式也不尽相同,具体有民事法律责任、行政法律责任以及刑事法律责任。环保企业在生产经营过程中,有可能承担行政、民事、刑事三种责任,每种责任独立存在,亦有可能同时承担。在具体实践中,可能存在不同的情况。首先,在涉及金钱罚时,优先民事赔偿,之后是行政或刑事责任;其次,行政处罚可以折抵刑罚,但不能"以罚代刑";最后,已经作出行政处罚的,移交公安机关后不停止执行。

第一节　民事法律责任

一、环境民事法律责任的规定

企业合规涉及的民事责任主要为环境污染侵权责任,在企业危险废物管理中多见于相关产废单位出于追求利益的心理,私自倾倒、排放危废或者将危废交给不具有危废经营许可证的相关主体进行处置的过程中。

《环境保护法》第64条规定:"因污染环境和破坏生态造成损害的,应当依照《中华人民共和国侵权责任法》

的有关规定承担侵权责任。”随着《民法典》的颁布，目前侵权责任法已被编入《民法典》第七编，即侵权责任编中。因此，我们在依据《环境保护法》找法时，也应按照《民法典》侵权责任编的规定适用。《民法典》第七章侵权责任编专门规定了民事主体污染环境和破坏生态环境的责任，是企业涉环保民事损害赔偿责任的主要规定。相较于刑事法律责任的惩罚性，涉环保民事责任则更注重事前预防和事后补救。根据《民法典》《环境保护法》以及专项防治法、资源保护法、相关司法解释的规定，我国对于环境保护的民事法律责任的设置可以分为防治责任、补救责任、赔偿责任。

（一）防治性责任规定

《环境保护法》第6条规定，企业事业单位和其他生产经营者应当防止、减少环境污染和生态破坏，这是《环境保护法》作为综合性的环境法对企业提出的环境危害防治责任，属于第一性法律义务。与此配套的还有众多的污染防治法，如《大气污染防治法》《水污染防治法》《固体废物污染环境防治法》《噪声污染防治法》《中华人民共和国放射性污染防治法》等，以及原环境保护部于2013年7月颁布的《国家重点监控企业自行监测及信息公开办法（试行）》《国家重点监控企业污染源监督性监测及信息公开办法（试行）》等部门规章，都对企业作出了具体的防治要求，是我国企业环保合规的主要依据。另外，《环境保护法》第42条还规定了排污企业应当采取措施防治各类污染，建立环境保护责任制度，明确单位负责人和相关人员的责任，重点排污单位还应按规定安装监测设备等。这个规定作为衔接民法和刑法的追责制度，具有重大意义。将安装监测设备作为重点排污企业的义务，一方面是监管企业的排污行为，另一方面也是对企业的一种保护。按照环境侵权纠纷的举证原则，企业安装监测设备或将成为证明自身环保合规的有力证据。此外，《最高人民法院关于生态环境侵权案件适用禁止令保全措施的若干规定》，将民事诉讼中的保全制度适用于环境保护中，其目的也是有效保护环境，避免环境损害扩大。这些规定共同构成了我国环保防治机制。此外，我国法律还对第三方监督主体设置了法律责任，以此来督促实践中企业防治义务的确实履行。如《环境保护法》第65条规定了环境影响评价机构、环境监测机构以及从事环境监测设备和防治污染设施维护、运营的机构与污染环境、破环生态的责任者一起承担连带责任。

（二）补救性责任规定

民法上的补救性责任规定主要规定在《民法典》侵权责任编第七章。关于环境污染和生态破坏责任，第七章规定侵权责任发生后，侵权人应该承担的责任主要包括补救措施和惩罚措施两种。其中第 1234 条规定，违反国家规定造成生态环境损害，生态环境能够修复的，国家规定的机关或者法律规定的组织有权请求侵权人在合理期限内承担修复责任。第 1235 条则规定了侵权人应当承担补救修复环境的费用。这些规定体现出承担环境损害的法律责任应该优先对环境进行补救性保护。2020 年修正的《最高人民法院关于审理生态环境损害赔偿案件的若干规定（试行）》第 11 条规定了侵权人应承担的民事法律责任类型主要为修复生态环境、赔偿损失、停止侵害、排除妨碍、消除危险、赔礼道歉等，这些民事责任形式都具有事后补救的特点，也属于补救性的法律责任规定。

（三）赔偿性责任规定

民事赔偿主要是对民事被侵权人损失的一种填补。《民法典》第 1229 条规定环境侵权人应当承担侵权责任。按照侵权责任的一般规定，侵权责任的主要形式是赔偿损失，且主要是金钱给付赔偿，特别情况下还会适用惩罚性赔偿。《民法典》为了加强对环境保护责任的规定，特别在第 1232 条规定了环境侵权适用惩罚性赔偿。2022 年 1 月，《最高人民法院关于审理生态环境侵权纠纷案件适用惩罚性赔偿的解释》，详述了惩罚性赔偿的适用情形。在环境民事责任诉讼中有环境公益诉讼和一般民事诉讼两种情形。一般来说，侵权人的环境损害责任很可能同时侵犯公共环境利益和私人的人身、财产、健康等权利，如果侵权人同时涉诉环境公益诉讼和其他普通民事诉讼，则存在哪一种赔偿责任优先得到偿付的问题，对此《民法典》没有作出规定。《最高人民法院关于审理环境民事公益诉讼案件适用法律若干问题的解释》第 31 条就体现出对环境侵权责任中民事私益诉讼的赔偿责任优先于环境公益诉讼的赔偿责任得到偿付的倾向。根据该条的规定，被告因污染环境、破坏生态需同时在环境民事公益诉讼和其他民事诉讼中承担生态环境损害赔偿责任和环境侵权责任，财产不足以履行全部责任的，应当先履行其他民事诉讼生效裁判所确定的义务。

对于一些特定行业的企业，我国法律还规定了无过错责任，典型的如矿业公司。根据我国《民法典》第 1229 条、《最高人民法院关于审理环境侵权责任纠纷案件适用法律若干问题的解释》第 1 条、《最高人民法院关于审理生态环境损害赔偿案件的若干规定（试行）》第 11 条之规定，矿业公司污染环境、破坏生态造成他人损害的，无论有无过错，均应当承担侵权责任，具体承担侵权责任的形式为修复生态环境、赔偿损失、停止侵害、排除妨碍、消除危险、赔礼道歉等。

二、民事法律责任的承担方式

环境保护的民事责任承担方式主要是赔偿损失、生态修复，具体可包括环境修复费、生态环境功能服务损失费、鉴定费、评估费、律师费、诉讼费等。这些责任的具体承担方式可能会因为法律价值取向和案情不同而略有调整，总体可归纳出以下几种民事法律责任的承担方式。

(一)修复优先、金钱赔偿为辅

从宪法到各部门法，再到各级法规、规章、规范性文件，我国法律体系对环境保护的规定体现出来的基本原则就是保护优先、预防为主，在各类环境损害责任的规定中也都有修复补救条款。在民法中，侵权损害责任一般是以恢复原状、赔偿损失的形式来承担，且在实践中大多数时候侵权责任人可以选择承担责任的方式，但是在环境侵权损害赔偿中，许多法律规定却呈现了修复优先的法治理念。2016 年《最高人民法院关于充分发挥审判职能作用为推进生态文明建设与绿色发展提供司法服务和保障的意见》第 2 条规定了要落实以生态环境修复为中心的损害救济制度，最大限度修复生态环境。而《民法典》第 1234 条和第 1235 条也规定了在生态环境能修复的情况下的修复责任和费用，这两条法律规定目前被广泛解读为生态环境修复责任优先适用原则。

从民法的侵权赔偿功能来说，损失赔偿和环境修复的目的其实具有一致性，都是对受侵权行为影响所造成的损失的一种填补。但由于环境的价值难以量化为金钱，且具有公共性，因此在针对环境的侵权责任中，优先适用恢复责任更为符合环境法公益特质。在实在无法修复的情况下，则只能追究损害赔偿的金钱给付义务，甚至视情节适用惩罚性给付赔偿。根据《民法典》第 1235 条的规定，环境损害的损失和修复费用都是环境赔偿责任的给付内容，而金钱给付赔偿其实也可能包含后续的环境养护费用。生态环境修复一般会有赖于行政机关、公共机构或组织等部门的监督执行，且在代为修复的情况下，可能存在修复费用无法得到足额追偿的风险。所以，在没有健全的环境修复机制的情况下，实践中环境损害赔偿的请求权主体可能更倾向于直接诉请惩罚性赔偿。

(二)生态环境损害赔偿磋商

由于环境公益的特殊性，涉及环境法律责任的民事案件往往少不了公权力的参与，这和行政机关的法定生态建设职责有关。对于企业来说，行政机关的介入将会使得环境民事责任比一般民事责任更具严肃性。2017 年 12 月，中共中央办公厅、国务院办公厅联合发布了旨在建立生态环境损害的修复与赔偿制度,从民事层面进一步落实损害担责原则,推进生态文明建设的快速发展的《生态环境损害赔偿制度改革方案》,该方案反复强调了行政机关对环境民事责任的协调义务,主要针对的是生态环境破坏的赔偿责任。生态环境破坏不同于局部区域的环境污染,生态环境强调的是系统性、整体性的生态健康循环,对生态环境破坏的证明难度比环境污染更大,因此更倚赖公权力机关或者具有专门技术的公益组织、公共机构。也因此《生态环境损害赔偿制度改革方案》设定了生态环境损害赔偿磋商制度,要求行政机关进行生态环境损害调查、鉴定评估、修复方案的编制等专门工作。通过诉前赔偿磋商,侵权人可以免于涉诉风险,对于具有上市需求的企业来说,可以较大程度地降低损失。这种磋商赔偿的责任承担方式体现了新时期共商、共治的社会治理理念,通过组织环境监管主体、侵权责任人和被侵权人进行平等"和谈",使大家在较司法审理更为轻松的情境下对生态环境赔偿事宜进行协商,也能较快地结束生态环境损害纠纷,尽早投入环境修复和养护程序。另外,通过磋商形成的赔偿方案是平等协商的结果,可视为赔偿责任主体的主动行为,相比较司法判决的强制性和惩罚性来说,对赔偿责任主体的声誉影响会更小。

(三)代为修复后的债务承担

根据《民法典》第 1234 条的规定,"国家规定的机关或者法律规定的组织"有权请求环境侵权人在合理期限内承担生态修复责任,若期限内侵权人未实施相应的生态修复行为,前述"机关"和"组织"则可自行或委托他人进行修复,所产生的费用由环境侵权人承担。根据这两条的规定,破坏生态环境的责任人如果不履行修复责任,则生态修复责任可能转化为债务责任,这也是民法上的追偿制度在环境保护法律上的适用。根据《民法典》第 1235 条的规定,代为修复的债务范围主要有五类,没有规定相应费用的计算范围和最高额限制,因此债务额度则具有不确定性和无上限的特点。对于环境侵权责任人来说,这是一项比较高的债务风险。目前,我国针对生态环境修复出台了一系列的法律法规以及司法解释,相关的环境标准及专业指导性文件也成为实现生态修复的参考依据。可以说,代为修复后的债务责任就是终局的金钱给付责任,请求权主体代为履行了修复行为,对生态环境损害的补救措施业已完成,侵权人再无机会进行行为补救,只能偿还请求权主体代履行的对价及垫付的费用。

三、涉及民事法律责任的典型案例分析

(一)水污染民事公益诉讼案①

1. 基本案情

江苏省泰州市环保联合会诉泰兴锦汇化工有限公司等水污染民事公益诉讼案。该案被告泰兴锦汇化工有限公司等六家企业将生产过程中产生的危险废物废盐酸、废硫酸总计2.5万余吨,以每吨20元至100元的价格,交给无危险废物处理资质的相关公司偷排进泰兴市如泰运河、泰州市高港区古马干河中,导致水体严重污染。泰州市环保联合会诉请法院判令六家被告企业赔偿环境修复费1.6亿余元、鉴定评估费用10万元。泰州水污染公益诉讼案被媒体称为"天价"环境公益诉讼案。该案由社会组织作为原告、检察机关支持起诉,参与主体特殊、涉案被告多,判赔金额大、探索创新多、借鉴价值高。

2. 裁判结果

该案经历了一审、二审、再审,每一次判决都说理充分,且创新了修复义务履行方式,采用支付环境修复费用的责任承担方式并探索具体履行路径,较好地考虑了司法效果、社会效果与环境效果的统一。

该案一审法院查明,案涉六家被告企业将副产酸交给无处置资质和处置能力的公司,支付的款项远低于依法处理副产酸所需费用,对环境损害结果的发生持放任态度,属于防范污染物对环境污染损害的不作为,该放任态度实际上使污染物处于被抛弃状态,因此环境损害结果与被告的不作为行为具有因果关系。对于被告辩称倾倒地的水质已经恢复,不需要修复的意见,一审法院给予明确回应,指出即使倾倒地点的水质好转,并不意味着河流的生态环境已完全恢复,依然需要修复。在修复费用难以计算的情况下,一审法院依据《环境污染损害数额计算推荐方法(第Ⅰ版)》采用虚拟治理成本法计算污染修复费用,并按照以治理本案所涉副产酸的市场最低价为标准所作出的《评估技术报告》对案涉被告作出了修复费用的认定。

该案二审认可了一审判决的事实认定和判决意见,并维持了一审判决的费用,但是对于被告履行修复义务的方式作出了调整。二审判决,如果被告能够在

① 参见江苏省泰州市环保联合会诉泰兴锦汇化工有限公司等水污染民事公益诉讼案,江苏省高级人民法院(2014)苏诉公民终字第00001号民事判决书。

二审判决生效之日起30日内提供有效担保的，可以申请延迟支付40%的修复费用至本判决生效之日起1年内支付，其间如果六家被告企业能够通过技术改造对副产酸进行循环利用，明显降低环境风险，且1年内没有因环境违法行为受到处罚的，其已支付的技术改造费用可经验收后在该延迟支付的40%额度内抵扣。

3. 合规风险防控分析

该案对于企业进行环保合规风险防控具有重要的指导意义：一是企业将污废交给不具备经营资质的第三方是否合法合规。该问题的重点在于环境损害因果关系的认定，一审法院确认锦汇公司等六家公司未尽到合理审查注意义务，用低于市场价的价格将污废交给不具备经营资质的第三方，主观上具有非法处置危险废物的故意，辩称对第三方的任意倾倒行为不知情不免除其不作为故意的责任，其在客观上造成了环境严重污染的结果，应该承担对环境污染进行修复的赔偿责任。二是关于危险化学品和化工产品生产企业在生产经营过程中需要承担较高的注意义务。该案在修复义务的履行方式上衡平企业良性发展与环境保护目标，创新了修复费用支付方式，鼓励企业加大技术改造力度，处理好全局利益与局部利益、长远利益与短期利益的关系，承担起企业环境保护主体责任和社会责任。最高人民法院肯定了二审法院创新修复费用支付方式的做法，鼓励企业积极开展技术创新和改造，促进区域生态环境质量改善，同时明确了危险化学品和化工产品生产企业在生产经营过程中应具有较高的注意义务，应承担更多的社会责任。对于河水这种具有流动性和自净能力的环境介质，该案确立了水污染环境修复责任的处理原则，即污染行为一旦发生，不因水环境的自净改善而影响污染者承担修复义务。企业需要在痛点上做提升整改，不断加强高标准的环保合规体系建设，该案对于相关企业今后在环保合规管理与环保合规建设方面具有重大的指导与教育意义。

（二）环境污染责任纠纷案

1. 基本案情①

某公司下属热电厂持续向大气超标排放污染物，并存在环保设施未经验收即投入生产、私自篡改检测数据等环境违法行为。2014年至2015年，多个环境保护主管部门先后对某公司进行了多次行政处罚，山东省环境保护厅责成其停

---

① 参见北京市朝阳区自然之友环境研究所诉某公司大气污染民事公益诉讼案，山东省东营市中级人民法院（2016）鲁05民初11号民事判决书。

产整改、限期建成脱硫脱硝设施，由环境保护部门对该公司进行过通报、督查。经审理，法院依法确认某公司存在向大气超标排放污染物等违法事实。在审理过程中，双方达成调解意见，山东省东营市中级人民法院依照《最高人民法院关于审理环境民事公益诉讼案件适用法律若干问题的解释》第 25 条的规定，对调解协议内容进行公示，公告期间届满对调解协议内容进行审查后出具调解书。

2. 裁判结果

经山东省东营市中级人民法院主持调解，原告、被告达成如下调解协议：被告某公司支付生态环境治理费 3,000,000 元，于调解协议生效后 10 日内支付于法院指定的环保基金账户。原告北京某环境研究所支出的律师代理费 95,000 元、交通费等 30,000 元、专家咨询费 30,000 元，被告某公司于调解协议生效后 10 日内向原告支付。案件受理费 81,800 元，减半收取 40,900 元，由被告某公司负担。

3. 合规风险防控分析

从目前发布的案例可以看出，行政机关对于企业环保合规的审查要点主要包括以下几个方面。一是企业是否存在伪造数据、逃避监管的行为。二是企业的污染处理方式是否合规合法。三是企业是否存在未验先投的问题。本案中某公司下属热电厂持续向大气超标排放污染物，并存在环保设施未经验收即投入生产、私自篡改检测数据等环境违法行为。本案最终以调解方式结案。在环境污染民事公益诉讼案件中，依法妥善处理企业超标排放引发的环境诉讼案件，依法制裁环境污染行为，督促企业履行环境保护责任，促进企业节能减排、技术转型升级，有助于推动社会循环经济体系和生态环境恢复补偿机制的建立与完善。在做到全过程公开透明的基础上进行调解，并及时公告调解结果，既尽到了对企业的监管责任，也实现了对民众知情权、监督权的保障，有助于在全社会范围内营造学习法律、保护生态环境的氛围。

第二节　行政法律责任

一、环境行政法律责任的追责程序

我国《环境保护法》并没有详细规定追究企业环境行政法律责任的程序问题，在具体的法律责任由《环境保护法》类型化后，再由各部门法具体规定。因此，环境保护的行政法律责任追责程序主要在以《行政处罚法》为代表的各专门法律中予以规定，《环境行政处罚办法》中规定了立案、审查、听证、决定、救济等程序。

首先是立案阶段。立案阶段的考查主要包括：第一，有涉嫌违反环境保护法律、法规和规章的具体行为；第二，依法应当或者可以给予行政处罚；第三，属于行政机关管辖的范围之内；第四，违法行为发生之日起到发现之日起未超过两年，法律另有规定的除外。

其次是调查阶段。具体包括出示证件、陈述申辩、登记保存、现场检查笔录或者调查询问笔录、申请回避以及证据收集。其中，出示证件要求执行人员不得少于2人，在执法时应出示执法证件，如果不提前出示证件的，企业有权拒绝接受调查或者检查。在陈述申辩阶段，未告知或未听取陈述申辩不得作出行政处罚决定，当事人明确放弃陈述或者申辩权利的除外。登记保存首先要确定适用的条件是证据可能灭失或者以后难以取得的情况，具体的程序需要经行政机关负责人批准，期限为7日。在现场检查笔录或调查询问笔录阶段，签字时应当核对记载内容是否与陈述的实施一致，笔录可以进行更改和补充，确认无误后签字。之后是申请回避，如若认为执法人员与案件有直接利害关系或者可能影响公正执法的其他关系，当事人有权申请回避。关于证据的收集，执法人员可采用勘查、采样、监测、拍照、录音、录像、制作笔录、查阅、复制相关资料、询问有关人员、提供相关材料等方式收集证据。

再次是审核阶段。对审核人员的资格，要求初次从事行政处罚决定法制审核的人员，应当通过法律职业资格考试。审核的内容包括：涉及重大利益的；直接关系到当事人或第三人重大权益并经过听证程序的；案件的情况疑难复杂且涉及多元法律关系的；法律规定应该进行审核的其他情况。

最后是决定阶段。其中包括作出决定的主体原则上应是行政机关负责人，情节复杂或重大违法行为给予较重的处罚的，行政负责人应集体讨论决定。作出决定的时间要求在立案之日起90日内，并且下达《行政处罚事先告知书》《责令改正违法行为决定书》《行政处罚听证告知书》《行政处罚听证通知书》等。

另外，在行政执法和行政处罚过程之中，有效利用行政听证制度具有十分重要的意义。在行政听证过程中，有效地提出减轻处罚的理由和事实，可以从实质上影响最终的行政处罚结果。对社会一般公众或具体利害关系人而言，听证制度让行政相对人在面临行政处罚时可以充分地表达观点、阐明事实，促进行政机构查明违法事实,合理裁量行政处罚尺度,实现合法行政,保护公民合法权利。企业应敢于并运用好行政听证这项途径。行政听证制度的启动是依法申请,其中听证的范围包括较大数额的罚款;没收较大数额违法所得、没收较大价值非法财物;降低资质等级、吊销许可证件责令停产停业、责令关闭、限制从业;其他较重的行政处罚。行政听证的时限为:行政机关告知当事人听证权利,当事人提出听证的,应当在行政机关告知后5日内提出,行政机关组织听证会并在召开7日前告知当事人举行听证时间、地点。在行政听证回避制度的规定参与案件调查程序的人不得担任听证主持人,其他有利害关系的人员也应进行回避。在公开方面,除涉及国家秘密、商业秘密或者个人隐私外,听证公开举行。在代理方面,当事人可以委托1~2个代理人参与听证。在听证笔录方面,听证会应当制定听证笔录,交当事人签字或者盖章,行政机关应当根据听证笔录作出决定。

二、环境行政法律责任的承担方式

环境保护最主要的责任形式就是行政法律责任,行政法律责任不仅包括行政相对人的法律责任,还包括行政主体的监管责任,大量的环境保护性法律规范都在行政法体系之中。如我国《环境保护法》第10条规定了环境保护主管部门统一监督管理环境保护工作的职责,在众多环境资源保护、污染防治等法律中也都规定了监管部门职责,以及问责制度;第59条规定了对违法排污的企业实施按日计罚;第60条规定县级以上环保主管部门可以对超标超量排污的企业处以限产停产;第62条规定县级以上环保主管部门可以对不公开或者不如实公开环境信息的企业处以罚款……以上表明,企业和行政主体是环境保护法律责任的首要主体。行政机关履行责任的方式主要就是对企业进行严格有效的监管。出于对自身法律责任风险的控制,行政主体有强大的动力对企业进行行政问责,而且法律也赋予环境保护主管部门较大的行政裁量权和较丰富的法律处罚手段。一般来说,行政相对人违反法律规定破坏环境资源,面临的行政法律责任主要表现为行政命令和行政处罚。其中行政命令是较轻的责任,主要目的是纠正违规行为,而行政处罚的责任就相对严重,包含了对违规行为的纠正和制裁,其法律责任的严厉性介于民事法律责任和刑事法律责任之间。环境行政违法案件处罚形式如图4-1所示。

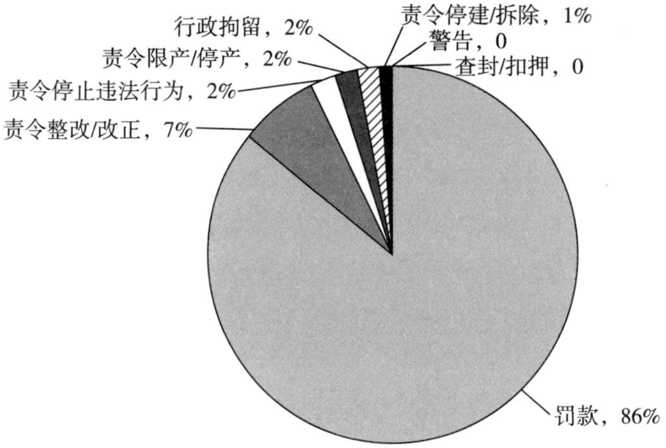

图4－1　环境行政违法案件处罚形式

(一)行政命令

行政命令是指行政主体依法要求行政相对人为或不为一定行为的意思表示。[①] 行政命令一般适用于违规行为初现的阶段,行政机关通过法定程序对行政相对人的违规行为提出的一种改正要求,其效果主要是进行违规行为纠偏,防止损害后果的出现或者扩大。实践中,行政命令不会导致相对人财产减损或者行为制裁的后果,不会使相对人比其他人承担更多的义务,而是通过行政性命令责令相对人在一定期限内将其行为回归到一般社会主体的合法轨道上来,和一般社会主体一样地遵守规则并履行义务,通常的表现形式是责令限期整改、禁止为一定行为等。实践中最常见的是对无证经营、无证排污等行为的纠正,责令这类行为人停止非法操作,对于行政命令得不到执行的,才会适用行政处罚。

根据《环境行政处罚办法》第12条的规定,行政命令主要有责令改正和限期改正违法行为两种,该条明确规定了行政命令不属于行政处罚,不适用行政处罚程序。据此,我们可以看出,行政命令是为方便行政机关履行监管职责而设置的一种行政执法权,在违法后果还未发生,但是违法行为将有造成违法后果的可能的时候,赋予行政机关干预权避免损害结果的发生。该条还规定了行政命令的9种具体形式,即责令停止建设、责令停止试生产、责令停止生产或者使用、责令限期建设配套设施、责令重新安装使用、责令限期拆除、责令停止违法行为、责令限

① 参见涂永前:《环境行政处罚与环境行政命令的衔接———从〈环境保护法〉第60条切入》,载《法学论坛》2015年第6期。

期治理,以及法律、法规或者规章设定的责令改正或者限期改正违法行为的行政命令的其他具体形式。这些行政命令的目的都在于停止侵害、恢复社会秩序。作为规定在《行政处罚法》的配套下位法《环境行政处罚办法》中的行政法律责任形式,行政机关往往在给予行政处罚之前,先行适用行政命令,这充分地体现了行政法律责任的秩序维护功能,以及行政法宽严相济的立法原则。

(二)行政处罚

行政处罚是行政法的制裁手段,是比民事法律责任和其他行政责任更严格的一种责任形式,也是离环境刑事法律责任最近的一种法律责任。根据《行政处罚法》第9条的规定,行政处罚的种类主要有:(1)警告、通报批评;(2)罚款、没收违法所得、没收非法财物;(3)暂扣许可证件、降低资质等级、吊销许可证件;(4)限制开展生产经营活动、责令停产停业、责令关闭、限制从业;(5)行政拘留;(6)法律、行政法规规定的其他行政处罚。除了《行政处罚法》的综合性规定,其他的污染防治法和资源保护类立法中也规定了一些具体的行政处罚方式,如《固体废物污染环境防治法》就规定了"企业事业单位和其他生产经营者"未按排放标准等法律强制性规范的规定排放污染物,或者未按规定办理环境影响评价文件审批、排污许可等情况的行政处罚措施,以及罚款的金额标准等。这些专项法律规范完善了各领域落实行政处罚责任的责任主体、责任构成以及责任标准,是行政处罚的具体实施。根据对这些法律规范的梳理,以及按照行政法学者们的通说观点,可以将行政处罚分为财产罚、行为罚、声誉罚、自由罚四大类。

1. 财产罚

财产罚是最为普通的一种法律责任,民事法律责任中的惩罚性赔偿、行政处罚中的罚款,以及刑事法律责任中的罚金刑等都是财产罚。其中,行政罚款是行政法律责任中最常用的处罚措施,金额小到几十元,大到无上限都是有可能的。《行政处罚法》中规定的罚款、没收违法所得、没收非法财物等处罚措施都是针对违法行为人财产作出的处置。我国《环境保护法》第59条规定的按日连续计罚,作为对环境违法行为拒不改正的惩罚,并没有设置罚款的上限,是环境法律责任中行政罚款最严厉的处罚。一般来说,对于企业而言,只要最终的收益大于成本,就是可取的方案。因此,在环境违法成本低于为贯彻环保规定而付出的成本时,企业可能倾向于支付违法成本,而不是环保合规成本,这样就无法实现环境保护法律规定,而《环境保护法》第59条关于按日计罚的规定则打破了这种局面,只要违法行为不改正就会一直计罚,这个违法成本是难以预计的。

有学者根据法律规定中设定罚款数额方式的不同,将我国的环境行政罚款可以分为“数值式”和“倍率式”两类。数值式行政罚款指法律明确规定了一个罚款数值范围;而倍率式罚款则是以某一基准的特定倍数来确定罚款。① 一般而言,情节轻微的违法违规行为适用数值式罚款,而针对获益率高的不法行为,则需要在以倍率罚款来追缴非法获利的同时,对不法行为予以惩治。《环境保护法》第59条同时满足了数值式罚款和倍率式罚款的适用要求:当行政机关对相对人处以了数值式罚款却没达到理想效果的时候,就可能适用该第59条进行原处罚的加强,这也要求企业在进行环保合规管理时需要对法律规定进行体系化理解。

2. 行为罚

行政处罚措施中的行为罚也称为能力罚,指具有执法权的行政主体依照法律规定限制或者剥夺违法者某项行为能力或资格的处罚。② 在环境保护法律中,对环境法律责任的行为罚最为综合性的规定分别是《环境保护法》第60条规定的责令停产停业、关闭,以及《行政处罚法》第9条规定的暂扣许可证件、降低资质等级、吊销许可证件、限制开展生产经营活动、责令停产停业、责令关闭、限制从业等行政处罚种类。除了这两部法律的综合性法律责任规定,还有其他的专门法律也规定了行政处罚的行为罚。例如《水污染防治法》第82条规定了责令停产整治,第85条规定了责令限期采取治理措施;《固体废物污染环境防治法》第112条规定了责令停业或关闭的13种具体情形,第117条规定了责令进口固体废物者消除污染等,都是在《行政处罚法》规定的行政处罚范围内规定具体的处罚措施。行为罚最主要的目的是及时阻止危害行为,防止环境损害扩大。在处以行为罚等行政法律责任时,行政机关往往同时辅以责令限期改正、排除妨害等行政责任。如行政法上的环境修复责任,与行为罚具有同样的改正和排除妨害效果。

3. 声誉罚

最常见的声誉罚是警告和通报批评,《噪声污染防治法》规定了多达7种的警告处罚情形。在其他的法律规定中,声誉罚的主要方式是通报批评,《行政处

---

① 参见谭冰霖:《环境行政处罚规制功能之补强》,载《法学研究》2018年第4期。

② 参见姜明安:《行政法与行政诉讼法》,北京大学出版社、高等教育出版社1999年版,第221~224页。

罚法》在2021年修订后增加了通报批评这一行政处罚措施，但是没有规定具体通报和批评的方式，《环境保护法》第62条规定了重点排污单位若不如实公开环境信息，相关主管部门应责令其公开和处以罚款，并要求“予以公告”，这种公告就具有通报批评的色彩。此外，国务院发布的《社会信用体系建设规纲要(2014—2020年)》和原环境保护部发布的《突发环境事件调查处理办法》强调了社会诚信档案的运用，以及中共中央办公厅、国务院办公厅印发了《关于构建现代环境治理体系的指导意见》中提出的排污企业黑名单制度是环境法律责任声誉罚的形式。随着诚信档案逐渐制度化，声誉罚的责任后果也会越来越严重，对企业来说也是一种需要引起重视的法律风险。

4. 自由罚

行政自由罚通过对行政相对人处以限制人身自由的一种处罚，只有法律明确规定了的情形下，才可以适用自由罚。行政自由罚主要表现为行政拘留，一般由公安机关执行，环境保护法律中对适用行政拘留措施的规定主要在《环境保护法》第63条中。在一些专门环境法律中还有更具体的规定，如《水污染防治法》第94条以及2020年修订后的《固体废物污染环境防治法》第120条。

(三)行政强制措施

行政强制措施具有临时性、强制性，一般是由于正在进行的某种违法行为而对行为人的人身或者财产予以暂时性控制。实践中常见的行政强制措施主要是查封和扣押，在环境保护领域二者的适用也比较多，比如查封造成污染的工厂或者对扣押被篡改了监测数据的监测设备等都是行政强制措施。对拒不履行环境修复责任的行政相对人的代履行则是行政强制执行的程序。行政强制措施和行政命令一样，不是行政处罚，而是出于维护、恢复社会秩序的目的制止违法行为，防止证据损毁或者危害扩大。

《中华人民共和国行政强制法》第9条规定了5类行政强制措施，分别是：限制公民人身自由；查封场所、设施或者财物；扣押财物；冻结存款、汇款；其他。此外，该法第10条还规定，一般情况下，行政强制措施由法律设定，但是尚未制定法律，又属于国务院行政管理职权事项的，行政法规可以设置除了限制公民人身自由、冻结存款汇款以外的其他行政强制措施；属于地方性事务的，地方性法规可以设定查封、扣押的行政强制措施。这些规定表明，查封和扣押是行政机关履行行政职责的必要职权之一，也是可以适用行政裁量的行政措施。生态环境保护是行政机关的法定职责，行政机关在对企业进行环保监管的时候也是在行使行政管理职权。因此,虽然环境保护法律没有直接规定具体查封、扣押等措施,但《环境保护主管部门实施查封、扣押办法》进行了细化规定。

三、行政法律责任的典型案例

通过 Alpha 法律智能操作系统对 2012 年至 2022 年环境污染行政处罚进行梳理,可以发现针对环境污染的行政处罚主要由生态环境部、公安部、城管执法局三大主管部门及其各自的下属单位作出。生态环境部的前身即环境保护部,是我国环境保护的主管部门,在其成立后的几十年里,为我国环境保护做了大量的工作,六成以上的环境行政处罚由其作出。2018 年国家机构改革后,环境保护部组建为生态环境部,生态环境部也在现行法律体制中占有重要的位置,并继续在我国生态文明建设中发挥不可替代的作用。此外,公安部和城管执法部门也是作出行政处罚的主要行政主体,城管执法部门的主要职责是维护城市的公共社会秩序以及市容市貌,因此其作出的环境行政处罚主要是针对造成城区内的生活环境污染的行为。公安机关统管辖区内的社会治安,对于危害社会安全和公众健康的环境污染或破坏行为具有处罚权,是除生态环境部门以外的履行环境保护监管职责的主要部门。除了以上三个主要的环境保护部门,其他具有行政处罚权且在实践中作出了环境行政处罚的部门还有市场监督部门、民政部门、卫生健康部门、海事部门等。2012 年至 2022 年作出环境行政处罚的主要机构如图 4-2 所示。

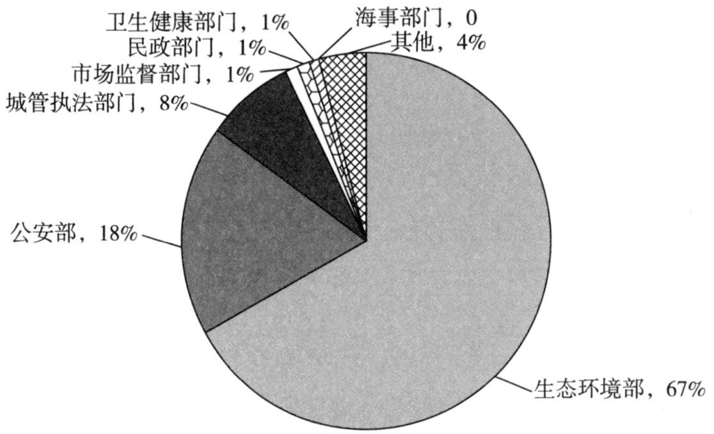

图 4-2　2012~2022 年作出环境行政处罚的主要机构

根据Alpha数据统计，自2014年至2021年，环境保护行政违法案件数量呈逐年增长趋势，其中2017年、2018年、2019年、2020年均超过65,000多例，2019年更是达到了将近80,000例。涉及环境污染行政处罚案件数量具体如图4－3所示。

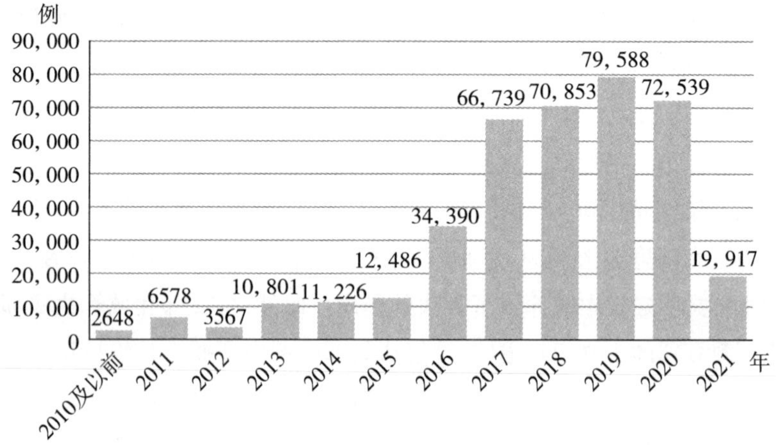

图4－3 环境行政违法案件数量统计

对我国环境行政处罚的事由进行梳理，可以发现违反大气污染防治制度、未采取或者不正常运行防污染措施是主要的处罚事由，占案件总量半数以上；其次是违规建造、违反噪声污染管理制度。这和我国工业发展进程有关。随着我国绿色生产原则的确立与推行，国家大力支持绿色环保生产，对污染较大的企业进行整改，企业合规的关键还是要认真执行环保合规计划，并努力实现技术升级。

1. 环保行政处罚案例及分析

(1)典型案例

案例1：建德市红莲贸易有限公司从事危险化学品储存及销售，该项目已通过环保部门审批及验收，但未制定突发环境事件应急预案，且未上报环保部门备案，违反相关的管理规定。根据《突发环境事件应急管理办法》第38条第3项的规定，企业事业单位有未按规定将突发环境事件应急预案备案情形的，由县级以上环境保护主管部门责令改正，可以处1万元以上3万元以下罚款。被该县环境主管部门责令立即改正违法行为，并罚款1万元。

案例2：2018年1月31日，德清县环境保护局作出的行政处罚决定书显示，2017年12月4日，执法人员对浙江晨星木业有限公司进行执法检查时发现，该公司正在生产，锅炉正在运行，锅炉废气处理设施烟道有部分破损，废气外溢，水膜除尘设施存在跑冒滴漏，部分除尘废水外溢至周边地面。该单位的上述行为违反了《浙江省环境污染监督管理办法》第 43 条第 1 款的规定。根据《浙江省环境污染监督管理办法》第 51 条的规定，德清县环境保护局责令该单位限期改正，同时作出罚款人民币 2.4 万元的行政处罚。

案例 3：2021 年 1 月 5 日，浙江省嘉兴市海盐县生态环境保护综合行政执法队接到群众举报，执法人员遂对该厂区进行执法检查发现海盐县澉浦镇某厂区堆放有带油物质，污染环境。当事人涉嫌违反《固体废物污染环境防治法》第 81 条第 2 款之规定，贮存危险废物应当采取符合国家环境保护标准的防护措施。根据《固体废物污染环境防治法》第 112 条第 1 款第 6 项、第 2 款之规定，违反该法规定，未按照国家环境保护标准贮存、利用、处置危险废物或者将危险废物混入非危险废物中贮存的，由生态环境主管部门责令改正，处以罚款，没收违法所得；情节严重的，报经有批准权的人民政府批准，可以责令停业或者关闭，处 10 万元以上 100 万元以下的罚款。

（2）合规风险防控分析

以上案例分别是企业违反生产前的备案制度、生产过程中的危废收集存储规范、重大变更申报登记制度而造成的行政处罚，比较有代表性。综合相关处罚案例，我们发现，企业生产经营过程中违规处理“危废”而受到行政处罚的常见情形如表 4－1 所示。

表 4－1　企业因违规处理“危废”而受罚的常见情形

序号	企业因违规处理“危废”而受罚的常见情形
1	存储不规范，危废与其他固废混装或存在其他不符合法律及相关标准规定的情形
2	随意丢弃、堆放、抛洒、排放、填埋危废
3	未按照《危险废物经营许可证管理办法》收集、贮存、处置危废
4	违反申报登记制度，产废单位或处置单位未及时完成申报或未申报重大变更
5	未设置危废标识或者设置的标识不规范
6	危废相关台账管理不规范
7	危废转移程序不规范，未及时完成危险废物动态管理信息系统的相关信息申报等
8	未依法订立相关管理制度，如应急预案、环境保护制度等

2. 环保行政合规不处罚案例及分析

(1)典型案例

案例4:宁德市古田生态环境局作出的闽宁环罚〔2020〕80号行政处罚决定书显示,宁德市宁兴塑胶有限公司因违反建设项目“三同时”及验收制度,根据法律规定,原本应处20万~100万元,并对直接负责的主管人员和其他责任人员处5万~20万元的罚款,综合考虑该公司未验先投违法行为属于初犯,主要负责人员能够积极配合主管部门查处违法行为,并主动承认错误,未造成环境污染等危害后果,符合2017年《行政处罚法》第27条第2款“违法行为轻微并及时纠正,没有造成危害后果的,不予行政处罚”的规定,免予对主要责任人员个人的行政处罚。同时,考虑该公司能够积极配合调查,并停止相关的生产行为,对该公司未验先投的违法行为处罚款20万元。

(2)合规风险防控分析

相关企业要做好事前环保合规管理工作,留存相关证据。该案例是合规减轻、免于行政处罚的典型案例,根据2021年修订的《行政处罚法》第33条的规定,当事人有证据证明其没有主观过错的,可以免予行政处罚。该条为新增规定,为涉案企业或当事人免于行政处罚提供了法律依据。

相关企业在事后要积极配合主管部门,积极补救。从合规的角度看,《行政处罚法》第33条相当于行政法领域的合规不处罚条款,事前的合规管理可视为主观上的环保努力。结合《行政处罚法》第33条的规定,当事人、企业事前有合规管理的努力,事后积极补救,且没有造成严重后果的,符合法定的合规不处罚情形。从民事法律司法实践中对生态环境修复责任履行方式的创新,到行政法领域的合规不处罚,再到刑事合规不起诉制度,企业合规贯穿环保法律制度的全过程,体现着我国法律鼓励环境保护,注重生态环境的有效修复多过对违法行为的惩罚,这也给了企业更多的合规管理动力和机会。

第三节　刑事法律责任

刑事法律责任一直以来都是企业进行合规管理时考虑的主要问题,主要是出于对安全生产类、经济类犯罪风险的规避。随着环境保护的法律制度越来越完善,刑法的环境保护规定也逐渐丰富。环境刑事犯罪的入罪门槛降低,刑罚加重,导致企业在进行合规管理时必须将环保合规放在重要地位。由于我国合规管理制度发展较晚,刑事案件中的合规不起诉等制度也处在试行阶段,因此,企业在进行环保刑事合规管理的时候,仍有难以准确把握合规要素的情况。随着环境保护法律逐渐体系化,各部门法之间的衔接越来越严谨,相关的法规、规章、规范性法律文件也越来越丰富。行政法上的环保责任规定与刑法建立了紧密的衔接关系,导致刑事法律责任的合规风险不仅在刑法中,也在各类行政法律法规里。整体而言,企业面临更加严峻的环保刑事法律责任风险,需要更加谨慎地对待环保合规管理。

2019年,最高人民法院、最高人民检察院、公安部、司法部、生态环境部五部门联合印发了《关于办理环境污染刑事案件有关问题座谈会纪要》,对环境保护涉刑事法律责任的相关问题进行了指导说明,其中重点对企业的环保刑事责任处罚问题进行了指引性规定。这也意味着,在全面趋严的环保监管背景下,立法和司法对企业的环保刑事责任问题都给予了比以往任何时候更多的关注和回应。对企业来说,这也是环保合规风险全面升级的预警。

一、环保刑事追责的特征

环保刑事追责最主要特征的就是对涉环保犯罪的惩罚越来越严厉,而且具有行政从属性,主要表现为行政责任可能转至刑事责任,违反行政法律规定的行为可能成为判定刑事法律责任的事实要件。我国刑法对环境类犯罪的规定有一个渐进的过程。现行《刑法》于1979年颁布,当时并没有环境保护相关的条文,1997年修订后,《刑法》才增加了破坏环境资源保护罪这一节,其中规定了重大环境污染事故罪以及一系列破坏自然资源的罪名。这是环境保护犯罪第一次入刑。后来在《刑法》历次修订中,对重大环境污染事故罪进行了两次重大修改,分别是2011年将重大环境污染事故罪修改为污染环境罪,2020年将环境污染罪的法定刑增加了“7年以上”这一档。这些环保刑事追责规定的变迁都体现了我国对加强环保的决心。相比较其他的刑事犯罪来说,刑法对环境污染类犯罪的追责定罪等也具有以下特殊性。

(一)环保刑事责任具有行政从属性

行政法律和刑事法律共同的公法色彩导致两者在很多法律责任规定上具有紧密相关的特点,这一点在环境保护的相关规定上更加突出。《刑法》第338条至第346条规定了污染环境罪、非法处置进口固体废物罪,以及破坏各类自然资源罪的自然人和单位犯罪。其中每一条罪名具体规定的第一句均有“违反国家规定”之类的表述，如第338条污染环境罪、第339条非法处置进口固体废物罪、第344条危害国家重点保护植物罪等法条均规定“违反国家规定……”第340条非法捕捞水产品罪规定“违反保护水产资源法规……”第342条规定“违反土地管理法规……”“违反自然保护地管理法规”等。同时，《刑法》第96条还明确了本法所称违反国家规定，是指违反全国人民代表大会及其常务委员会制定的法律和决定，国务院制定的行政法规、规定的行政措施、发布的决定和命令。以上均将违法行政法律法规作为触犯该等罪名的前置条件，加强了行政法律在刑法中的应用。

此外，2016年《最高人民法院、最高人民检察院关于办理环境污染刑事案件适用法律若干问题的解释》，在该解释的第1条对“严重污染环境”情形的界定中，将两年内受到两次以上行政处罚再次实施违法行为的情形规定为《刑法》中所称“严重污染环境”的情形。也就是说，行政处罚的“累犯”也可能导致承担刑事法律责任后果，从这个角度来看，《刑法》对环境保护的刑罚规定类似于行政处罚的加强版，当行政处罚措施不足震慑违法行为时，还有刑法惩罚违法犯罪行为。

环境保护刑事法律责任和行政法律责任的关系在国务院发布的行政法规《行政执法机关移送涉嫌犯罪案件的规定》中也有充分体现。按照该规定，行政机关在执法过程中发现涉嫌犯罪行为，应连带收集的证据材料一同移交公安机关，公安机关收到相关案卷材料需要签回执，且如果决定不予以立案，应向移送案件的行政机关说明。这些规定表明，行政机关前期收集资料移送到公安机关具有提交证据的性质，从某种程度上说，行政机关提交的材料直接具有证据效力，这也是《刑法》对行政监管工作成果的认可。

（二）对于单位意志的推定尚存争议

根据现行法律规定，构成环境污染类犯罪的主体可以是单位，但是司法实践中对于如何判断是否构成单位犯罪也存在很多争议。对于环境污染类犯罪来说，学界对该罪的主观罪过形式具有争议，①但是对于企业来说，该罪的成立需要对单位意志进行判定，表明该罪的单位犯罪为故意犯罪。对单位犯罪的故意更多的是通过考察有没有在单位内部的制度设计上尽到足够的注意义务，这有点

---

① 参见田宏杰：《立法演进与污染环境罪的罪过———以行政犯本质为核心》，载《法学家》2020年第1期。

像自然人犯罪中明知犯罪结果可能发生却放任其发生的故意。在刑事司法实践中，大多通过推定的形式来推测其主观心态是否为故意。一般来说，如果犯罪行为人能够代表单位意志，且在其职权范围内实施违法犯罪行为，该行为一般就可以归责于单位行为。在2019年最高人民法院、最高人民检察院、公安部、司法部、生态环境部《关于办理环境污染刑事案件有关问题座谈会纪要》中，第3条专门对司法实践中主观过错的认定作出了指导意见，并总结列举出来了8种可以认定为故意实施环境污染犯罪行为的情形，如企业如若没有通过环评或未依法取得排污许可证却排放污染物的、发现环保设施存在障碍却没有及时排除的、委托第三方处置危废物却没有对其尽资质审查义务或者委托处置费明显低于市场价等情况，都可以推定为故意实施污染环境犯罪。这些指导意见一定程度上为司法实践提供了判定依据，同时也成为企业合规管理时的参考依据。有学者梳理出司法实践对单位犯罪故意的认定逻辑主要有两个方面：一是对于集体决策或核心成员的故意犯罪一般认定为单位故意；二是根据整体性的事实直接认定为单位故意。[①] 对于非核心人员的其他工作人员的故意犯罪行为能否归责为单位故意，则存在较大争议。根据法律的规定，单位主管人员或者主要责任人员是单位犯罪中的共同处罚对象，也就是说，就算不是核心或者主管人员，只要是相关行为的主要执行人员，也能成为处罚对象。对于个体行为能否归为单位行为，法律没有明确规定。也正因如此，实践中，很多企业会以个人行为单位和领导不知情为由来推卸单位责任。

（三）个人责任与单位责任牵连

根据《刑法》第346条的规定，单位犯第338条至第345条规定的罪行的，该单位直接负责的主管人员和其他直接责任人员依照相应各条规定处罚，也就是按照自然人犯罪来处罚，这是刑法规定的环境刑事犯罪双罚制。单位的具体事务需要工作人员来执行，从这个层面来说，企业环境污染犯罪的行为人都是自然人，也就是刑法中规定的直接责任人员。如果一味追究个体责任，就会严重打击个体工作积极性，长此以往也不利于企业的发展。因此，我国立法首先确定了单位的责任，只是对于非核心人员的其他工作人员的故意犯罪行为能否认定为单位故意犯罪尚缺乏规定，这导致司法实践中以此为抗辩理由逃脱单位刑事责任

① 参见史蔚：《组织体罪责理念下单位故意的认定：以污染环境罪为例》，载《政治与法律》2020年第5期。

的案件比比皆是。另外,也存在一些明明是个人犯罪行为,却以单位安排、职责所需等为借口逃避刑事处罚的案件。在 2019 年最高人民法院、最高人民检察院、公安部、司法部、生态环境部《关于办理环境污染刑事案件有关问题座谈会纪要》中专门针对追究自然人责任比单位多这一情况进讨论,明确表示要防止打击面过大并规定为了单位利益实施环境污染行为并具有下列情形之一的,应当认定为单位犯罪:(1)经单位决策机构按照决策程序决定的;(2)经单位实际控制人、主要负责人或者授权的分管负责人决定、同意的;(3)单位实际控制人、主要负责人或者授权的分管负责人得知单位成员个人实施环境污染犯罪行为,并未加以制止或者及时采取措施,而是予以追认、纵容或者默许的;(4)使用单位营业执照、合同书、公章、印鉴等对外开展活动,并调用单位车辆、船舶、生产设备、原辅材料等实施环境污染犯罪行为的。这些规定对实践中认定单位犯罪提供了较为详细的指导,有助于区分环境犯罪中的自然人犯罪和单位犯罪,也对企业合规管理提供了重要的指引。

无论如何,在单位和个体双罚的法律制度之下,个体和单位的责任具有连带性,这也是企业合规管理必须面对的问题。只有对相关法律法规及规范性法律文件的精神予以正确的认识才能进行有效的合规管理,这对企业来说,是极具考验的。

二、企业涉及刑事犯罪的类型及罪名

(一)涉及刑事犯罪的类型

我国《刑法》第六章第六节规定的是环境犯罪的具体罪行,主要可分为破坏资源类、污染环境类以及非法进出口污染物三大类,以及单位触犯这三类罪行时的刑事追责规定。其中,污染环境类罪行主要是第 338 条规定的污染环境罪,此条是关于环境污染犯罪的综合规定;非法进出口固体废物类犯罪规定在第 339 条;第 340 条至第 345 条规定了破坏各类自然资源犯罪行为的处罚;第 346 条则是对单位犯以上罪行的责任规定。《刑法》中的这些法律规定构成了环境犯罪的基本规定,其中犯罪类型及具体罪名如表 4-2 所示。

表 4－2 《刑法》中的环境犯罪类型及具体罪名

序号	犯罪类型	罪名	法条依据
1	污染环境类	污染环境罪	第 338 条
2	非法进出口污染物	非法处置进口的固体废物罪	第 339 条
3		擅自进口固体废物罪	
4	破坏资源类	非法捕捞水产品罪	第 340 条
5		危害珍贵、濒危野生动物罪	第 341 条
6		非法狩猎罪	
7		非法猎捕、收购、运输、出售陆生野生动物罪	
8		非法占用农用地罪	第 342 条
9		破坏自然保护地罪	
10		非法采矿罪	第 343 条
11		破坏性采矿罪	
12		危害国家重点保护植物罪	第 344 条
13		非法引进、释放、丢弃外来入侵物种罪	
14		盗伐林木罪	第 345 条
15		滥伐林木罪	
16		非法收购、运输盗伐、滥伐的林木罪	
17	单位犯罪	单位犯破坏环境资源罪的处罚规定	第 346 条

（二）涉及环境保护的刑事罪名

《刑法》规定的环境犯罪主要有 16 个罪名，这 16 个罪名包含了环境污染、生态破坏以及自然资源损害等方面的内容，其中破坏自然资源的犯罪行为往往是特定的行业比较容易触犯，环境污染犯罪则是所有企业及其他经营者都需要尽特别注意义务才能避免。因此，环境污染类犯罪是所有类型的企业在进行合规管理时都必须予以制度化管控的风险，以下主要对环境污染类犯罪展开分析。

1. 污染环境罪

该污染环境罪是由重大污染环境事故罪修订而来。我国刑法于 1997 年增设了重大污染环境事故罪，后经过 2011 年修订修改为污染环境罪。除了罪名的变更，入罪条件也作了相应调整，删去“造成重大环境污染事故，致使公私财产遭受重大损失或者人身伤亡的严重后果”。2020 年《刑法》修订时再次对该罪的刑罚进行了修改。此前,污染环境罪的最高刑罚是七年,2020 年修订后增加了以下四种处以七年以上的刑罚情形:(1)在饮用水水源保护区、自然保护地核心保护区等依法确定的重点保护区域排放、倾倒、处置有放射性的废物、含传染病病原体的废物、有毒物质,情节特别严重的;(2)向国家确定的重要江河、湖泊水域排放、倾倒、处置有放射性的废物、含传染病病原体的废物、有毒物质,情节特别严重的;(3)致使大量永久基本农田基本功能丧失或者遭受永久性破坏的;(4)致使多人重伤、严重疾病,或者致人严重残疾、死亡的有前款行为,同时构成其他犯罪的,依照处罚较重的规定定罪处罚。

在"中国裁判文书网"以"污染环境罪"为案由,共检索到 19,116 篇裁判文书(2012 年至 2022 年 7 月)。从中可以看出,2016 年至 2020 年每年都有超过 2000 件的关于污染环境罪的案例,其中 2019 年和 2020 年均突破三千件,在 2019 年达到峰值(3717 件),2021 年则呈下降趋势。2012 年至 2022 年 7 月污染环境罪案例数量如图 4 – 4 所示。

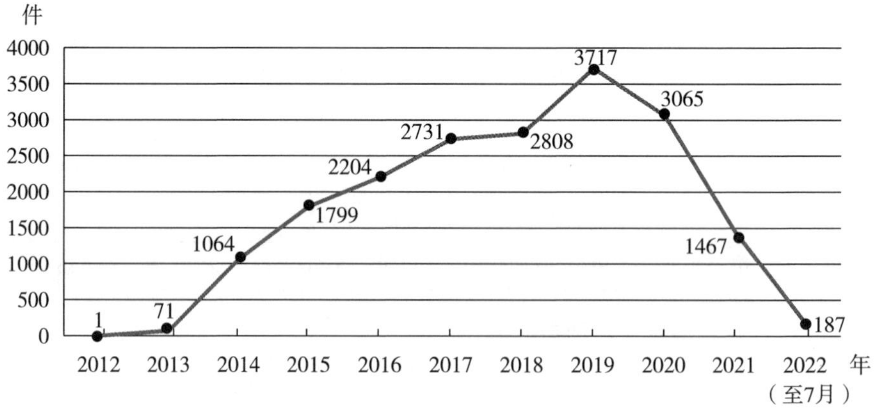

图 4 – 4 2012 ~ 2022 年 7 月污染环境罪案例数量

资料来源:中国裁判文书网

在地域分布方面,案例总数大于 300 件以上的省份共有 11 个,其中排在前五位的省份依次为浙江、河北、广东、山东、江苏,这也符合公众对环境污染犯罪的一般认知:经济发展水平高、工业化程度较高地区的企业数量更多,环境污染事件更多;同时环境污染犯罪作为新型犯罪,与地区执法水平关系大,东部地区环境执法普遍较为严格,并且较早地对环境执法、侦查、起诉、审判的各个环节进行了制度改革探索。从审理程序看,约占总数 3/4 的案件是一审程序,经过二审程序的案件约占 1/4,极少数通过再审程序审结。从法院级别看,大部分案件经基层人民法院审理,基层人民法院和中级人民法院的审理比例超过98%。污染环境罪地域分布见图4－5。

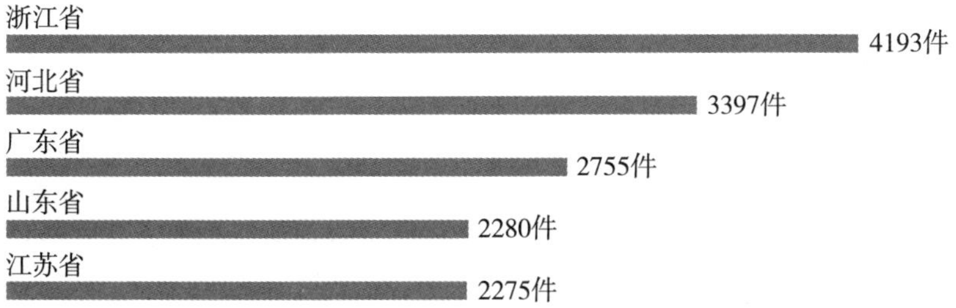

图4－5　污染环境罪案例地域分布

资料来源:Alpha法律智能操作系统

2. 非法处置进口的固体废物罪

《刑法》第339条规定,违反国家规定,将境外的固体废物进境倾倒、堆放、处置的,构成非法处罚进口的固体废物罪。该罪的量刑分为三档:5年以下有期徒刑或者拘役;造成重大环境污染事故,致使公私财产遭受重大损失或者严重危害人体健康的,处5年以上10年以下有期徒刑;后果特别严重的,处10年以上有期徒刑。

《最高人民法院、最高人民检察院关于办理环境污染刑事案件适用法律若干问题的解释》第2条规定了实施《刑法》第339条的行为,致使公私财产损失30万元以上,或者具有该解释第1条第10项至第17项规定情形之一的,应当认定为"致使公私财产遭受重大损失或者严重危害人体健康的"。同时,该解释第3条还规定了应当认定为"后果特别严重"的13种情形;并于第4条规定了应该从重处罚的4种情形。

3. 擅自进口固体废物罪

《刑法》第339条第2款规定,未经国务院有关主管部门许可,擅自进口固体废物用作原料,造成重大环境污染事故,致使公私财产遭受重大损失或者严重危害人体健康的,构成擅自进口固体废物罪。该罪的量刑分为两档:5年以下有期徒刑或者拘役,并处罚金;后果特别严重的,处5年以上10年以下有期徒刑,并处罚金。

以原料利用为名,进口不能用作原料的固体废物、液态废物和气态废物的,依照《刑法》第152条第2款、第3款的规定,以走私废物罪定罪处罚。由于本罪名与非法处置进口的固体废物罪均规定在《刑法》第339条中,上述《最高人民法院、最高人民检察院关于办理环境污染刑事案件适用法律若干问题的解释》中有关《刑法》第 339 条的规定也同样适用于擅自进口固体废物罪。《刑法》关于环境保护犯罪的罪名如表 4－3 所示。

表 4－3 《刑法》关于环境保护犯罪的罪名

序号	罪名	法律条文
1	污染环境罪	第 338 条 违反国家规定,排放、倾倒或者处置有放射性的废物、含传染病病原体的废物、有毒物质或者其他有害物质,严重污染环境的,处 3 年以下有期徒刑或者拘役,并处或者单处罚金;情节严重的,处 3 年以上 7 年以下有期徒刑,并处罚金;有下列情形之一的,处七年以上有期徒刑,并处罚金: (1)在饮用水水源保护区、自然保护地核心保护区等依法确定的重点保护区域排放、倾倒、处置有放射性的废物、含传染病病原体的废物、有毒物质,情节特别严重的; (2)向国家确定的重要江河、湖泊水域排放、倾倒、处置有放射性的废物、含传染病病原体的废物、有毒物质,情节特别严重的; (3)致使大量永久基本农田基本功能丧失或者遭受永久性破坏的; (4)致使多人重伤、严重疾病,或者致人严重残疾、死亡的。 有前款行为,同时构成其他犯罪的,依照处罚较重的规定定罪处罚
2	非法处置进口的固体废物罪	第 339 条第 1 款 违反国家规定,将境外的固体废物进境倾倒、堆放、处置的,处 5 年以下有期徒刑或者拘役,并处罚金;造成重大环境污染事故,致使公私财产遭受重大损失或者严重危害人体健康的,处 5 年以上 10 年以下有期徒刑,并处罚金;后果特别严重的,处 10 年以上有期徒刑,并处罚金
3	擅自进口固体废物罪	第 339 条第 2 款 未经国务院有关主管部门许可,擅自进口固体废物用作原料,造成重大环境污染事故,致使公私财产遭受重大损失或者严重危害人体健康的,处 5 年以下有期徒刑或者拘役,并处罚金;后果特别严重的,处 5 年以上 10 年以下有期徒刑,并处罚金
4	非法捕捞水产品罪	第 340 条 违反保护水产资源法规,在禁渔区、禁渔期或者使用禁用的工具、方法捕捞水产品,情节严重的,处 3 年以下有期徒刑、拘役、管制或者罚金
5	危害珍贵、濒危野生动物罪	第 341 条第 1 款 非法猎捕、杀害国家重点保护的珍贵、濒危野生动物的,或者非法收购、运输、出售国家重点保护的珍贵、濒危野生动物及其制品的,处 5 年以下有期徒刑或者拘役,并处罚金;情节严重的,处 5 年以上 10 年以下有期徒刑,并处罚金;情节特别严重的,处 10 年以上有期徒刑,并处罚金或者没收财产

续表

序号	罪名	法律条文
6	非法狩猎罪	第 341 条第 2 款　违反狩猎法规，在禁猎区、禁猎期或者使用禁用的工具、方法进行狩猎，破坏野生动物资源，情节严重的，处 3 年以下有期徒刑、拘役、管制或者罚金
7	非法猎捕、收购、运输、出售陆生野生动物罪	第 341 条第 3 款　违反野生动物保护管理法规，以食用为目的非法猎捕、收购、运输、出售第 1 款规定以外的在野外环境自然生长繁殖的陆生野生动物，情节严重的，依照前款的规定处罚
8	非法占用农用地罪	第 342 条　违反土地管理法规，非法占用耕地、林地等农用地，改变被占用土地用途，数量较大，造成耕地、林地等农用地大量毁坏的，处 5 年以下有期徒刑或者拘役，并处或者单处罚金
9	破坏自然保护地罪	第 342 条之一　违反自然保护地管理法规，在国家公园、国家级自然保护区进行开垦、开发活动或者修建建筑物，造成严重后果或者有其他恶劣情节的，处 5 年以下有期徒刑或者拘役，并处或者单处罚金
10	非法采矿罪	第 343 条第 1 款　违反矿产资源法的规定，未取得采矿许可证擅自采矿，擅自进入国家规划矿区、对国民经济具有重要价值的矿区和他人矿区范围采矿，或者擅自开采国家规定实行保护性开采的特定矿种，情节严重的，处 3 年以下有期徒刑、拘役或者管制，并处或者单处罚金；情节特别严重的，处 3 年以上 7 年以下有期徒刑，并处罚金
11	破坏性采矿罪	第 343 条第 2 款　违反矿产资源法的规定，采取破坏性的开采方法开采矿产资源，造成矿产资源严重破坏的，处 5 年以下有期徒刑或者拘役，并处罚金
12	危害国家重点保护植物罪	第 344 条　违反国家规定，非法采伐、毁坏珍贵树木或者国家重点保护的其他植物的，或者非法收购、运输、加工、出售珍贵树木或者国家重点保护的其他植物及其制品的，处 3 年以下有期徒刑、拘役或者管制，并处罚金；情节严重的，处 3 年以上 7 年以下有期徒刑，并处罚金
13	非法引进、释放、丢弃外来入侵物种罪	第 344 条之一　违反国家规定，非法引进、释放或者丢弃外来入侵物种，情节严重的，处 3 年以下有期徒刑或者拘役，并处或者单处罚金

续表

序号	罪名	法律条文
14	盗伐林木罪	第345条第1款　盗伐森林或者其他林木,数量较大的,处3年以下有期徒刑、拘役或者管制,并处或者单处罚金;数量巨大的,处3年以上7年以下有期徒刑,并处罚金;数量特别巨大的,处7年以上有期徒刑,并处罚金
15	滥伐林木罪	第345条第2款　违反森林法的规定,滥伐森林或者其他林木,数量较大的,处3年以下有期徒刑、拘役或者管制,并处或者单处罚金;数量巨大的,处3年以上7年以下有期徒刑,并处罚金
16	非法收购、运输盗伐、滥伐的林木罪	第345条第3款　非法收购、运输明知是盗伐、滥伐的林木,情节严重的,处3年以下有期徒刑、拘役或者管制,并处或者单处罚金;情节特别严重的,处3年以上7年以下有期徒刑,并处罚金

三、刑事合规不起诉

(一)刑事合规不起诉制度

刑事合规不起诉是为了激励企业合法合规经营而建立的一项制度,是指检察机关对愿意建立合规体系进行整改的涉案企业,通过责令其针对违法犯罪事实,提出专项合规计划,并按计划整改,然后根据整改效果作出相对不起诉决定的制度。① 该制度的适用对象是企业,目前还在试点阶段。2020年3月,最高人民检察院在6个基层检察院启动了企业刑事合规不起诉改革的试点工作。2021年4月,最高人民检察院发布《关于开展企业合规改革试点工作的方案》,继续开展第二期企业刑事合规不起诉改革试点。2021年6月3日,最高人民检察院发布四起企业合规改革试点典型案例。同日,最高人民检察院、司法部、财政部、生态环境部等九个单位联合发布了《关于建立涉案企业合规第三方监督评估机制的指导意见(试行)》,其中第3条规定了第三方机制的适用范围,包括适用于公司、企业等市场主体在生产经营活动中涉及的经济犯罪、职务犯罪等案件,第5条规定了不适用企业合规试点及第三方机制的5类情形。同时,第14条还规定了人民检察院应当将第三方组织合规考察书面报告、涉案企业合规计划、定期书面报告等合规材料,作为依法作出批准或者不批准逮捕、起诉或者不起诉以及是

① 参见陈瑞华:《企业合规不起诉制度研究》,载《中国刑事法杂志》2021年第1期。

否变更强制措施等决定,提出量刑建议或者检察建议、检察意见的重要参考。这一条体现了完善的合规管理机制在规避刑事风险中的重要性。该指导意见的每一条均落实到了企业合规不起诉制度的适用上,是目前对企业合规不起诉制度最完善的法律规范。

1. 刑事合规不起诉的启动主体

《关于建立涉案企业合规第三方监督评估机制的指导意见(试行)》第 10 条规定:"人民检察院在办理涉企犯罪案件时,应当注意审查是否符合企业合规试点以及第三方机制的适用条件,并及时征询涉案企业、个人的意见。涉案企业、个人及其辩护人、诉讼代理人或者其他相关单位、人员提出适用企业合规试点以及第三方机制申请的,人民检察院应当依法受理并进行审查。"从这一规定可以看出,刑事合规不起诉制度的启动主体主要有人民检察院、涉案企业、个人及其辩护人、诉讼代理人或者其他相关单位、人员。也就是说,既可以由人民检察院主动对涉案企业适用刑事合规不起诉制度,也可以由涉案企业及其授权的相关人员向人民检察院申请启动合规不起诉。

2. 刑事合规不起诉的启动条件

刑事合规不起诉的启动条件应该包括主观意愿和客观条件两个方面。主观意愿主要是指企业的主观意志。根据该指导意见对企业合规试点启动主体的规定,无论是人民检察院主动适用,还是由涉案企业申请适用,都需要涉案企业明确其意愿,这充分体现了企业自愿整改是适用刑事合规不起诉制度的必要前提。此外,第 4 条还规定在涉案企业认罪认罚且自愿适用企业合规第三方监督评估机制、承诺建立或完善企业合规制度的情况下,人民检察院可以根据案件情况适用企业合规第三方评估机制,这也是对企业启动刑事合规试点的主观意志的规定。借此也可以认为,企业刑事合规不起诉的启动条件之一是企业作出刑事合规承诺。

在客观条件方面,企业本身应该是合法经营的企业,以及企业的涉罪事实应符合法律对企业合规试点的要求。对企业进行合规试点,是为了保护企业的持续经营,换言之,适用合规试点的前提是涉案企业有整改的价值,因此,根据《关于建立涉案企业合规第三方监督评估机制的指导意见(试行)》可以看出,适用合规试点及第三方监督评估机制的涉案企业应该是能够正常生产经营的企业,排除了一些不适用企业合规试点的情形,例如个人为进行违法犯罪活动而设立公司、企业的;公司、企业设立后以实施犯罪为主要目的的。根据这些不适用合规试点的情形可以发现,刑事合规不起诉的适用条件最重要的一点即对适用对象的要求:合规不起诉制度的适用对象应该是合法成立且合法经营的企业。

在企业的涉罪情况方面,首先是企业已经涉罪,其次是企业涉罪类型属于法律规定的可适用合规不起诉的罪行范围。《关于建立涉案企业合规第三方监督评估机制的指导意见(试行)》第5条规定了公司、企业人员盗用单位名义实施犯罪的情形不适用企业合规试点及第三方机制。在该种情形下,个人盗用企业名义从事犯罪行为,企业也属于受害者,而非犯罪嫌疑主体,因此也就不属于法律规定的涉罪企业,从而不适用也不需要适用合规试点及第三方监督评估机制。此外,在第5条中明确规定了第三方机制适用于公司、企业等市场主体在生产经营活动中涉及的经济犯罪、职务犯罪等案件,第5条规定涉嫌危害国家安全犯罪、恐怖活动犯罪不适用于企业合规试点和第三方监督评估机制,这是对合规试点所适用的案件类型的限制。也就是说,并非《刑法》规定的所有的犯罪类型均适用于该制度。人民检察院在审查涉案企业是否符合企业合规试点以及第三方机制的适用条件时,首先就应该判断该企业的涉案罪名是否属于法律规定的经济犯罪、职务犯罪,以及违法行为是否涉嫌危害国家安全犯罪、恐怖活动犯罪,如果企业所涉罪行涉嫌危害国家安全犯罪、恐怖活动犯罪,就属于法律明令禁止适用情形。

3. 刑事合规不起诉的具体要求

根据《关于建立涉案企业合规第三方监督评估机制的指导意见(试行)》第14条的规定,人民检察院在适用企业合规试点及第三方评估机制办理涉企犯罪案件时,可以依法作出批准或者不批准逮捕、起诉或者不起诉以及是否变更强制措施等决定,刑事合规不起诉是人民检察院对企业合规整改结果进行审查后可能作出的决定之一。刑事合规不起诉对涉案企业来说是对其合规审查的最好的结果,而取得这一结果需要满足许多具体的要求,除了要满足前述启动合规试点和第三方监督评估机制所必需的条件,启动后的审查过程也应该符合相应标准。最重要的是,企业合规审查的结果应该满足人民检察院作出不起诉决定的要求。

首先,企业应提交有效的合规计划。对涉案企业启动了合规试点及第三方监督评估机制后,涉案企业须提交专项或者多项合规计划,并明确合规计划的承诺完成时限。经由合法程序确定的第三方组织会对涉案企业合规计划的可行性、有效性与全面性进行审查,提出修改完善的意见建议,并根据案件具体情况和涉案企业承诺履行的期限,确定该涉案企业的合规考察期限。在合规考察期间，该涉案企业需要随时面临第三方监督评估组织的检查和评估，如果该第三方组织要求合规考察期内的涉案企业汇报其合规计划执行情况的，该涉案企业必须配合，并且还应将执行情况报告同步抄送人民检察院。

其次，企业在考察期内不被发现其他犯罪事实。涉案企业在合规考察期内如果被第三方组织发现该涉案企业或其人员尚有其他未被办案机关掌握的犯罪事实，或者又实施了新的犯罪行为，该涉案企业将被中止第三方监督评估程序，人民检察院将依法将案件线索移送有关主管机关、公安机关或者纪检监察机关处理。这可能使涉案企业失去合规整改的机会，获得合规不起诉结果则更是难上加难了。

最后，企业合规整改的效果应该符合不起诉的要求。涉案企业的合规考察期满后，第三方监督评估组织和人民检察院都需要对企业合规整改的效果作出评定。负责对涉案企业进行合规整改监督和评估的第三方组织需要对该涉案企业的合规计划履行情况进行全面的审查评估，并出具书面的合规考核报告，该考核报告及合规考核期间的相关文件，如企业合规计划、书面报告材料等，都将成为人民检察院的重要参考依据。人民检察院经过综合审查后才会作出是否起诉的决定。若人民检察院作出不起诉决定，则可能还需要视情况召开听证会，或者向涉案企业提出检察意见。因此，在最终的不起诉决定作出前，涉案企业也不能掉以轻心，还需要针对相应的程序做好应对措施。

（二）环保刑事合规不起诉

刑事合规不起诉制度目前在我国还处于试点阶段，相关的法律规范并不完备，尚未形成体系化的刑事合规不起诉法律制度。环保刑事合规不起诉是刑事合规不起诉制度在企业涉环保刑事案件中的具体适用，涉环保刑事案企业可通过合规整改，得到检察院的不起诉决定。2021 年 6 月 3 日，最高人民检察院发布了四起典型的企业合规改革试点案例，其中的第一例就是涉环保刑事犯罪，即张家港市某公司涉嫌污染环境罪一案。该涉案企业排污量不大，尚未造成严重后果，因此检察院对其作出合规整改要求，并通过整改效果决定对该公司适用合规不起诉处理。发布典型案例让更多企业了解合规不起诉制度的具体运行机制，激励企业通过加强合规建设在陷入刑事诉讼风险时获得不起诉可能。在法律还没有对环保刑事合规进行专项的规定的时候，我们也可以透过典型案例对环保刑事合规不起诉的适用逻辑窥探一二。

1. 环保刑事合规不起诉的典型案例

(1)基本案情①

江苏省张家港市L化机有限公司(以下简称L公司)系从事不锈钢产品研发和生产的省级高科技民营企业,张某甲、张某乙、陆某某分别系该公司的总经理、副总经理、行政主管。2018年下半年,L公司在未取得生态环境部门环境评价的情况下建设酸洗池,并于2019年2月私设暗管,将含有镍、铬等重金属的酸洗废水排放至生活污水管,造成严重环境污染。苏州市张家港生态环境局现场检测,L公司排放井内积存水样中总镍浓度为29.4mg/L、总铬浓度为29.2mg/L,分别超过《污水综合排放标准》的29.4倍和19.5倍。2020年6月,张某甲、张某乙、陆某某主动向张家港市公安局投案,如实供述犯罪事实,自愿认罪认罚。

2020年8月,张家港市公安局以L公司及张某甲等人涉嫌污染环境罪向张家港市人民检察院移送审查起诉。张家港市人民检察院进行办案影响评估并听取L公司合规意愿后,指导该公司开展合规建设。

(2)企业合规整改情况及处理结果

检察机关经审查认为,L公司及张某甲等人虽涉嫌污染环境罪,但排放污水量较小,尚未造成实质性危害后果,可以进行合规考察监督并参考考察情况依法决定是否适用不起诉。同时经调查,L公司系省级高科技民营企业,年均纳税400余万元、企业员工90余名、拥有专利20余件,部分产品突破国外垄断。如果公司及其主要经营管理人员被判刑,对国内相关技术领域将造成较大影响。鉴于此,2020年10月,检察机关向L公司送达《企业刑事合规告知书》,该公司在第一时间提交了书面合规承诺以及行业地位、科研力量、纳税贡献、承担社会责任等证明材料。

检察机关在认真审查调查报告、听取行政机关意见以及综合审查企业书面承诺的基础上,对L公司作出合规考察决定。随后,L公司聘请律师对合规建设进行初评,全面排查企业合规风险,制订详细合规计划,检察机关委托税务、生态环境、应急管理等部门对合规计划进行专业评估。L公司每月向检察机关书面汇报合规计划实施情况。2020年12月,以生态环境部门专业人员为组长的评估小组组建,对L公司整改情况及合规建设情况进行评估,经评估合格,L公司通

---

① 参见《最高检发布企业合规改革试点典型案例》,载最高人民检察院网,https://www.spp.gov.cn/spp/xwfbh/wsfbh/202106/t20210603_520232.shtml。

过合规考察。同月，检察机关邀请人民监督员、相关行政主管部门、工商联等各界代表，召开公开听证会，参会人员一致建议对L公司作不起诉处理。检察机关经审查认为，L公司整改情况及合规建设情况符合刑事诉讼法相关规定，当场公开宣告不起诉决定，并依法向生态环境部门提出对该公司给予行政处罚的检察意见。2021年3月，苏州市生态环境局根据《水污染防治法》的有关规定，对L公司作出行政处罚决定。

通过开展合规建设，L公司实现了快速转型发展，逐步建立起完备的生产经营、财务管理、合规内控的管理体系，改变了野蛮粗放的发展运营模式，企业家和员工的责任感明显提高，企业抵御和防控经济风险的能力得到进一步增强。2021年L公司一季度销售收入同比增长275%，缴纳税款同比增长333%，成为所在地区增幅最大的企业。

2. 环保刑事合规不起诉的适用条件

环保刑事合规不起诉的适用前提依然是企业自愿适用合规整改机制，并且认罪认罚。该案中L公司如实供述犯罪行为，并且自愿认罪认罚，是人民检察院对其启动合规整改程序的关键因素。因此，企业应尽量做好前期的合规管理，这体现出企业良好的主观意愿，环保与其他的合规要求有一个重大不同就是，环保的结果并不完全以人或企业的意志为转移。人类活动对环境的影响是必然的和不可避免的，进行环保管理也是最大限度地降低环境影响，避免环境损害。因此，企业必须要有良好的意愿和努力来防止坏的结果发生，这一良好的意愿和努力就体现为事前的环保合规管理，即环保刑事合规不起诉的适用前提。

在上述典型案例里，人民检察院作出不起诉决定的理由主要是该涉案企业污染环境的行为尚未造成实质性危害后果，同时该企业是高科技民营企业，具有大量自主技术，为社会提供了工作岗位、创造了社会财富，这符合企业刑事合规不起诉制度的初衷，即尽可能保护能正常生产经营的企业可持续发展。这一点在《最高人民法院、最高人民检察院关于办理环境污染刑事案件适用法律若干问题的解释》中也有所体现。该解释第5条规定，实施《刑法》第338条、第339条规定的行为，刚达到应当追究刑事责任的标准，但行为人及时采取措施，防止损失扩大、消除污染，全部赔偿损失，积极修复生态环境，且系初犯，确有悔罪表现的，可以认定为情节轻微，不起诉或者免予刑事处罚；确有必要判处刑罚的，应当从宽处罚。对于环境案件来说，最主要的目的不是惩罚而是修复生态环境，无论是民事法律责任还是行政、刑事法律责任，均为涉案责任主体提供了“将功补过”

的机会。人民法院在司法实践中,也创新了责任主体履行修复责任的形式。综观人民检察院适用环保刑事合规不起诉的典型案例,基本上适用合规不起诉的涉案企业均具有犯罪情节较轻、社会贡献大于损害、系重点行业的重点企业等特点,具有整改价值。本案中,涉案企业排放量不大,尚未造成严重后果,且涉案企业及时聘请律师进行合规整改建设,因此得以适用合规不起诉制度。并通过整改,涉案企业最终得到不起诉的处理决定。因此,企业在日常经营过程中,应该尽早进行合规建设,这样可以降低合规风险,也可以在日常经营活动中进行犯罪防范,为以后适用合规不起诉提供可能。

3. 第三方监督评估机制的运用

环保是对专业知识要求非常高的领域,不仅要求有合规知识,还需要相关的技术知识,环保刑事合规中的第三方监督评估组织一般需要多领域的专业技术人员。善用第三方监督评估机制对涉环保刑事案件的企业来说,也是取得环保刑事合规不起诉决定的重要方式。上述案例中的 L 企业对环保刑事检察的应对堪称教科书式示范,其充分利用了合规不起诉制度,在合适的时间作出全面的应对。在检察机关向 L 公司送达《企业刑事合规告知书》的时候,该公司在第一时间提交了书面合规承诺以及行业地位、科研力量、纳税贡献、承担社会责任等证明材料。该企业不仅依照法律规定作出合规承诺,表达了积极进行合规整改的意愿,还同步提交了证明自身具备整改价值和整改能力的证明文件,每一步都正中合规不诉制度的要点。此外,L 公司还聘请了律师对其合规建设进行初评,全面排查企业环保合规风险,制订详细的环保合规计划,从而顺利通过了监督评估机构的专业评估,并在各界专业人士组成的听证会中得到了不起诉处理的一致建议,最终获得人民检察院的不起诉决定。

第三方监督评估机制从 2021 年正式建立后,在实践中不断发展完善,体现出了极强的适用性。2022 年 8 月最高人民检察院发布的第三批涉案企业合规典型案例基本上都适用了第三方监督评估机制,而且对该制度的运用有不少创新和突破。其中第 4 个案例也是发生在生态环境领域的案例,即广西陆川县 23 家矿山企业非法采矿案。① 在此案例中,检察院就对涉案企业的合规整改采取了以第三方组织为主,其他部门配合的监督考察机制。本案中的第三方组织即第三

① 参见《涉案企业合规典型案例(第三批)》,载最高人民检察院网,https://www.spp.gov.cn/spp/xwfbh/wsfbt/202208/t20220810_570413.shtml#2。

方监督评估机制管理委员会由地质、安监、测绘等专业人员组成，属于地质生态领域的专家群体，这也是环保合规的特性使然。分属于不同环境领域的合规问题往往涉及非常专业的知识，无论是律师服务还是检察机关的督察，都需要这些专业知识的支撑才能合理、准确地适用环境法律来办理具体的环保合规案件。相比于之前的案例中对第三方监督评估机制的适用，这一批案例体现出检察机关对第三方监督评估机制的适用更加放开，也更加重视第三方意见。同时，检察机关还创新了工作方式，强化了对第三方组织的监督，将现代数字技术和大数据工具运用到对第三方的监督中，通过对涉案企业整改成效的动态监督评估第三方组织的履行有效性情况。这意味着，第三方监督评估机制在未来的合规考察中将会占据非常重要的地位，而合规不起诉制度的适用也将越来越专业化和制度化，这无论是对作为监管机关还是涉案企业，抑或提供合规法律服务的律师而言，均是重大利好。当然，最终的结果则会体现为环保合规水平的整体提升之上。

4. 涉案企业合规建设的重点要求

符合合规整改条件的企业可以针对性制定专项合规整改计划，完善企业治理结构及安全企业各项规章制度，从而形成有效的合规管理体系。对于涉案企业而言，需要注意以下两个方面：

一是企业合规建设的重点要求具体包括：(1)停止违法行为；(2)成立专项合规建设小组；(3)制订专门的合规计划；(4)设立合规管理机构；(5)建立健全合规管理制度机制。

二是合规评估的重点要求具体包括：(1)对涉案的环保风险进行有效识别与控制；(2)对违法行为进行及时处置；(3)合规管理机构以及相关人员配置合理；(4)合规管理机制的有效运行；(5)建立完备的检测、调查、举报以及处理机制；(6)合规文化融入企业发展目标以及完善的持续整改机制。

企业管理篇

第五章　企业环保合规管理

近年来，随着国家经济发展方式的转变，国家政策和法律规定的陆续制定与出台，行政和司法机关对污染和破坏生态环境类案件的执法力度不断加大，无论是国企、民营企业还是外资企业等各种企业类型全部被纳入环保执法对象。企业生态环保合规建设是一项复杂系统的工作，需要坚持问题导向、系统谋划、综合施策、统筹兼顾、分步推进涉污企业环保合规建设。一是要科学、合理建设合规工作体系，明确企业合规工作的评估标准，制定认证体系标准。二是要开展“政府主导、企业主体、全民参与”的企业环保合规建设，通过组建法审专家、环保专家，为企业免费开展环保合规规范化服务培训，宣讲环保法律法规，督促企业落实环保主体责任。三是要不断厚植生态环保合规理念，逐步推动企业环保合规建设。不仅上市公司，其他企业也应加强环保合规管理，这既是环境法律规定的义务，也是社会责任的要求。目前环境行政执法监管日趋严格，执法力度也不断加大，企业加强对环境法律风险的防范，既能回应环境法律的监管要求，也能促进企业可持续、绿色发展。

目前，在全球市场竞争中持续加强企业合规管理已成为一种新趋势，我国央企的合规管理也在积极探索中不断强化。2022 年 8 月，国务院国资委发布《中央企业合规管理办法》，以部门规章强化中央企业合规管理，并规定中央企业应当结合实际设立首席合规官。《中央企业合规管理办法》突出强调合规管理制度建设的重要作用，要求中央企业针对反垄断、反商业贿赂、生态环保、安全生产、劳动用工、税务管理、数据保护等重点风险领域以及合规风险较高的业务，制定合规管理具体制度或者专项指南，其中指出了生态环保领域环保合规的重要性。环保合规是企业管理的边界和红线，也是企业经营所需要遵循的前提和最基本的目标。《中央企业合规管理办法》的出台能够推动中央企业全力加强环保合规管理，加快提升依法环保合规经营管理水平，保障企业持续健康发展。

第一节　环境风险管理制度

"风险"的英文"risk"，起源于法文"risque"，意思是在危险悬崖间航行；法文"risque"引之于意大利文"risicare"和希腊文"risk"，其意思是冒险才有获利的机会。危险是风险的前提。危险事件一般指对人们生命、健康、财产、生产活动、生存环境和生活质量等产生负面效应的威胁事件。①

在全面推进绿色可持续发展战略框架下，企业生产经营对生态环境的影响日益受到关注，随着各国加大对环境保护的监管力度，环境保护逐渐从一种道德要求变成了企业生产经营的一项法定基本原则，越来越多的国家将环境保护合规作为企业合规管理的重要内容，国际范围内出现了众多与环境保护相关的国际公约、准则。企业对生态环境的破坏性大于一般个体，其对生态环境的修复责任的承受力和履行能力也大于个体，这和其经济利益主体的性质密不可分。

一、环境风险管理的定义

企业风险管理的基础性前提是每一个主体的存在都是为它的利益相关者提供价值。所有的主体都面临不确定性，管理部门所面临的挑战就是在为增加利益相关者价值而奋斗的同时，要确定承受多大的不确定性。不确定性可能会破坏或增加价值，因而它既代表风险，也代表机会。企业风险管理能够有效地应对不确定性以及由此带来的风险和机会，增进创造价值的能力。本书认为，企业环

---

① 谢琨：《企业环境风险和价值管理理论与方法研究》，南京航空航天大学 2014 年博士学位论文，第 30～35 页。

境风险指企业整体经营层面的环境风险。企业环境风险管理则是企业在生产经营活动中,在对环境风险的识别、后果分析和风险评价基础上,通过相关风险减缓措施最大程度上降低人为事故对环境造成的影响。做好这些风险的识别和预防工作,主要目的是企业的可持续发展和经济目标的实现。

二、企业合规、企业风险、企业内控与企业法务

企业合规、企业风险、企业内控与企业法务是不同的监管机构为解决不同问题而设置,指向不同的管理要求。企业合规、企业风险、企业内控与企业法务是企业进行风险管理制度的基础,但在实践中四者之间的关系总会混淆。由于这四者在管理的目标、生成逻辑、具体要求等方面存有差别,故而明晰这四者之间的关系十分重要。

(一)四者之间的关系

企业合规、企业风险、企业内控与企业法务四者之间的关系不是完全独立、毫不相关的,但也不是相互重叠、交叉混乱的。实践中,四者往往并列存在于企业中,而且往往独立运行,在业务的执行上各有侧重,但实际又有所关联,这样的现象也导致企业风险预防控制的效率较低。企业合规、企业风险、企业内控与企业法务其实都是法治语境下的产物:企业风险大多是法律意义上的风险,既是企业合规和企业内控的对象,也是企业法务的内容;企业合规是指符合法律法规、规章制度等规范的要求,是底线性行为准则;而企业合规、企业内控和企业法务的目标都是对企业风险的规避,它们是企业防范损失的四个着眼方向。

从四者之间的内容来看,这四者之间存在包含与被包含的关系,这种包含的关系内部是存在交集和重叠,但在交集与重叠中各自都有不同的侧重和要求(见图5-1)。合规是底线性行为要求,主要防范的是违反监管要求带来的法律责任风险,而法务则主要是在企业的日常经营活动中进行总体交易行为风险把控,其工作逻辑是保障企业在交易行为中“不吃亏”,一般通过对合同等文件的审核来实现。企业内控是企业内部的规章制度的抽象概念,是企业的自我管理和控制,这三者都是围绕企业风险控制而运行。

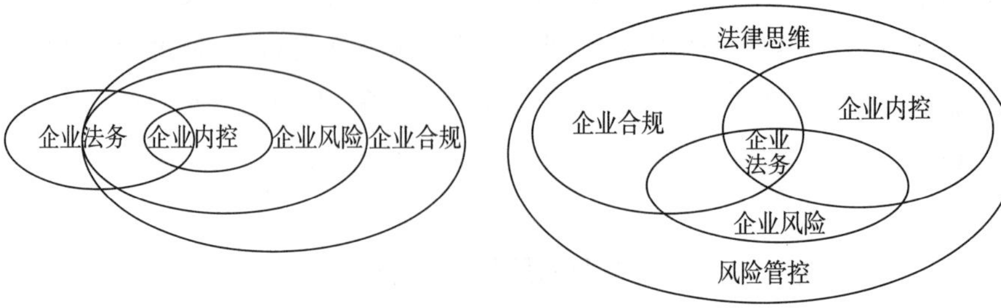

图5－1　企业合规、企业风险、企业内控与企业法务四者之间的包含关系

(二)四者之间的辨析

四者都是以风险为管理对象。简言之,企业合规着重于遵章守制的风险,企业内控着重于财务风险及主要业务领域风险,企业风险管理着重于风险预判、评估、处置、化解、转移,企业法务着重于企业经营全过程,依法治企意识要切实体现。因此,风险是"四者"的共同关注面。从其共同点和联系也可以看出,四者都属于风险管理的范畴,不同的侧重点也为企业建立整合性的管理体系提供条件,有助于企业从整体角度整合风险管理、节省资源、提升效率。

三、基于"四位一体"的风险管理体系

企业合规、企业风险、企业内控、企业法务管理与国际市场环境的法治规范接轨,在实践中还需结合企业自身特点来推进。例如,华侨城集团有限公司法律合规部2018年年初成立后,先后承担了法律事务管理、合规管理、全面风险管理和内部控制管理四项具体职能。法律事务管理是法律部门传统职能,在公司的发展过程中已形成了固有的管理逻辑,工作体系相对完善;合规管理此前没有专门的部门负责,全面风险管理和内部控制管理两项职能则从其他职能部门划转,工作机制和体系需要厘清和确立。因此,我们先要厘清四者之间的相互关系,然后还需探究它们的逻辑自洽,既不能把四者混为一谈,也不能把四者割裂操作,而是将四者进行有机统一。

基于四者的共同属性,以实现合规要求为目标,以内控和风险管理为抓手,以法律思维为底层连接,构建"四位一体"的全面风险管理体系,是实现依法治企的积极尝试。

(一)合规侧重于"建"

一是完成"外规内化",即将国家的法律法规精神、商业道德共识和外部监管

要求嵌入企业内部规章制度，形成以公司章程规范公司治理、以管理制度规范企业运营、以工作指引规范业务开展的合规管理总体框架；二是建立财务税收、知识产权、安全环保等重点领域的合规管理工作机制，在信息化系统中固化重点合规管理工作流程，在合规管理全面覆盖的前提下，突出合规重点；三是持续“整章建制”，将实际运营过程中形成的管理经验进行归纳总结，以此为基础不断固化为企业内部规章，为企业管理搭建运行顺畅的轨道。

例如，华侨城集团将公司管理制度汇编成册，建立了涵盖董事会事务、战略管控、投资管理、财务管控、人力资源管理、法律事务管理、采购管理、信息化管理、安全管理综合事务管理和党建工作等方面近200部制度的企业内部规章制度体系，为全面加强企业内部建设、培育“具有全球竞争力的世界一流企业”奠定了良好的合规管理基础。

（二）风险侧重于“化”

明确风险管理策略，建立全面风险管理制度，执行风险管理流程，制定风险管理方案，预判和警惕风险趋势和事项，及时发现风险苗头，对出现的重大风险或风险事件，妥善化解，依法处置。华侨城集团坚持以防范和化解重大风险作为业务开展的基础，规范执行“三重一大”决策制度，强化决策相应程序的执行和监督，确保重大决策事先做到调研、论证、讨论的充分性；对业务开展可能产生的风险进行评估，并针对风险评估中提示的风险制定相应的预案，以有效防范重大风险。同时，集团关注关键性风险，高度警惕各类“黑天鹅”“灰犀牛”事件，积极应对行业调控，确保守住触发重大风险的底线。

（三）内控侧重于“控”

将重要业务领域关键控制点嵌入业务流程。例如，华侨城集团在业务开展过程中，在谈判、签约、运营、退出等各个环节明确了责任部门和责任人，并对重点环节和重要流程进行监督，确保内控工作落到实处。同时，华侨城集团还致力于加强内部控制体系建设，整合内部监督资源，加强信息共享和成果共用，形成防控合力。实践表明，内控不是一个部门的事，而是所有与企业经营相关的职能部门和业务单位的职责，经营运作部门、单位和员工要执行内控要求，保证企业运转不偏离已定的合规轨道。

（四）法务侧重于“用”

统筹合规管理、内控管理、风险管理，开展纠纷案件管理、律师律所管理和合同管理等具体业务的事务管理，积极运用法治思维和法律手段，培养企业全员依法办事的法治理念和行为习惯。具体业务出现的问题,根据其实际情况分别归纳到合规管理、内控管理、风控管理中处置和解决,使“四位一体”全面风险管理体系有效运转起来。

第二节　企业环保合规管理模式

新时代,党中央对生态环境高度重视,环保产业与生态环境领域相关的体制改革、规划与管理等相关政策相继出台,初步形成了中央与省两级环保督察体制,不断强化“党政同责”与“一岗双责”,并落实地方党委政府和有关部门环境保护责任。对于企业而言,引入第三方环保合规服务机构能够协助开展企业环保合规体检,帮助企业找到环保合规方面所存在的问题,针对问题提出解决方案,不断提升企业环保管理工作的能力,助力企业实现可持续发展。

一、第三方环保合规体检管理模式概述

为提升环保管理工作的专业性,引入熟悉企业生产工艺、生产排污环节以及国家相关法律法规的第三方环保服务机构协助开展企业环保体检,找出问题对症下药,确保企业可持续发展,成为一种提升环保管理的新思路。第三方专业的环保合规机构能够帮助企业摸清环保与安全的管理现状,看到企业在环保和安全管理上的问题,通过第三方环保合规体检使企业全面了解国家法律法规的具体要求以及企业目前所存在的风险隐患,全面梳理企业的管理流程,从源头上杜绝事故风险隐患,进一步提升企业环保与安全常态化管理水平。在制定合规制度的基础上,建议企业引入外部监督主体,即聘请具有环保、法律等专业知识和经验的外部独立专业机构,对企业经营过程中涉及的环保事项进行持续不断的监督,以及早发现问题、整改问题、解决问题。

(一)环保体检的原则与目标

环保体检通过资料搜集、现场调研分析统计以及专家咨询等方法,对企业生产工艺的全过程开展涉及环保政策、污染治理技术以及环境治理等多方面、全方位的环保体检。环保体检中所要遵循的原则包括:首先,全面性。环保体检是针对企业环保管理过程中所存在的问题进行全方位、多层面的诊断。其次,科学性。在企业涉及环保问题的全面诊断与排查的基础之上,科学厘清企业环保工作的具体思路,能够满足环保法律法规体系的要求。再次,客观性。环保体检的

过程要具备客观性，环保体检的内容要以提升环境管理水平为目标。最后，公正性。环保体检整个过程要贯彻公正性的内在要求，确保企业能够实现绿色低碳的可持续发展。

（二）环保体检的具体内容

根据企业自身的实际状况与需求情况，环保体检可以分为全面体检和局部体检。全面体检的具体内容包括对企业的环保手续、相关制度、设备设施的污染排放情况、污染处理设施的主要参数以及具体运行的情况进行全面的诊断，并发现可能存在的环保风险或者已经存在的环保问题，提出针对性整改建议。局部体检是针对企业自身所处的情况或者环保管理的弱项，有选择性地确定具体的体检范围，并且达到该项目的环保提升效果。① 第三方环保合规体检主要是对企业环保与安全合规的体检，使企业对自身的管理情况与状态进行全面实时的把握，解决企业的环保合规建设，实现企业的绿色转型、健康发展。

二、环保体检的具体方案

环保体检的提供者是第三方机构。在全面体检中，第三方机构应制定环保工作方案，组建项目体检团队，并且按照一定的步骤有序地开展环保体检工作。

（一）查阅并收集资料

第三方机构要提交企业进行环保体检所需要的基础资料清单，具体包括企业环保手续、相关制度以及基础信息，由企业先进行相关资料的收集，再交由第三方机构进行查阅。其中，企业环保手续和制度包括企业所有环境影响评价报告、批复以及环保验收的相关批复材料，企业日常运行环境管理制度以及污染源自行监测的文件等相关材料。

（二）现场调研工作

第三方环保体检机构对收集的材料进行汇总分析，并制定关于调研现场的具体实施方案，与企业进行沟通交流，确定现场调研的具体时间、人员安排及时间进度。现场调研主要是针对前期所收集的相关资料的基础之上进行现场的排查与补充，包括所有的生产设施、生产设备以及各个环节中所产生的各类污染物，治理污染的设备以及具体操作流程和相关运行维护保护的记录。第三方环

---

① 参见王坤：《基于第三方环保体检的企业环保管理提升策略探讨》，载《企业改革与管理》2021 年第 3 期。

保体检机构查阅污染源现场监测的相关资料，并与负责技术人员进行协商沟通，确定相关流程中相关设备的参数以及运行状况。通过全面地检验进一步发现和确定整体过程中可能存在的环境保护风险，并最终以书面的形式进行整理和记录。①

（三）确定主要问题

前期已经进行了基础资料以及现场调研情况的具体分析，第三方环保体检机构应遵循相应的规定按照环保手续、具体管理制度、生产工艺、生产车间、污染治理、环境影响因素等方面进行详细的检查，在整个过程之中对前期不明确或欠缺的地方进行充分的沟通和协调，对有关问题有争议或不明确之处应及时召开相关的专家咨询会议，确定企业存在的环保问题，进一步全面检验并确定未来企业环保合规的工作内容。

（四）污染治理方案

第三方环保体检机构对于已经确定的所有环境保护相关的问题进行分析和判断，按照后果严重情况、整改的紧急性以及治理难易程度进行分类与排序，对环保手续的缺失和文件制度方面存在的不足，提出完善与补充环境影响评价报告的具体建议。对于污染物排放的问题，第三方环保体检机构针对性提出整改措施或及时确定专业的环保公司进行整治，形成关于企业环保问题的治理方案，指导企业逐渐完成对应的整改工作。

（五）成果总结汇报

第三方环保体检机构通过查阅收集资料、现场调研工作，确定主要问题以及制定具体污染治理方案，在此基础之上完成企业环保体检报告的编制，并向企业进行成果的汇报。汇报可以分为两个阶段，包括中期汇报与终期汇报。在进入检查初期，应对检测的问题及时反馈，在此过程中也要不断调整工作流程，最终完成企业环保体检报告的编制。

三、第三方环保体检对提升企业环保管理的现实价值

（一）优化环保管理的程序

目前，随着环境保护法律法规体系的不断完善，企业所需要完成的环境保护管理内容趋向繁杂，特别是企业在及时发现存在的环境问题并及时整改方面仍

---

① 参见黄诗仪、汤知鑫：《环保管家服务模式探索》，载《资源节约与环保》2018 年第 5 期。

存在一定不足之处。开展第三方环保体检能够有效减少企业在环境保护方面的用人成本,并有助于减少企业开展环境保护方面的治理成本。

(二)有效防范环保法律风险

第三方环保体检机构往往都是专业的环保机构,其对国家相关的环保法律法规较为熟悉,能够对企业全过程中的生产工艺、厂房以及设备的污染治理和管理整个过程展开全生命周期的核查和体检。针对具体的情况确定环保问题,帮助企业及时完成整改情况,预防环保风险,帮助企业达到环保法律法规体系的具体要求,从而降低企业环保管理方面的法律风险,促进企业绿色低碳可持续发展。

(三)助力企业高质量发展

目前,大多数的第三方环保体检服务往往是由编制环评报告的机构提供。一方面,作为编制环评报告的专业机构,其更为了解环境保护方面的法律法规及相关政策,能够全面发现企业所存在的环保隐患,协助企业进行快速整改;另一方面,对于污染排放治理设施的整改往往需要较高的技术门槛,一般情况下由环保体检机构推荐具有相应资质的第三方环保公司制定具体的治理方案并予以实施,并且对企业的相关系统设计、设施运行以及维护养护等方面进行全面的托管。这种情况下,为了向企业提供全面且专业的环保体检服务,第三方环保管家应运而生,对完善企业的环保手续、环保制度的建立与落实、环保合规的系统设计等提供法律与技术支持。

第六章　企业环保合规管理的基本结构

企业对于涉及环保的相关事项应当制定严格的合规制度,明确企业主要领导及各部门对于环保的具体职责,将企业环境保护的工作职责层层细化,制定环境保护的工作清单,做到落实到岗、到人,形成规范化、体系化的环境保护责任管理体系。这一制度既是为企业合规经营所需要,也有利于企业内部明确责任、维护自身权益。实践中,存在部分企业工作人员为了自身利益需求,而擅自作出违法排污行为导致构成犯罪的情形。若企业已建立并落实一套责任明确、程序完备的合规制度,则在面临刑事风险时可尝试以工作人员个人行为进行合理抗辩,避免被员工个人行为所殃及。

第一节　企业环保合规管理的组织架构

企业是首要的合规主体。企业是法律上拟制的人,有着法律赋予的地位,可以以自己的名义独立享受权利和承担义务。经过长期经营的企业甚至会形成自己独立的企业人格,即通常所称的企业文化。企业是财产的集合体,也是自然人的集合体。企业所有的决策是由自然人作出的,企业所有的行为也都是由自然人实施的,而自然人进行决策和实施行为的后果是由企业承担的。自然人可以作为个体对企业施加影响，也可能作为其他组织的代表或者其他组织的一部分对企业施加影响。① 因此，企业应建立适合本企业实际的环境保护管理制度体系，通过建立科学合理、职责明确的环境保护组织机构明确主管部门和主责人员，保证企业环境合规管理系统的独立运行。此外，企业还应建立相应级别的环境保护技术监督网络体系，收集、分析各项环保数据，各项环境指标的对标，监督环保设备运行。

企业在建立管理制度体系和技术监督体系时，需要一些标准化的指引。目前，我国有很多关于环保的法律法规、规章、标准等文件可供企业作为环保合规管理的参考。企业环保合规管理标准包括国际标准和国内标准，国际标准主要有 ISO 19600：2014《合规管理体系　指南》、ISO 14001：2015《环境管理体系》以及《环境、健康与安全通用指南》等；国内标准方面，2017 年《合规管理体系　指南》（GB/T 35770—2017/ISO 19600：2014）等。国务院国资委高度重视合规管理工作，早在 2018 年印发《中央企业合规管理指引（试行）》，组织编制一系列重点领域合规指南。为推动中央企业加强合规管理，切实防控风险，有力保障深化改革与高质量发展。2022 年 8 月，国务院国资委印发《中央企业合规管理办法》，其与 2018 年印发的指引相比，办法以国资委令的形式印发，通过部门规章对中央企业进一步深化合规管理提出明确要求，更加突出刚性约束，内容更全、要求更高、措施更实。企业的合规能力关系着企业乃至行业的行稳致远，更是在新形势下确保我国企业坚强应对国内外复杂挑战、提升企业竞争力的迫切需要。其提出要明确合规管理相关主体职责、建立健全合规管理制度体系、全面规范合规管理流程、积极培育合规文化、加快推进合规管理信息化建设是所有企业共同的追求。因此，其中的一些标准化指引也可作为民营企业进行合规管理的参考。②

一、合规管理部门

根据《中央企业合规管理办法》中对合规组织管理职责的规定，合规管理部门主要分为中央企业党委（党组）、董事会、经理层、合规委员会、主要负责人、首席合规官以及业务部门与职能部门，这些部门基本上对应了决策层、管理层、执行层三个层级的合规管理。其中党委（党组）发挥把方向、管大局、促落实的领导

---

① 参见胡国辉：《企业合规概论》，电子工业出版社 2018 年版，第 20 ~ 25 页。

② 参见卞传山：《“融入式管理”的现代公司合规与法务衡平思维》，载《法人》2017 年第 11 期。

作用,推动合规要求在本企业得到严格遵循和落实,不断提升依法合规经营管理水平。中央企业应当严格遵守党内法规制度。企业党建工作机构在党委(党组)领导下,按照有关规定履行相应职责,推动相关党内法规制度有效贯彻落实;董事会发挥定战略、作决策、防风险的作用,经理层发挥谋经营、抓落实、强管理的作用;中央企业主要负责人作为推进法治建设第一责任人,应当切实履行依法合规经营管理重要组织者、推动者和实践者的职责,积极推进合规管理各项工作。合规委员会可以与法治建设领导机构等合署办公,统筹协调合规管理工作,定期召开会议,研究解决重点难点问题。不新增领导岗位和职数,由总法律顾问兼任首席合规官,对企业主要负责人负责,领导合规管理部门组织开展相关工作,指导所属单位加强合规管理。在合规管理的主体职责方面,按照法人治理结构,规定企业党委(党组)、董事会、经理层、首席合规官等主体的合规管理职责,进一步明确业务及职能部门、合规管理部门和监督部门合规管理"三道防线"职责。

企业合规管理部门架构可以根据所处的合规管理阶段来进行具体的职责分配,并且在分配职权的同时完善相应的责任制度,做到权责一致,建立权责清晰的合规治理结构。同时,为了防止环保合规部门推卸责任,消极对待环保合规义务,还应设计相应的激励机制,将各层级的环保合规管理积极性调动起来。这需要将责任机制和预警机制相结合,形成各层级相互监督的环保合规管理机制。

值得注意的是,各部门要进一步强化整体思维、系统思维,打破行政壁垒,凝聚工作合力,努力探索出更多可复制、可推广的优秀经验。要加大宣传推广力度,引导企业厚植环保合规文化,打造企业的环保合规的"法治名片"。

二、各级合规管理部门职责

企业环保合规文化的形成离不开领导的重视,企业高层应当高度关注环保合规工作,作出培养合规文化的承诺和表率,自觉带头遵守环保合规制度,宣传合规文化,为全体员工身先示范。要提高认识,全力支持。要充分认识到开展企业环保合规建设是深入践行习近平生态文明思想和习近平法治思想的重要探索,是优化法治营商环境、助力法治城市示范建设的重要举措,各部门要高度重视,全力以赴抓好各项工作落实。各级环保合规主体的主要职责包括以下三点。

(一)决策层主要职责

决策层主要在整体规划和制度建设上履行合规管理职责,环保合规管理则决定着企业环保文化走向、企业环保价值取向等。在日常经营过程中,决策层有着重大事项决策权，他们能在企业战略规划上和具体业务展开中，将环保合规纳入决策考量因素。对于环保合规的基本制度、环保合规管理体系的完善、环保合规各职能部门及其主管人员的组织安排，以及违规人员的处理等方面，决策层具有决定权。因此，环保合规管理措施的落实需要决策层的有力支持，决策层的环保意识，乃至环保合规意识，决定着企业整体对环保事务的重视程度，进而影响环保合规管理制度的运行，这些方面最终体现为企业的环保合规文化，反映着企业的环保态度。对于环保合规来说，相关环保合规管理制度需要决策层批准，而环保合规的复杂性又决定了体系性、专业性、全面性的环保合规制度需要由具有专业知识能力的人员制定。聘请专业人员展开环保合规制度设计就体现着决策层对环保合规的重视程度。

（二）管理层主要职责

无论是合规管理，还是日常经营，企业的管理层都履行着企业大部分的管理职责，对制度的具体运行发挥着不可替代的作用。在环保合规管理中，以企业各高级管理人员为主体的管理层需要搭建环保合规组织架构，制订环保合规战略规划，批准环保合规管理制度及管理流程，并报决策层批准。此外，管理层还要在制度运转起来后，实时监督环保合规管理制度的执行情况，对违反环保规定的行为予以及时制止和纠正，对涉环保合规的重大事项进行汇报，并提出对决策环保合规的建议等。总而言之，企业环保合规的各项管理制度能否有效运行，主要就取决于管理层能否落实各项合规政策，对上如实汇报，提出有效的环保合规建议，对下则加强监管，督促环保合规的切实履行。而如何督促管理层落实管理职责，也是环保合规体系的重要组成部分，是环保合规管理制度运行机制的核心要素。管理层作为公司治理结构中上传下达的枢纽，其环保合规管理工作可以通过预警制度、举报机制、追责机制等来具体推进，在各项管理制度中对环保合规进行常态化管理，包括就企业环保状态定期向上级反馈，以及对下属部门及其工作人员举报、预警的环保不合规及时作出回应等，并在责任制度中明确没有落实常态管理的责任等。

（三）执行层主要职责

执行层一般位于企业生产经营活动的一线，由企业的生产经营活动的直接执行人员组成，能够直接地了解到企业环保状况，当然也更能及时地发现企业生产经营活动中环保违法违规的情形，这些都能为企业环保合规的风险识别提供有用的经验指导。故而律师等专业人员在进行环保合规的尽职调查时往往会重视实地走访和基层访谈。执行层的各分管部门负责人员,往往也是环保法律责任中规定的直接责任人员,在环保法律责任,尤其是环保刑事法律责任的追究上,其具有较大的职业风险。企业需要制定各分管部门的环保合规工作细则,并根据执行部门的一线特性,制定环保风险识别预警和应急管理制度,受理环保违规事件的举报和调查工作等。为了加强环保合规管理制度的切实执行,企业应经常组织企业环保合规培训,并定期组织检查和考核,指导各部门工作,增强各部门的重大风险应急管理能力。

第二节　企业环保合规管理的客体

企业环保合规管理的客体是企业及其员工的经营管理行为,该经营管理行为既包括企业的业务展开形式,如投资、采购、生产、销售等行为,也包括为了开展这些业务所作出的管理行为,如安全生产管理、财务管理、风险管理等行为。环保合规管理本质上是对企业生产经营全过程涉环保事务的风险排除,其主要面向投资建设、采购、生产、销售等经营环节。环保合规带来的企业风险一般都是由于经营过程中的某个环节出现了不符合环保规定的问题或者发生环境损害结果,其中生产环节涉及的环保问题最为集中和全面。作为企业环保合规管理的客体,对企业所有的业务环节进行合规梳理是环保合规的基础准备工作。这个梳理过程既是企业环保合规风险点的识别过程,也是对企业合规管理体系的体检过程。也就是说,分阶段全面熟悉企业的业务环节是有效进行环保合规管理的前提。

由于企业规模大小、所处行业的不同,业务流程和环节也会有很大的区别。对于规模较小的企业来说,其业务一般较为单一,因此涉及的环保问题也比较简单明了;但是对于规模较大,且处在重点行业的企业来说,环保合规的风险则呈现范围广、流程长、隐蔽风险较多、交叉复杂等特点。总体来说,企业环保合规管理的客体主要包括投资建设、采购、生产、销售等环节的各类经营管理行为,这些是企业环保合规管理的重点规范对象。

一、投资建设环节的环保合规

投资建设环节应包括设立企业以及企业成立后的投资发展建设项目两大方面。在这个环节,企业需要对自身拟开办企业性质及经营业务范围有充分的规范认识，掌握法律法规等对不同性质企业的环保规定。例如，对涉及重要化学物品生产与使用的企业或者经营过程中会产生有毒有害物质的企业而言，是否已经先行取得相关经营所必需的资质，以及是否制定了相应的安全管理制度和突发事件应急预案并且经监管部门备案等，都将是企业设立阶段所需要回应的环保合规问题。对于有选址建厂、生产线铺设等建设项目的企业来说，我国法律法规还有大量包括对厂房的防护距离是否达标、是否同时建设了配套的洗选设施、是否具备污染物协同控制的技术和装置等问题的规定。这些是环保法律法规对企业提出来的环保前置性合规义务，是在企业正式的经营活动展开前，为了防范环保事故的发生而作出的门槛规定，也是企业接触到的最初阶段的环保合规要求。这些具体的环保义务在实际的合规审查过程中，一般是以环境影响评价、“三同时”验收、污染物排放许可证明、危险废物经营许可等形式展开，这一阶段的环保合规不仅要求企业实际持有这些资质证件，还要求这些资质证件来源合法、真实、有效。

二、采购环节的环保合规

2013 年，我国原环境保护部、国家发展和改革委员会、中国人民银行、原中国银行业监督管理委员会联合印发了《企业环境信用评价办法（试行）》，对我国企业实行强制性的环境评价制度。次年，我国商务部、原环境保护部、工业和信息化部三部门就联合引发了《企业绿色采购指南（试行）》，其中提出了企业应优先采购和使用节能、节水、节材等有利于环境保护的原材料、产品和服务的行为原则。该采购指南作为企业环境信用评价制度的配套文件，共同构成了我国企业环境信用制度。《企业绿色采购指南（试行）》虽然没有规定法律责任，但是其作为中央部门文件，在整个国家法律体系中具有一定的规范作用，如在适用《民法典》中的绿色原则来判断民事行为主体的环保性时，该采购指南就是较为合适的指引性文件。在企业环境信用评价制度中，该采购指南也是重要的评价标准性文件。

企业采购主要有采购服务和采购物资两大类。在环保方面，采购涉及环保的则主要是采购第三方危废物处理服务和采购原料、商品、环保设备等。对采购第三方服务来说，企业应选择具备相应经营资质的服务商。《关于办理环境污染刑事案件有关问题座谈会纪要》明确提出，企业委托第三方处置危废物却没有对其尽资质审查义务或者委托处置费明显低于市场价等情况，都可以推定为故意实施污染环境犯罪。这点明了采购第三方排污处理服务的刑事合规风险,企业在将企业的污废处理事宜打包给其他主体时也需要加大合规管理力度。而对于包括原料在内的物资采购来说,对应的采购产品也应该是符合环保标准、来源正规的。对于有原料采购需求的企业,一般都有生产制造环节,因此还需要依照环境监测的规定,同步采购环保设备。环保设备需要结合企业生产工艺来采购,尤其是法律规定需要配套建设的除尘、脱硫、脱硝等装置,具有很强的化工专业性。我国各专项环境污染防治法中均规定了环保设备不正常运行的行政处罚措施,因此采购合适的环保设备也是环保合规管理的重要环节。

三、生产经营全过程的环保合规

企业的环保不合规行为大多数都发生于生产经营过程中。首先是企业的生产行为。企业的生产设备是否符合清洁生产标准,是否配备了环保装置,以及这些环保装置有没有被正确使用,包括生产人员有没有在开始生产时同步启动环保装置,有没有保证环保装置的有效运行等,这些生产行为关乎着企业的排污治污效果,进而影响企业的环保合规。除了生产行为,企业在生产阶段的管理行为也是环保合规的管理对象。企业在生产过程进行的环境保护管理包括对生产全过程的环境影响监测、预防及应对突发事件、改进清洁生产工艺、依法处理污水废气和固体废物等生产副产品。这些管理行为体现在案头的记录就主要是环保台账、在线监测记录、突发环境事件应急方案、清洁生产制度、与有资质的污废处理单位签订的委托处理合同等文件,这些文件对企业环保合规审查起着举足轻重的影响作用,因此也是环保合规管理的重点项目。此外,如果企业经营过程中涉及搬迁、中止或终止经营,也不能忽视环保合规管理。我国法律规定了申报登记制度,产废单位或处置单位如有重大变更需要及时完成申报。因此,企业对污染防治设施的闲置与拆除等管理行为也属于环保法律法规监管范围。其他的还有固体废物的清理以及厂区地块的污染治理等,这些都是企业环保管理的应有之义,也是企业环保合规管理不可忽视的要点。

四、销售环节的环保合规

和企业采购相对应,销售环节也包括销售服务和产品两个方面。最常见的环保服务主要是污水、危废物、垃圾等废物处理服务和环保评估服务。实践中大多企业的污废处理都打包委托给第三方处理,这些销售污废处理服务和环保评估服务的企业自身需要取得相应的营业资质。对于这类企业来说,合规经营是环保合规的前提,除此之外还要对所服务的企业业务有准确深入的认识和判断。这是具有较强专业性的工作,可以说这类企业的业务全过程都处于环保合规监管中。

销售产品的环保合规也分为一般产品的环保合规和环保产品的环保合规两类。一般产品的环保合规主要是指产品应符合用料环保、低能耗、低排放等要求,其中最具代表性的产品就是机动车、船,车船企业生产的机动车船如果不符合排放标准,也属于车船企业的环保不合规,因此,对这些企业来说,销售出去的产品也需要符合环保规定。环保产品主要是指环保设备、监测设备、清洗剂之类的产品,这些产品的功能就在于防范环保风险,如果产品本身不合格,可能反而加剧了使用企业的环保风险。

五、其他方面的环保合规

还有一些其他的企业环保领域的变化趋势也需要引起企业环保合规管理的注意,如碳交易以及环保责任强制险方面。气候变化作为一个全球性问题已经给人类生产生活带来了很多方面的影响。为积极应对气候变化,彰显大国担当,2020 年 9 月 20 日,习近平主席在第七十五届联合国大会一般性辩论上郑重宣布"中国将提高国家自主贡献力度,采取更加有力的政策和措施,二氧化碳排放力争于 2030 年前达到峰值,努力争取 2060 年前实现碳中和"。"双碳"目标的实施,是生态环境保护、能源和产业发展所关注的热点和重点。2021 年 2 月 1 日,我国《碳排放权交易管理办法(试行)》正式施行,提出建设全国碳排放权交易市场。重点排放单位需要向政府提交年度排放报告,还需要在法定期限内清缴其碳配额,其中根据企业配额使用情况,会发生买进或者卖出碳配额的交易行为。因此,企业的碳排放行为及碳交易行为也属于企业环保合规管理事项,相关企业应及时完善在碳排放合规管理工作,合规参与碳市场交易,为企业的安全生产与长远发展奠定基础。

2017 年,我国原环境保护部和原保险监督管理委员会联合制定的《环境污染强制责任保险管理办法(征求意见稿)》提出,从事环境高风险生产经营活动的企业事业单位或其他生产经营者应当投保环境污染强制责任保险目前该法还处在草案阶段。2021 年,生态环境部又发布了关于公开征求《危险废物环境污染责任保险管理办法(征求意见稿)》意见的通知,这说明,我国一直没停下对环境责任强制险的探索,相关企业也需要关注到这一趋势,若属于被纳入环境强制责任险范围,则企业投保行为也属于环保合规的管理范畴。

第三节　企业环保合规的具体内容

环保合规管理是一项体系化的工作,最终目标是建成完备的环保合规管理体系。企业环保合规主要是要遵守法律法规、环境标准、行业准则等规范对环境保护作出的规定,以及根据社会公德及环境道德的要求,作出企业的环保合规承诺,并在实际生产经营活动中严格履行环保义务和承诺。根据我国法律和环境标准对环境保护领域的分类,我们也可以将企业环保合规的具体内容按照对应领域进行展开。在基本管理制度上,要明确直接负责的主管人员以及环保责任人,分类制定防治大气污染、水污染、土壤污染、固体废物(包括危险废物)污染、噪声污染的相关制度,并建立投诉举报、行政处罚及环境诉讼应对机制等。

一、环保合规涉及的主要内容

不同类型企业,例如能源企业与化工企业的环保合规管理所涉及的方面会有所区别。总体来说,企业环保合规管理主要涉及以下十四个方面。

(一)环保日常管理及环保合规体系建立

环保被《中央企业合规管理指引(试行)》列为应当进行合规管理的重点领域之一。根据要求,建立健全合规管理体系的重要原则之一就是"全面覆盖",制度制定是合规管理的重点环节之一。企业应当在日常管理中建立起全领域、全部门(含子企业和分支机构)、全体员工及全流程的全面合规体系。

日常环保合规管理应当覆盖生产经营的全过程,包括明确环境管理机构、管理制度、管理人员状况及环境管理责任,审查建设项目环评许可和排污许可是否依法获批,排查大气污染物和水污染物排放环节、排放口、排放种类、排放量、排放浓度、污染防治设施设备、污染处理工艺现状及是否符合环评、排污许可、法律规定;噪声污染的产生环节、排放情况、污染防治设施设备、污染处理工艺现状及是否符合环评、排污许可、法律规定;固体废物及危险废物的产生、贮存、运输、处置、管理等各个环节的现状及是否与申报情况及管理计划相符;危险化学品管理、环保安全距离是否符合环评和法律规定等。

除了明确日常的环保管理范围,还应全面梳理和把握企业环保合规风险点,这需要对企业的环保合规风险进行筛查和评估。可以结合企业所处行业、区域,以及污染物排放情况等,全面梳理与企业生产经营、节能减排、清洁生产以及碳排放权交易、排污权交易、水权交易等相关的法律、法规、规章、地方性法规、环保标准、规定中对企业环保义务的规定,综合评估企业存在的环保合规风险,在全面把握风险点后,再在日常环保合规管理中有针对性地进行风险预防,对重点问题予以重点关注,建立起符合企业实际的环保合规体系。

(二)建设项目环保立项管理

2018 年 12 月 29 日,全国人大常委会对《环境影响评价法》进行修改,取消了建设项目环评资质行政许可事项。这一重大修改弱化了建设项目的事前环评审批环节,同时强化了事中和事后监管,加强了第三方评估制度的适用,将社会主体自我服务与治理和行政监管相结合,增强了行政效率。此外,针对企业常见的建设项目未批先建的违法行为大幅提高了行政处罚的限额,将建设项目的行政处罚与项目总投资联系起来,增加了企业的违法成本。因此,企业建设项目环境影响评价是环保合规管理中不可缺少的一环。

生态环境影响评价主要是针对建设项目对生态环境影响的事先调查和评估。生态影响调查一般包括对生态系统结构与功能的影响、对生态敏感区的影响和对保护物种的影响,调查因子原则与环境影响报告书(表)生态影响评价因子一致,主要为生态功能完整性、植被类型、生物量、野生动物种类、资源量、物种多样性、土地资源、水土流失面积、土壤侵蚀强度、生态敏感区等。总之,企业建设项目从立项、建设、运行及退出全部过程,都要按照相关行业准入或限制条件、"三同时"制度、排污许可证制度等进行合规管理。

(三)污染防治设施的投入及持续有效

为打好环境污染综合治理攻坚战,我国各地积极行动,督促企业严格落实各项环保政策,实行精细化管理,不断加大环保设施投入,改进环保工艺技术,确保生态环境质量持续改善提升。企业废水、废气、废渣等污染物的防护设施应当依法建立,且有专人维护并可正常使用,确保持续发挥作用。除此之外,还应建立包含自动监测设备在内的环保设施台账。我国《行政主管部门移送适用行政拘留环境违法案件暂行办法》第 7 条规定了六类通过不正常运行防治污染设施等逃避监管的方式违法排放污染物的情形,分别是:(1)将部分或全部污染物不经过处理设施,直接排放的;(2)非紧急情况下开启污染物处理设施的应急排放阀门,将部分或者全部污染物直接排放的;(3)将未经处理的污染物从污染物处理设施的中间工序引出直接排放的;(4)在生产经营或者作业过程中,停止运行污染物处理设施的;(5)违反操作规程使用污染物处理设施,致使处理设施不能正常发挥处理作用的;(6)污染物处理设施发生故障后,排污单位不及时或者不按规程进行检查和维修,致使处理设施不能正常发挥处理作用的。此外,通过对我国《环境保护法》《水污染防治法》《大气污染防治法》等环境法律的梳理,针对上述不正常运行污染防治设施情形的行政和刑事处罚措施如表 6－1 所示。

表 6－1　不正常运行污染防治设施情形及其处罚措施

<table>
<tr><th rowspan="2">违法情形</th><th colspan="3">公司</th><th colspan="2">相关责任人</th></tr>
<tr><th>罚款</th><th>处罚措施</th><th>情节
严重时</th><th>行政拘留</th><th>刑事责任</th></tr>
<tr><td>污染物不经过处理设施,直接排放的</td><td>10 万～100 万元</td><td rowspan="6">责令改正或者责令限制生产、停产整治</td><td rowspan="6">责令停业、关闭</td><td rowspan="4">情节较轻时 5～10 日;情节较重时 10～15 日</td><td rowspan="4">构成犯罪时追究</td></tr>
<tr><td>非紧急情况下开启污染物处理设施的应急排放阀门</td><td>10 万～100 万元</td></tr>
<tr><td>将未经处理的污染物从污染物处理设施的中间工序引出直接排放</td><td>10 万～100 万元</td></tr>
<tr><td>在生产经营或者作业过程中,停止运行污染物处理设施的</td><td>10 万～100 万元</td></tr>
<tr><td>不及时或者不按规程进行检查和维修,处理设施不能正常发挥处理作用</td><td>2 万～20 万元</td><td></td><td></td></tr>
<tr><td>通过暗管、渗井、渗坑、灌注等方式排放污染物</td><td>10 万～100 万元</td><td>情节较轻时 5～10 日;情节较重时 10～15 日</td><td>构成犯罪时追究</td></tr>
</table>

为有效防止上述处罚措施的发生,企业应保障污染物处理设施保持正常使用,在日常经营的环保管理中,企业应当加强对生产设施和污染物处理设施的保

养、检修。若污染物处理设施因维修、故障等原因不能正常使用,企业应及时采取限产停产等措施,待检修完毕后才同步投入生产。对于生产工艺设备不能停止运行或不能及时停止运行的,应有相应的应急处置设施或采取其他替代措施。

(四)废水处理及环境水质量管理

企业应加强对工业废水和生活废水污染物种类、废水处理工艺、运行维护、排口、去向及监控情况进行管理,积极推动工业废水资源利用。在相应的管理制度上,还应建立用水审计制度,推进节水改造、用水循环,提高重复利用率。现阶段,我国多地都在推进园区内企业间用水系统集成优化,建设或完善污水处理与水循环利用设施以及常态化的再生水水质检测制度与用水管理制度。通过 PPP 项目运营模式创新企业的污废处理建设和运营模式,发展环保治理行业,引入社会资本进入污水处理行业。这样的社会资本主导运营、政府辅助监督的环保治理模式,既能使污水治理行业发展逐渐由政府主导转向市场主导,从而发挥市场在资源配置中的决定性作用,又能更好地转变政府职能,发挥政府的监督作用,形成可持续发展的经营模式。

(五)大气排放物及大气环境质量管理

大气排放物管理主要是对企业各类废气、油烟及粉尘,从处理工艺、排放及监测的过程和末端控制进行管理。企业生产经营活动中可能产生大气污染物排放的活动主要是在施工过程中。对于有焊接作业、机械作业、建筑施工、搅拌站等作业活动的企业来说,造成大气排放物污染的风险较大,施工专用车辆尾气也是一大污染源。因此,企业在施工方案及相关应急措施中,要将所有可能造成大气排放污染物的环节纳入考虑范围,明确最大限度降低污染的必要措施,如施工前做好主要道路的路面硬化处理,配备好专用洒水车,采取覆盖、固化、绿化、洒水等有效措施防止现场扬尘。

除了常规的大气环境质量管理措施,还应注意我国环保法律中关于重污染天气应急减排的相关规定。我国《大气污染防治法》是大气污染防治的主要法律规范,对重污染天气预警及应急减排作出了一些原则性、指引性的规定。此外,2018 年、2019 年和 2020 年,国务院《打赢蓝天保卫战三年行动计划》、生态环境部《关于加强重污染天气应对夯实应急减排措施的指导意见》和《重污染天气重点行业应急减排措施制定技术指南》(2020 年修订版),对重污染天气的应急减排又作了更为详细的规定,明确了减排比例和减排措施。企业在生产活动中也要注意,对于应急天气的紧急措施,要履行配合义务,否则可能面临承担环保行政法律责任的风险。

（六）噪声管理

噪声，是指在工业生产、建筑施工、交通运输和社会生活中产生的干扰周围生活环境的声音。当噪声超过一定的标准且未依法采取降噪措施，干扰到他人正常生活、工作和学习等安宁权，就会形成噪声污染。我国法律早在1997年就开始了对噪声污染的治理，《环境噪声污染防治法》自1997年3月1日起施行。2022年，我国发布《噪声污染防治法》，并于2022年6月5日起施行，主要针对工业噪声污染防治、建筑施工噪声污染防治、交通运输噪声污染防治和社会生活噪声污染防治，是对生产工序、施工活动或其他生产经营活动中产生的噪声进行监测和管理，尤其是夜间或涉及许可事项。和其他的污染防治措施一样，我国法律也规定了企业应在噪声敏感建筑物集中区域施工作业，按照国家相关规定设置噪声自动监测系统，并且需要与监督管理部门联网，保存原始监测记录，对监测数据的真实性和准确性负责。为了防治噪声污染带来的法律风险，建设单位应监督施工单位安装噪声污染防治设施和监测设备，采取有效的噪声污染防治措施，并保持噪声污染防治设施和监测设备的正常使用。

（七）固体废物及危险废物管理

通过对企业废物类型进行识别，区分一般固废和危废，从收集、分类、回收、存储、运输到利用或无害处理整个流程，依照不同标准对固体废物及危险物进行管理。

不同类型的企业可能产生不同危害程度的危险废物。医疗机构、医药企业产生的医疗废物、过期药品，能源制造企业在生产制造过程中产生的废水、废物，建造施工企业在建筑施工过程中产生的建筑垃圾、废油漆桶，电子科技企业产生的电子废物，以及一般企业产生的生活垃圾等固体废物，均有可能被认定为是法律意义上的危险废物。如果企业未严格区分一般废物和危险废物，未对危险废物进行严格合规管理，则极易产生严重的环境污染后果，进而触发环保法律风险。

危险废物是固体废物的一种，根据《固体废物污染环境防治法》的规定，固体废物是指在生产、生活和其他活动中产生的丧失原有利用价值或者虽未丧失利用价值但被抛弃或者放弃的固态、半固态和置于容器中气态的物品、物质以及法律、行政法规规定纳入固体废物管理的物品、物质。企业在固体废物的产生、收集、贮存管理、运输、利用、处置的全过程中均应履行相应的合规义务，且不得在特别保护区域内建设贮存、利用、处置设施和场所。企业将固体废物转移出省的,应先向移出地的省级人民政府生态环境主管部门提出申请,经批准后方可将固体废物转移出省级行政区域贮存、处置。而且我国《刑法》还规定了擅自进口固体废物罪、非法处置进口固体废物罪。2020 年 11 月 24 日,我国生态环境部、商务部、国家发展和改革委员会、海关总署四部门联合发布了《关于全面禁止进口固体废物有关事项的公告》,公告表示停止受理和审批限制进口类可用作原料的固体废物进口许可证的申请,任何企业不得以任何方式进口固体废物。

(八)土壤污染治理和修复管理

土壤污染治理和修复是指结合企业项目土地情况,对土地利用、原有设施、地面堆存或者地上、地下储罐等土地污染的处理和修复管理。2019 年 1 月 1 日起实施的《土壤污染防治法》围绕土壤污染调查、风险管控和修复作出了一些规定,例如全国土壤污染状况普查、有土壤污染风险的建设用地地块的土壤污染状况调查、建立建设用地土壤污染风险管控和修复名录制度,以及土壤污染重点监管单位生产经营用地的用途变更或者其土地使用权收回、转让前的土壤污染状况调查要求等。以已收回或者拟收回土地使用权或用途拟变更为居住用地和商业、学校、医疗、养老机构等公共设施用地的污染地块为例,《土壤污染防治法》明确了"土壤污染责任人负有实施土壤污染风险管控和修复的义务"。与此相关,生态环境部则重点监管土地再利用的环节,要求对再利用污染地块进行风险评估。对于评估确认需要治理与修复的地块,企业应依法开展治理与修复工程,工程完工后应委托第三方机构开展治理与修复效果评估并编制评估报告。

为了防止污染后果的发生,企业应当在日常环保合规管理中,按规定监控污染物排放,防止污染物渗透至土壤,在出现环境污染突发事件时向环保局及相关部门进行汇报。同时,按照"谁污染谁治理"的原则,企业应当对其生产经营中造成的污染进行治理与修复。

(九)矿山生态环境修复和治理

矿山生态环境治理与修复是深入打好污染防治攻坚战的重要构成内容之一。近年来,在国家相关政策的引导、推进和规范下,国家财政专项资金和社会资本大力支持投入,我国矿山生态环境治理与生态修复得到了快速发展。矿山生态环境修复和治理(含绿色矿山建设)主要包括首矿区、废弃矿、矿区边坡等的生态环境保护、修复及治理工作,属于特定行业企业的合规管理内容,大多数企业没有相关业务,则只需尽一般的注意义务。

对于矿业相关企业来说,环境突发事件应急管理制度与环境争议解决制度是必须配备的企业内控管理制度,需要对企业突发事件应急管理制度建立、管理机构设置、预案编制、培训和情况处理等进行管理,并且应制定由突发事件引起的各类处罚、诉讼、投诉及执法等情况的应对和处理预案。

(十)清洁生产、节能减排

目前,我国大力倡导、支持、推进绿色产业发展,在各领域贯彻绿色原则。企业也应该响应国家政策,践行绿色生产原则,结合企业自身情况,通过节约能源、降低碳排放,做好排污权、碳排放权、节能量交易等各类环境权益的开发与管理。企业进行清洁生产、节能减排不仅可以防范环保合规风险,还能争取国家环保补贴政策。有技术条件的企业,还可以利用国家政策支持完成技术升级,为企业带来新的经济增长。常见的排放违规情形及罚款数额如表6-2所示。

表6-2　常见的排放违规情形及罚款数额

<table>
<tr><th>常见违规行为</th><th>对应罚款数额</th></tr>
<tr><td>无证排污</td><td rowspan="3">20万~100万元</td></tr>
<tr><td>超标、超量排污</td></tr>
<tr><td>逃避监管排污</td></tr>
<tr><td rowspan="2">无组织排放</td><td>5万~20万元</td></tr>
<tr><td>情节严重时:20万~100万元</td></tr>
<tr><td rowspan="2">特殊时段排污</td><td>5万~20万元</td></tr>
<tr><td>情节严重时:20万~100万元</td></tr>
<tr><td>污染物排放口位置或数量不符合排污许可证规定</td><td rowspan="9">2万~20万元</td></tr>
<tr><td>污染物排放方式或排放去向不符合排污许可证规定</td></tr>
<tr><td>损照或接自移动、改常运热物排放自动监测设备</td></tr>
<tr><td>未安装自动监测设备或未联网,或自动监测设备未正常运行</td></tr>
<tr><td>拒不配合生态环境主管部门监督检查,或者在接受监督检查时弄虚作假的</td></tr>
<tr><td>未制定自行监测方案并开展自行监测</td></tr>
<tr><td>未保存原始监测记录</td></tr>
<tr><td>未公开或者不如实公开污染物排放信息</td></tr>
<tr><td>监测设备数据传输异常或超标排放未报告</td></tr>
</table>

续表

常见违规行为	对应罚款数额
未建立环境管理台账或者未按证规定记录	每次5000～2万元
未如实记录主要生产设施及污染防治设施运行情况或者污染物排放浓度、排放量	
未按照排污许可证规定提交排污许可证执行报告	
未如实报告污染物排放行为或者污染物排放浓度、排放量	
以欺骗、贿赂等不正当手段申请取得排污许可证	20万～50万元,且3年内不得再次申领
伪造、变造、转让排污许可证	10万～30万元,且3年内不得再次申领

(十一)环保税

环保税的合规管理范围包括从环保税的应税对象和应税污染物识别,应纳税额计算、申报、缴纳,到应对专项环保税务稽查和问询,以及合理利用政策的规定申请减免环保税等。环保税对企业的纳税凭证管理要求很高,除了检测报告,企业还需要提供在线数据、物料报告、合同、台账、委托监测机构和委托处置危险废物企业的资质证明等材料,以作为后续计算申报环保税的凭证。因此,企业日常要做好相应资料管理,认真做环保台账。

(十二)环境信息公开

2021年5月24日,生态环境部印发《环境信息依法披露制度改革方案》,提出"2025年,环境信息强制性披露制度基本形成"这一主要目标,并提出印发、调整相应文件及改革等细化安排。生态环境部于2021年12月印发了《企业环境信息依法披露管理办法》,又于2022年1月印发了《企业环境信息依法披露格式准则》,这两部部门规章都已于2022年2月8日开始施行。根据其中的规定可以发现强制披露环境信息的主体范围有所扩大,除重点排污单位外,污染物排放超过国家或者地方规定的排放标准的企业,以及虽未超过国家或者地方规定的排放标准,但超过重点污染物排放总量控制指标的、超过单位产品能源消耗限额标准构成高耗能的企业,使用有毒、有害原料进行生产或者在生产中排放有毒、有害物质的企业三类企业都属于强制披露环境信息的企业。上述企业在进行日常环保管理时,应落实环境监测管理,避免排放超标却没有及时发现,进而产生环保合规风险。日常合规管理中,企业应结合自身情况,从重点排污单位、公开内容、公开时间等方面进行管理,如果是上市公司,还应注意环境信息披露的特别要求。

(十三)环保合规报告编写

环保合规报告是指以编写书面报告的形式,对企业经营中的合规事件或行为进行概述,结合法律法规、案例等进行合规分析,明确其可能产生的法律后果,提出相对应的、具有可操作性的意见或建议。编写环保合规报告,对企业环保合规现状有一个全面的梳理、认识,能发现企业环保合规管理制度运行不畅之处,以及存在的缺陷和不足,有助于企业环保合规管理制度的进一步完善。

(十四)企业员工环保合规培训

我国环境保护类法律较为分散,对于没有法律专业知识的人来说,理解难度较大,且缺乏体系化的认识,在企业环保合规管理过程中,可能不利于企业员工充分理解环保合规义务和日常的防范措施,也就不利于企业落实环保合规管理制度。针对这一现实状况,企业应该加强对员工的环保合规培训,就企业环境保护合规管理工作对全体员工进行法律培训,尤其要加强日常合规管理和应急情况管理,在提高企业员工对环保合规的认识的同时,也增强员工对环保突发事件的应急应对能力,这也是提高企业抗风险能力的一种方式。

二、环保合规管理重点环节

(一)制度制定环节

企业制定环保合规管理制度,首先需要对相关环节的环境保护法律法规等法律规范有全面的了解,熟悉每一个环保合规风险点,才能有针对性地进行合规管理制度的设计。在制定相关制度的时候,要强化对企业内部规章制度、改革方案等重要文件的合规审查,确保其符合法律法规、监管规定等要求。企业需要根据环保法律法规的要求进行环保合规建设,奠定后续建设和运行的环保合规基础。在日常管理制度中,要规定具体的操作要求,如对纳入排污许可管理的建设项目,应记载建设单位申领排污许可证的情况;针对建设项目可能出现的火灾、化学品泄漏等环境突发事故,应记载建设单位编制"突发环境风险事故应急预案"的情况等。其他的还有责任制度、监管制度等,除了基本管理制度,还要制定环境事件举报制度,加强企业的环保合规监督。另外,对于可能发生的突发事件,要制定环境风险应急预案并在日常加强演练,而且要注意应急预案是行政监管的强制性要求,要注意审查预案是否在地方生态环境部门进行备案。总而言之,在制度制定环节,企业需要考虑到的问题非常多,很多问题可能在环保合规制度制定初期并不能得到充分关注,因此,还需要在后续的制度运行过程中,不断查漏补缺,对环保合规管理制度持续进行完善。

(二)经营决策环节

企业应严格落实"三重一大"决策制度,细化各层级决策事项和权限,加强对决策事项的合规论证把关,保障决策依法合规。在重大决策事项中开展生态环境保护合规审查的依据主要有生态环境保护相关法律、法规和规章,生态环境保护相关规范性文件,国家政策文件,生态环境保护相关强制性标准或者技术规范等其他与生态环境保护相关的规定和要求,以及企业环保合规管理制度文件。其中,企业环保合规管理制度文件是企业对于环境保护的承诺,企业环保合规管理制度只有在实践中得到了切实履行,才有可能在环保合规调查中被判定为有效的环保合规管理制度并作为减轻企业法律责任的依据。

在实践中,涉环保重大事项的决策主要是通过环境影响评价和重大行政决策程序规定来考量该决策对生态环境的影响。在决策中具体落实生态环保要求,可以通过五个方面来进行:一是将涉及环保的重大政策措施纳入企业重大事项决策范围,适用重大事项决策程序来进行决策;二是涉及生态环保的重大决策事项可经过专业的评估机构进行环境影响评价,并将评价报告来作为决策的环保依据;三是一旦决策事项开始启动,就一定要开展生态环保效益的预测工作,评估环保合规的风险;四是在进行风险评估时,针对可能存在的环境保护风险,提出相应的预防、减缓或者化解等应急管理措施;五是还要将重大决策事项放在合规管理体系中,展开整体的合规审查。

(三)生产运营环节

企业在生产运营环节要严格执行合规制度,加强对重点流程的监督检查,确保生产经营过程中照章办事、按章操作。坚持环评优先,及时办理许可并保持环保手续健全,应当成为建设阶段企业环境管理的首要目标。以下是企业生产运营环节环境合规的三大要点:

1. 坚持环评优先

环境影响评价是第一道环保门槛。强调环评优先,需要了解环评的三个作用。一是基础手续。如果环评手续没有办理,会连锁造成后续手续无法办理,引起未批先建、未验先投、无证排污等一系列严重法律风险。二是确定生产运行的环保规则。环评将会划定企业生产运行的环保基本规则，包括项目的行业类别、需要监管的污染物因子、执行的排放标准、允许的排放总量、废物的危险性质、监测的基本要求等，如果环评编制质量有问题，企业作为建设单位不仅可能受到行政处罚，而且会在后续的建设和运行中长期受到标准不恰当、总量核算过低、废物分类不准等问题的困扰。三是环评的真正意义。环评的目的不仅是获得政府的审批，更重要的是尽早识别项目建设运行的环境约束条件，包括区域的环境质量与基础设施条件、周边的居民和敏感区域影响、政府产业导向规划约束、场地土壤现状约束等。

2. 及时办理手续

建设阶段的环保手续主要包括环评审批、备案、“三同时”验收、排污许可手续。各项手续有严格的办理时间要求，有三点需要注意：一是建设项目环境影响报告书、表类项目应当在开工建设前获得批复；二是竣工后 1 年内完成环保验收；三是环境影响登记表类项目应当在投产运行前完成登记备案。

3. 保持手续健全

环保手续的办理并非一劳永逸。此处应注意三个方面：一是并非只有新建项目需要办理环评手续，改建、扩建、技术改造项目也需要办理环评手续；二是环评审批后 5 年内没有开工建设的，在开工建设前需要办理重新审核手续；三是项目内容发生重大变动的，需要办理重新审批手续。另外，对于排污许可证、排水许可证需要延续的，应当注意提前申请。

第七章　企业环保合规管理的运行机制

第一节　企业环保合规管理的基本步骤

针对发展变化情况,企业应及时针对变化带来的环境风险类型进行重新识别、分析和评价,同时根据环境风险的程度高低,制定不同的处理方式。更需要注意的是,与其他合规体系的运行一样,环保合规体系的正常运行和发挥功效需要企业各部门的协同工作,并根据需要定期维护更新,否则可能因为新的情况没有及时更新至合规体系内而导致相关工作出现合规风险。

一、环保合规风险检查

环保合规风险检查是对环保合规风险管理机制实际运行及其有效性和适当性的检验和评估,是发现和揭示环保合规风险隐患或者缺陷不足的有效手段。企业对于本单位的环保合规部门进行环保合规内部风险的检查,集中统筹规划环保检查项目,制定环保检查方案,在规范环保合规检查的统筹检查项目,制定环保合规的检查方案,规范环保合规过程中规范检查流程和操作标准,明确环保合规的质量标准,监督检查环保合规的全过程,及时收集环保合规检查报告,汇总检查环保合规过程中的违规问题,适时跟踪违规的整改情况并及时对此进行问责。

环境风险尽职调查是环保合规管理工作的基础以及重点工作。首先，要在前期做好相应的沟通，主要包括确定所要进行的环保合规尽职调查的具体范围，在此基础上制订工作计划并且明确工作进度表。其次是相关的策划准备，根据制订的工作计划制定环保合规尽职调查的具体清单，收集整理相关文件，确定初步的主要问题。再次是现场调查阶段，对相关资料进行收集与分析，通过现场调查、沟通走访、实地查询等方式准确地核实与评估相关问题。最后是编制报告，通过资料分析和现场调查，结合法律规定等编制环保合规风险调查报告。

二、环保合规风险的识别

合规风险的识别是合规风险管理中的重要环节，亦是合规风险管理的第一阶段；是对合规风险的定性分析，也是合规风险管理的基础。企业应在专业环保合规律师的帮助下对企业环保合规进行风险评估，结合企业所处行业、地域、污染物排放情况等，全面梳理与企业生产经营相关的环保法律、法规、规章、环保标准中对企业环保义务的要求，识别企业存在的环保合规风险。企业可以通过已发生的环保合规风险事件及内外部审查中发现环保合规的风险隐患，对监管部门的环保合规风险提示、专门合规风险部门的合规风险检查、业务部门提出的审查需求以及对相关风险数据进行及时的分析，以实现环保合规风险的有效识别。

（一）合规义务的识别

合规义务就像一把“尺子”，一把企业衡量自身生产经营行为正确性的尺子。有了尺子，才能度量出企业生产经营行为过程中可能出现的合规偏差，也就是合规风险。根据《合规管理体系　指南》中给出的“合规义务”的定义，合规义务既包括合规要求，也包括合规承诺。合规要求是企业必须遵守的义务，具有强制性。在市场经济中，国家监管机构从维护市场经济健康、实现有序发展的需要出发，制定了许多强制性的法律法规。合规承诺是企业选择遵守的要求，具有自愿性。由于市场竞争激烈，企业为获得股东、顾客、供应商等相关方的信赖，对自身生产经营过程和产品品质进行若干承诺。

（二）合规义务的维护

在现实中，合规要求和合规承诺不是一成不变的，需要时刻关注并将新的合规要求和承诺纳入合规义务清单文件中。企业应当制定适当的流程来识别新的和变更的法律、法规和规则以及其他合规义务，以确保企业持续合规。为了获得合规义务来源变化的信息，企业可采取如下措施：与监管部门会面；与法律、合规顾问交流；跟踪监管部门的网站动态；参加行业论坛和研讨会；订阅相关信息服务；确保自己是专业组织会员；确保自己在监管机构信息更新的收件人列表中。这七种措施均为企业维护合规义务提供了信息沟通的渠道。可以说，合规义务维护的重点是建立好合规义务信息沟通渠道。企业有必要制定相应的企业合规义务动态维护管理流程，以便及时跟踪法律、法规、规范和其他合规义务的出台和变更。

与作为识别和建立本企业书面合规义务内容清单的合规义务识别清单相类似，在合规义务维护方面，企业应当建立动态维护本企业书面合规义务的内容清单——合规义务持续识别维护清单。在合规义务持续识别维护清单中，企业应当在上一轮次识别的合规义务识别清单的基础之上，注明增加、删除和调整的合规义务情况，并描述其对企业的影响，最终确认企业是否将上一轮次识别的合规义务继续纳入合规义务范围。

（三）识别合规风险的方法

识别合规风险的方法，即将合规义务与企业的活动、产品、服务和运行（企业的经营管理行为）联系起来，运用一些具体手段，如过往案例、专家经验、归纳推理、头脑风暴等方式，发现和列举出企业存在的合规风险。常用的合规风险识别技术与方法如表 7－1 所示：

表 7－1　常用的合规风险识别技术与方法

序号	方法名称	角度	内容
1	事件库法	以往发生的案例	通过对本企业或本行业发生过的事件进行梳理，发现企业存在的合规风险
2	流程分析	企业的主要经营管理活动	通过对企业主要的经营管理活动（如合同用章管理，合同履约管理、施工、招投标、采购、对外投资、财务管理、人力资源管理、融资）中的流程梳理发现每一种经营活动中可能存在的合规风险
3	岗位分析	企业的岗位职责分析	通过对企业的业务范围和工作职责的梳理，发现企业存在的合规风险

续表

序号	方法名称	角度	内容
4	合规义务识别法	通过不同责任类型,不同领域的法条或规范归纳、整理	以民事责任,行政责任,刑事责任为划分,识别不同责任体系下的公司合规责任;通过流程涉及的不同法律领域的法律梳理(如国有资产、合同法、招投标法律、劳动用工法律等),发现不同领域内有在的合规风险
5	利益相关者分析	利益相关者	通过对企业的利益相关者(如股东、董事、监事、高级管理人员、一般员工、客户、供应商、债权人、政府、行业、社区)的梳理,发现与每一利益相关者相关的合规风险

这些合规风险识别技术与方法,通过提供若干识别合规风险的角度,能够为企业构建符合自身经营管理需求的合规风险识别框架。值得一提的是,这些技术、方法往往是综合运用的。如事件库法作为企业内部和外部合规咨询团队最常用的合规风险识别方法,往往需要辅之以其他方法甚至是合规管理工作:(1)问卷调查法、访谈调研、头脑风暴法、德尔菲法、检查表法;(2)合规管理评估以及合规管理部门在合规日常工作中发现的、需要引起足够重视的合规风险或问题;(3)内、外部审计、纪检、监控等活动中发现的合规风险事件等;(4)员工举报。此外,还需要关注和收集违规案例以及相关司法判例、同类企业过去识别和发生的合规问题及违规案例。

(四)企业合规风险识别小结

前述分析,可以看到,合规义务与合规风险之间的紧密关系。总结而言:

1. 合规义务的多与少与企业本身密切相关

对于企业来说,来自监管机构颁布的法律、法规等强制性合规要求都是必须遵循的。它们是企业固有的合规风险,关键在于企业是否主动承担这些合规要求。合规承诺就不同了,它是企业对市场、客户、监管机构等相关方的主动承诺。合规承诺不是越多越好,也不是越少越好,最适宜于企业健康发展、基业长青的合规承诺才是最好的。因此,企业管理层要从经济适度的角度出发,在满足国家监管机构制定的法律、法规等强制性合规要求的基础上,从适合其经营管理水平、规模、复杂性、结构和运营的方式出发,进行主动的合规承诺,最终制定企业合规义务文件。

2. 合规义务决定合规风险

《合规管理体系　指南》第2.12条明确,合规风险,是不确定性对合规目标的影响。在市场经济环境中,企业的生产经营行为应该遵循合规义务,一旦违反合规义务,就存在不确定性,便产生合规风险。不合规是指未履行合规义务或者违反组织合规义务。假如企业没有承担合规义务,就无所谓的合规风险。企业承担的合规义务越多,未履行或者违反合规义务而导致的合规风险就越大。此外,企业承担的合规义务标准越高,履行的不确定性也就越大,未能达到合规义务要求而导致的合规风险发生的概率也越高。

3. 在企业生产经营过程中,由于合规义务的存在,员工行为履行合规义务遵循的不确定性导致了合规风险的产生

可以说,合规义务分布在何处,不确定就在何处,合规风险就源于何处。而合规义务的分布是由权力的分布来决定。权力是对利益分配的支配力,权力是利益分配的焦点。合规义务是用来规范权力的正确行使、规范利益的合理分配的。因此,有权力(利益分配)的地方,就存在合规义务。违规行为的"铁三角定律":"权力+不良动机+业务机会=合规风险发生"。

环境风险类型的识别是分析及提出应对处理方案的前提,并在此基础上形成企业自身的《环境风险级别分类指引》。风险调查工作以及识别工作环环相扣,缺一不可,企业进行全面的调查是进行有效风险识别的基础,如若造成相关内容的遗漏或工作管理的缺失,可能产生不可预计的后果。

三、环保合规风险分析

合规风险分析是增进对合规风险的了解,为风险评价和应对提供支持。合规风险分析根据目的、可获得的信息数据和资源,可以有不同的详细程度,可以是定性、定量的分析,也可以是这些分析的组合。合规风险分析是在风险识别的基础上,考虑不合规发生的原因、后果及发生可能性等因素,最后形成合规风险列表清单。对于合规风险列表清单,应具备以下内容:

1. 风险描述:简单且准确地描述风险,风险可能在什么情况下以什么方式发生以及风险对既定目标的影响。

2. 风险发生原因:明确会导致风险发生的真正原因。

3. 风险发生结果:说明风险发生后在哪些方面,以及以怎样的方式造成影响。具体可以考虑但不限于以下因素:

(1)后果的类型,包括财产类的损失和非财产类的损失(商誉损失、企业形象受损)等;

(2)后果的严重程度,包括财产损失金额的大小、非财产损失的影响范围、利益相关者的反应等。合规风险发生结果的定量分析示例如下。

示例分为三个维度进行,每个维度可以进一步细化为若干评分标准;影响程度分为三个等级,分别赋予 1 ~9 分,得分越高意味风险程度越大。

风险发生可能性:说明风险发生的概率大小。对风险发生可能性的量化分析,可以从以下 5 个维度进行,每个维度可进一步细化为若干评分标准:

(1)内部合规规范的完善程度;

(2)合规规范的执行力度;

(3)人员相关合规素养;

(4)外部监管执行力度;

(5)违规行为一年内已发生的次数。

合规风险发生可能性的定量分析示例如下。示例分为五个维度进行,每个维度可以进一步细化为若干评分标准;影响程度分为三个等级,分别赋予 1 ~5 分,表示发生的可能性依次加强,得分越高风险发生的可能性越大。合规风险发生可能性定量分析示例如表 7 –2 所示。

表 7 –2　合规风险发生可能性定量分析示例

分析角度	风险可能性分值		
内部合规规范的完善	不完善,需要重新制定	较完善,需要修改补充	完善
合规规范的执行力度	很难得到执行	执行程度一般	执行非常准确
人员相关合规素养	不了解相关合规规范	了解主要合规规范	了解所有相关合规规范
外部监管执行力度	有严格监管规定监管到位	对违规行为处罚严厉有相关监管规定,违规行为并未及时查处	无相关监管规定,监管力度弱
违规行为一年内已发生次数	超过 3 次	2 次	1 次

最后形成合规风险列表清单。合规风险列表清单如图 7 –1 所示。

图7－1　合规风险列表清单

合规风险评价，是将风险分析的结果与企业能够接受的风险水平相比较，或者在各种风险分析结果之间进行比较，以确定风险的等级。风险评价应满足风险应对的需要，否则应作进一步的风险分析。风险评价是利用风险分析过程中获得的对风险的认识，设定合规风险的优先等级，对未来的行动进行决策。简单的风险评价，是将风险分为两种：需要应对的和无须应对的。但这样的方式难于全面反映情况，而且两类风险的界限本身也不好确定。常见的评价是依照企业对风险的容忍程度，将风险分为三个区域，如图7－2所示。

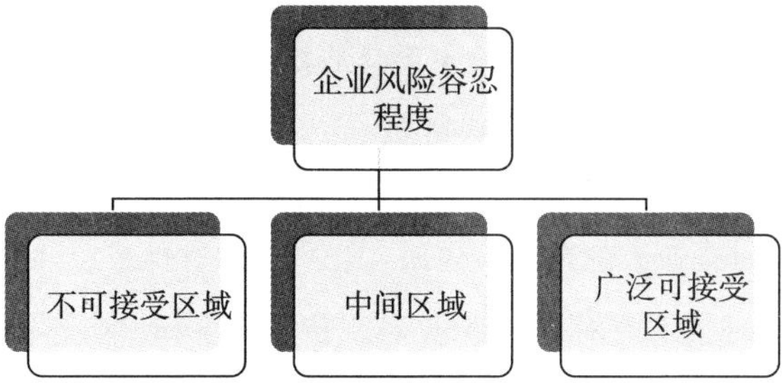

图7－2　风险评价区域划分

1. 不可接受区域。在该区域内，无论相关活动可带来什么收益，风险等级都是无法承受的，应不惜一切代价进行风险应对；

2. 中间区域。对该区域内的风险要考虑应对措施的成本与收益，并衡量机遇和潜在后果；

3. 广泛可接受区域。该区域的风险很小,无须采取任何应对措施。

风险评价后,需要进行决策。决策时应包括的内容有:(1)某个风险是否需要应对;(2)风险的应对优先等级;(3)应该采取哪种途径。决策要参考法律、财务、道德等因素。对于风险评价,可把风险后果分析、可能性分析等结合起来,对风险进行排序,形成一个风险等级表,也可形成一个风险坐标图。

引发合规风险的原因包括权力、外部环境、员工个人原因、制度措施不完善等。需要注意的是,合规风险的发生往往不是由其中一个原因引致的,而是由多个原因共同作用导致的。合规风险发生的因素如图7-3所示。

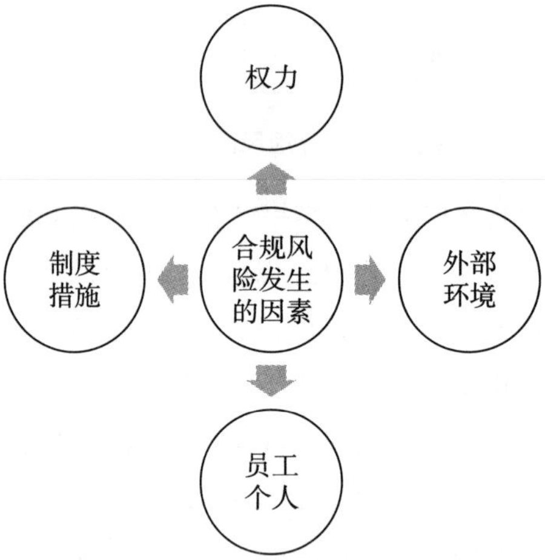

图7-3 合规风险发生的因素

(1)权力:权力引致的合规风险主要是从权力出发列举出具体的某一项或者几项权力的不正当行使引致了合规风险;

(2)外部环境:被评估领域、岗位或流程所处业务领域在企业外部接口的商业环境状态及其对企业内部该业务领域、岗位、流程合规履职的影响;

(3)员工个人:员工个人不当动机、员工接受合规知识培训的情况;

(4)制度措施:被评估领域、岗位或流程所在的业务领域企业的制度建设现状;

(5)如果近期被评估领域、岗位或流程所处业务领域已经发生过不合规行为或违规行为,则应对发生不合规行为和违规行为的直接原因通过访谈,了解是否:①当事人对业务规律认知不够;②规范合规风险的制度不适宜;③当事人对业务制度学习了解不够;④当事人对工作技能方法掌握不够;⑤当事人所在业务领域的业务绩效激励无针对性，导致其缺乏工作积极性；⑥业务外部市场环境等方面的不可控原因；⑦当事人员陈述的其他原因。

合规风险分析是要增进对合规风险的了解，为风险评价和应对提供支持。合规风险分析是在风险识别的基础上，考虑不合规发生的原因、后果及发生可能性等因素，最后形成合规风险清单。对合规风险分析的内容描述应包括以下内容：简单且准确地描述风险，风险可能在什么情况下以什么方式发生以及风险对既定目标的影响；明确导致风险发生的真正原因；说明风险发生后在哪些方面，以及以怎样的方式造成影响；说明风险发生的概率大小。

可以看出，合规风险分析主要包括风险触发原因分析、风险发生后果分析、风险发生可能性分析等。用于合规风险分析的方法，可以是定性的，也可以是定量，也可以是两者的组合。

后果分析是假设特定事件或情况已经出现，确定风险影响的性质和类型。后果分析形式可以灵活一些，可以是描述型的，也可以是详细的数量模型。例如，后果分析可分为严重、一般、不重要三个档位。也可分为极其严重、严重、中等、轻微、极低等五个档位。后果分析要考虑到以下因素：将风险后果与最初目标联系起来；对马上出现的后果要与那些经过一段时间可能出现的后果两种情况同等重视；不能忽视次要后果。

可能性分析的方法也有三种，可单独使用或联合使用。一是利用相关历史数据来识别那些过去发生的事情，借此推断他们在未来发生的可能性。二是利用故障树或事件树等预测可能性。三是结构化地利用专家的观点来估计可能性。对于可能性，可用定性的方法来描述。如非常高、高、中、低。也可采取量化的数值来表述，如数字 1 ~ 5，分别表示发生概率从 1% 到 99%。但对于该数值本身如何确定，则仍必须借助定性的方法予以固定。

四、环保合规风险评估

合规风险评估，是指在合规风险识别的基础上，应用一定的方法估计和测定合规风险可能导致法律制裁、监管处罚、重大财务损失和声誉损失等相关风险的概率和损失大小，以及对企业整体运营产生影响的程度。当前，环保合规风险评估主要是以定性为主，对于环保合规的具体情况、评估的次数以及范围都相对固定，应不断优化评估环保风险方法和工具，逐渐采取定量方式对环保合规风险进行评估。

企业开展合规风险识别与评估的目的，在于识别企业潜在的合规风险行为，采取积极的措施管理风险，以避免合规目标的无法达成。基于合规风险识别评估的结果，企业将采取必要的措施管控合规风险，或在内部有效地开展预防性合规管理工作，使企业能在业务所在地区或所在国合规地开展业务、诚信经营，从而实现企业的合规目标，提升企业品牌形象，避免和减少监管机构的处罚。合规风险识别与评估，有助于企业内形成合规风险意识，帮助组织及时制定风险应对措施，从而避免企业违反法律法规和企业合规承诺，实现企业合规目标，进而为实现企业可持续发展提供必要条件。

合规风险识别与评估，是企业内部主动预防和控制合规风险的有效方法。它既是建立合规管理体系的起点，也是运行合规管理体系的前提，体现了企业合规风险管理的质量和水平，影响着企业合规管理目标的实现。识别与评估合规风险需考量的因素如图 7－4 所示。

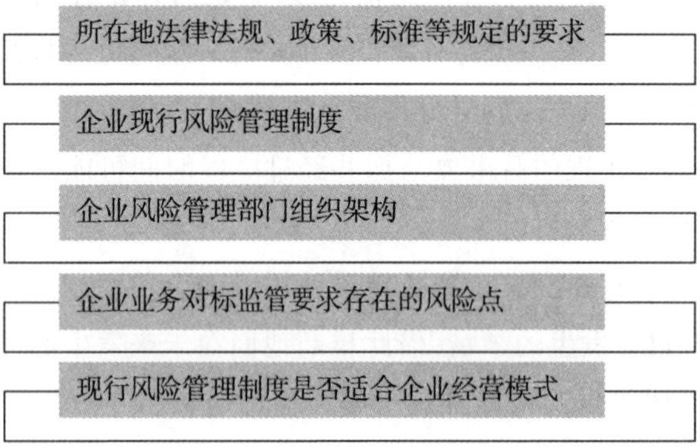

图 7－4　识别与评估合规风险需考量的因素

第二节　制定环保合规管理制度

结合识别出的环保风险点，企业应当制定、完善环保合规管理制度，例如，环境影响评价、环保“三同时”、排污申报、信息公开、日常报表与台账管理等环保制度。此外，企业还应建立内部环保合规委员会，独立负责企业的环保合规事务，承担环保合规管理的组织领导和统筹协调工作，并确保制度在全公司被认真贯彻执行。合规管理体系建设应在新要求的基础上，对标先进，制定合规管理体系建设方案。对于企业而言，构建合理系统完备的环保合规制度，不仅有利于项目建设、企业长远发展，而且能够有效降低企业涉诉风险，规避不利法律后果，从而实现国家宏观环境治理与企业微观环境管理的统一。

一、ESG 与企业环保合规

（一）ESG 投资的基本概述与实践现状

ESG 是英文 environmental（环境）、social（社会）和 governance（治理）的缩写，其基本理念是关注企业环境、社会、治理绩效，而非仅关注传统的财务绩效。通过构建 ESG 评价体系，投资者可以考察企业 ESG 绩效，评估其投资行为和企业（投资对象）在促进经济可持续发展、履行社会责任等方面的贡献。

作为责任投资的主要倡导者之一，联合国责任投资原则（Principles for Responsible Investment，PRI）的六项原则中的三项都直接援引 ESG，分别是“将 ESG 问题纳入投资分析和决策过程”“成为积极的所有者，将 ESG 问题纳入所有权政策和实践”“寻求被投资实体对 ESG 相关问题进行合理披露”。目前，全球已有超 3400 家机构签署了 PRI，例如摩根大通资产管理公司（J. P. Morgan Asset Management）、明晟公司（MSCI）等，共计管理约 90 万亿美元的资产。近年来，全球环境、社会和治理问题比以往任何时候都更加突出，企业 ESG 表现逐渐成为监管机构、投资者关注的重点，国内外关于 ESG 政策法规陆续出台。[①]

2018 年，国寿资产正式签署 PRI，掀开了中国保险资管公司加入该组织的序幕。而到了 2021 年，泰康资产、中国太保集团、安联资管公司以资产管理者的角色陆续加入。另外，中国平安、泰康保险集团、中国太保集团从 2019 年开始也先后以资产所有者身份加入。截至 2022 年 1 月，已有 84 家中国机构加入联合国责任投资原则组织。[②] 国内排名前十的公募基金超过一半已签署加入 PRI。中国最大的资产管理公司——中国人寿资产管理公司也是 PRI 的签署方。从全球情况来看，我国加入 PRI 的机构增长率最高。

（二）ESG 评价体系中的环境维度

世界范围内不乏国际组织、评级机构和证券交易所开发出评价因素和评价方法各具特色的 ESG 评价体系。在比较成熟的明晟（MSCI）ESG 评价体系中，

---

① 参见陈信健：《从国际政策演进看我国 ESG 信息披露体系建设》，载《中国银行业》2022 年第 7 期。

② 参见《ESG 投资升温，已有 84 家中国机构加入 UN PRI》，载第一财经网 2022 年 11 月 19 日，https://baijiahao.baidu.com/s?id=1722375660981515171&wfr=spider&for=pc&searchword=ESG。

环境维度主要包括气候变化、自然资源、污染与消耗、环境机遇4个主题,并进一步细分为碳排放、融资环境影响、水资源压力、生物多样性和土地利用等共13个重要议题。汤森路透(Thomson-Reuters)则将其ESG评价体系中的环境维度分为节约资源、减排和产品创新3个主题,下设低碳排放、资源利用等61个关键指标。

从国内来看,中国证券投资基金业协会和国务院发展研究中心金融研究所编写的《中国上市公司ESG评价体系研究报告》将ESG评价体系的环境维度分为整体环境风险暴露程度、环境信息披露水平、企业环境负面绩效、企业环境正面绩效共4个一级指标,并进一步细分出行业环境风险暴露系数、企业环境风险暴露系数、污染物排放、企业绿色业务占比、企业绿色投融资占比等10个二级指标。香港联合交易所有限公司所发布的《环境、社会及管治报告指引》将"环境"分为排放物、资源使用、环境及天然资源三个层次,并设置了12个关键指标。

ESG评价体系中关于环境维度不断深化的同时,相对于社会和治理维度,中国要持续改善环境质量,提升生态系统质量和稳定性,其背后意味着不断完善与强化的环境监管制度。由此,企业不断重视ESG环境维度的评价是理应之义。

企业重视ESG环境维度的评价首先表现为应对环境监管。根据2020年3月由中共中央办公厅、国务院办公厅印发的《关于构建现代环境治理体系的指导意见》,"建立完善上市公司和发债企业强制性环境治理信息披露制度"已经被提上日程,环境信息披露义务将成为所有上市公司和发债企业必须面对的问题。

其次是重视ESG环境维度的评价利于企业融资。2021年3月1日实施的《深圳经济特区绿色金融条例》已经将在投资特定项目时开展绿色投资评估作为包括银行业、证券业、保险业金融机构在内的金融服务企业的强制性义务,评估的范围包括投资项目主体提供的环境影响评价相关报告、项目主体风险管控能力、项目环境效益,且金融机构亦应当将绿色投资评估内容纳入投资后管理。该条例第66条规定,未对投资项目开展绿色投资评估的,由市地方金融监管部门责令限期改正,处5万元以上20万元以下罚款;项目发生应当处警告以外行政处罚的生态环境损害事件的,按照提供贷款或者投资金额的1%以上10%以下处以罚款可以看出,"ESG环境维度"对企业融资的影响已体现在正式的法律法规中,其背后反映出ESG评价体系中的环境维度将不断提升企业对于生态环境行为的重视。

（三）企业环保合规与 ESG 投资的关系

在国内关于 ESG 投资的实践中，大多数企业往往只关注 ESG 的评级得分，甚至为了让 ESG 的分数呈现得更加好看，而仅仅关注部分工作而在此过程中忽视了真正提升 ESG 表现的关键。2020 年 9 月 23 日，哈佛大学法学院公司治理论坛刊载的研究报告中，列举了企业应对 ESG 问题时七类常见的错误，其中第一项就是过分重视 ESG 评级和 ESG 表现本身，而没有真正关注并解决 ESG 体系下企业所面临的风险。① 要从根本上提升 ESG 表现，就不能忽略目前企业所面临的 ESG 环境维度的压力，那么就需要防范企业面临的环保风险，由此环保合规与 ESG 环境表现的关系就是，企业能做好环保合规才能最大限度提升 ESG 环境表现。

1. ESG 的基本理念与环保立法的原则

ESG 投资理念是在对企业传统财务因素进行考量的同时，将环境等非财务因素纳入到决策的过程之中，实现企业的可持续发展，是一种绿色价值取向的投资发展模式。这种投资理念注重环境保护，最早起源于 20 世纪六七十年代，是因面临着日益严峻的气候、环境与资源的挑战所兴起的一项环保运动，其主要是抵制企业一味追求利润而破坏环境以及浪费资源。ESG 最大的特点是将环境保护理念注入投资者投资决策之中，投资者运用资本的力量充分参与环境保护中，从企业生产经营的源头出发督促企业落实环保的各项要求。

我国 2015 年施行的《环境保护法》第 5 条规定环境保护坚持保护优先、预防为主、综合治理、公众参与、损害担责的原则。其中首先强调的是“保护优先、预防为主”原则。ESG 投资理念中对于投资者的绿色投资要求与《环境保护法》的基本原则一致，ESG 投资对于环保的重视将企业的生产经营环节提前到企业融资环节，从而从根本上预防污染项目的开展。

2. ESG 环境维度评价因素与环保法律的契合

ESG 投资不仅在理念上与环保立法保持一致，ESG 关于环境维度的各评价因素与现行环保法律制度以及具体内容相契合。一方面，在 ESG 评价体系中设置的各类环境指标能够反映出该企业所处的环保问题对投资所产生的影响；另一方面，国家与地方大量的环保立法也为评估企业的 ESG 环境维度提供了充分

---

① See Kosmas Papadopoulos & Rodolfo Araujo, *Common Pitfalls in ESG Development*, FTI Consulting (Sep. 23, 2020), https://drillingcontractor.org/the-7-sins-of-esg-management-57020.

的法律依据。立法的不断完善意味着企业环境权利义务的明晰、环保违规经济成本的提高,企业能否正常开展生产经营与环保之间联系紧密,现行环保法律法规对企业环保状况的评判已经成为投资者评估企业 ESG 环境表现的重要内容。在 ESG 具体评价体系中,企业因为环保问题频发违法事件难以保证 ESG 环境维度取得优良表现。

在中国证券投资基金业协会发布的《中国上市公司 ESG 评价体系研究报告》中,二级指标为“污染物排放”,影响该项指标评分的关键是企业各类污染物是否符合环境标准。以大气污染物和水污染物为例,污染物的达标排放是《大气污染防治法》和《水污染防治法》的核心制度,贯穿了环境影响评价、排污许可、排污监测、环保税等其他重要制度,关涉各地重点排污单位的确定,也是最常引发企业环境民事、行政和刑事责任的领域。排放大气、水污染物的企业在环境影响评价、排污许可的获取与执行、污染防治设施的使用与污染物监测等方面的合规性,将通过污染物的达标排放直接影响企业在 ESG 环境维度的表现。另外,香港联合交易所有限公司发布的《环境、社会及管治报告指引》将企业排放物方面纳入关键指标,在有关环境方面更加强调环境目标的重点过渡过程,对上市公司未来披露 ESG 信息提出了更高的要求。在第 7 条中明确将公司的环境保护、社会责任和公司治理信息作为投资者关系管理中上市公司与投资者沟通的主要内容之一。该指引直接将“遵守法律及规例”作为 ESG 环境维度内容。环保合规之于企业 ESG 表现的基础作用可见一斑。

3. ESG 发展趋势与政府监管态势相一致

ESG 投资理念在我国不断发展的趋势与我国生态建设的目标相协调,并且与我国不断严格的发展趋势相一致。《中国共产党第十九届中央委员会第五次全体会议公报》指出,“十四五”时期要在生产生活方式方面实现绿色转型,明确将“广泛形成绿色生产生活方式”作为 2035 年基本实现社会主义现代化远景目标的一部分。以上目标的实现离不开绿色产业的支持,ESG 作为生态环境可持续的投资理念,正为上述目标的实现所亟须。从绿色投资者到绿色生产服务提供者再到绿色消费者,ESG 与远景目标间的紧密关系将赋予环保合规以更加深远的意义。

在生态环境严监管趋势下,企业的环境违法行为可能引发责任的承担,那么企业面临的环境风险也将显著提高,环境在 ESG 体系中是一项重要因素,从而也会影响企业的 ESG 环境表现。尤其是结合环境信息披露制度时,ESG 相关信息披露既在投融资领域为投资者进行投资决策提供信息,又为政府对企业进行环境监管提供信息。随着国内 ESG 信息披露义务逐步确立,ESG 投资(源头治理)和环保监管(事中事后监管)双管齐下推动企业在环保问题上积极作为正在逐步成为现实。在这个意义上,环保合规既是企业应对监管的关键,也是企业提升 ESG 表现的必然选择。

4. ESG 环境维度达标与环保合规管理的融合

通过比较现有 ESG 与环保合规管理所涉范围,不难发现环保合规管理的范围涵盖了 ESG 环境维度的绝大多数范围,而 ESG 则可能在环境维度提出比环保合规更高的要求。对企业来说,环保合规管理可以融入 ESG 环境维度的达标管理之中。

从目标上看,环保合规管理与 ESG 环境维度标准均以企业的长远发展作为企业发展最终目标。二者的目标均包含了降低风险的同时,提高企业价值,以及提升企业形象。从路径上看,环保合规管理与 ESG 环境维度标准的路径均包含:专业环境尽职调查;明确、公允的评价规则;来自第三方的独立评价;建立完善的管理体系;确保体系可持续的运行等。从实践结果看,环保合规管理水平高的企业,往往都是 ESG 环境维度表现好的企业。因此,ESG 环境维度与环保合规管理融合的意义不仅在于以系统管理的方式,降低企业环保合规风险,还在于提升 ESG 环保维度表现及企业竞争力,为企业发展带来更多机遇。

(四)环保合规助力 ESG 的具体表现

基于企业环保合规与 ESG 环境维度的融合,做到环保合规是企业应对 ESG 投资理念的融资挑战,稳固并提高 ESG 环境表现的必由之路,通过实现两者的融合,最终提升企业价值和形象。

1. 环保合规义务与 ESG 环境维度的具体要求

企业首要的合规义务源于法律法规,而各 ESG 评价体系对企业的环境要求均有一定差异。企业可以通过梳理、识别、比对、跟踪其合规义务及 ESG 评价体系下环境维度的要求,建立并不断更新现实中各层级“立法者”与各类投资者对其行为的约束。只有对上述约束有了正确的认知,企业才能够作出与现实要求相符的行为,及时纠偏不合规事项,充分且合理地考量 ESG 环境维度,对企业了解及管理相关风险至关重要。

2. 构建环保合规与 ESG 环境管理的关联体系

在梳理现行环保合规义务和 ESG 环境要求的基础上,明确 ESG 环境指标的各项要求在法律法规体系中的连接点,在建立完善企业环保合规管理体系的基础上,通过引入 ESG 环境维度的相关具体要求,将构建的 ESG 环境管理体系适度融入环保合规管理之中。之所以说"适度"融入,是因为 ESG 对企业的要求不限于法律法规的规定,而可能对企业提出更高的环保要求。但无论如何,其不可能低于法律法规所确立的底线。

3. 设置专门机构和专业人员

专门机构和人员是上述体系运行的载体。只有通过设置专门的管理机构(如董事会下的专门委员会),配备与相关管理任务相适应的管理人员(通常应为企业高管)以及由执行人员负责环保合规与 ESG 环境维度的管理与执行,明确并落实相应的主体责任和绩效考核,企业才有可能确保上述体系有效运行。企业建立的上述组织架构应当能够同时保证企业最高管理层的 ESG 战略和目标符合合规要求,形成具体的 ESG 行动指南并通过基层的执行予以落实;基层执行者也能够及时地将 ESG 行动中的问题,尤其是环保合规问题及时向上层反馈,由确定的责任主体及时开展纠偏与解决工作。

4. 识别与评价环保合规风险

在建立一定的制度保障之后,依据环保合规义务和 ESG 环境维度的要求,由专门机构和人员对企业的 ESG 环境合规风险,尤其是对不合规可能导致的法律风险进行识别与评价。这种识别与评价除了通过企业有效运行环保合规管理体系与 ESG 环境管理体系之外,还可通过日常合规检查或专项环保尽职调查的方式实现。

5. 建立风险防控机制及时化解风险

在环保合规管理与 ESG 管理运行过程中,识别和评价 ESG 环境合规风险后,应及时报告并化解风险。通常,环境风险直接产生在企业的生产环节。作为企业生存的核心,妥善处理该环节中的环境风险不仅需要上述专门机构和人员的恪尽职守,更需要企业中高层的关注以及协调。这进一步凸显在企业运行环保合规体系与 ESG 管理体系过程中"沟通协调机制"的关键作用。类似地,环境风险的化解也需要综合考虑规范解读、风险等级、环保资金、技术可行性等多个方面,并由各个责任主体通力合作。

二、全生命周期角度下的企业合规管理

中共中央办公厅、国务院办公厅于 2020 年 3 月印发的《关于构建现代环境

治理体系的指导意见》明确提出“以深化企业主体作用为根本”“健全环境治理企业责任体系”。落实企业的环境治理主体责任，首先要做到符合法律法规的要求。可以说，遵守法律法规是企业进行环境管理的基础所在，达不到环境合规的要求，企业也会面临巨大的风险。例如，在2019年北京市生态环境局依法开展的新车一致性检查中，对安徽江淮汽车集团股份有限公司生产销售的江淮牌特定型号车辆进行抽检后，发现抽检车辆的车载诊断系统（OBD系统）功能性检测不符合相关标准要求。北京市生态环境局认为，上述行为属于《大气污染防治法》规定的机动车生产企业对污染控制装置以次充好、冒充排放检验合格产品出厂销售的行为。《大气污染防治法》第52条明确规定，机动车的生产企业应当对其新生产的机动车进行排放检验，经检验合格之后方可出厂销售。北京市生态环境局经过现场检查发现车载诊断系统不达标，因此，该局依据《大气污染防治法》第109条第2款的规定，对江淮公司作出相应处罚，确定了1.7亿元的罚款数额。可以看出，目前环境监管从源头上加强对企业的排污控制，贯穿企业全过程，近年来企业的环境违规风险不断增大。

对于企业而言，合规也仅是最为底线的要求。在合规之上，企业能做的还有很多，如建立全生命周期下的企业管理制度，即从产品的原料到生产再到消费与处置，整个过程都要积极践行绿色生产方式，提供资源节约、环境友好的产品与服务。这就要求企业在管理中不仅仅只是盯着工厂，还要对供应链、产业链和价值链等过程中的环境问题进行通盘考虑。另外，还要不断改进和提出新的环境目标。例如，目前很多走在环保前列的企业都提出“自愿碳减排”的目标。

对于企业规划中的建设项目来说，应按照相关行业准入或限制条件严格落实“三同时”制度、排污许可证制度等。项目完成后对于废水、废气、废渣等污染物的防护设施应当依法建立，且有专人维护并确保可持续正常使用及发挥作用。应对企业工业废水和生活废水的污染物种类、废水处理工艺、运行维护、排口、去向及监控情况进行管理。对于企业各类废气粉尘，应从处理工艺、排放及监测的过程和末端控制进行管理。通过对企业废物类型进行识别，区分一般固废和危废，从收集、分类、回收、存储、运输到利用或无害处理整个流程，依照标准进行全生命周期管理。

（一）建设项目环境影响评价

环境影响评价是新能源企业环境合规管理必不可少的内容和环节。根据《环境影响评价法》第2条的规定，环境影响评价是指对规划和建设项目实施后可能造成的环境影响进行分析、预测和评估,提出预防或者减轻不良环境影响的对策和措施,并进行跟踪监测的方法与制度。据此,我国的环境影响评价包括规划环境影响评价和建设项目环境影响评价两种。其中,规划环境影响评价是指国务院有关部门、设区的市级以上地方人民政府及其有关部门,对其组织编制的相关自然资源的建设、开发利用规划和相关领域专项规划,在规划草案上报审批前所组织进行的环境影响评价。对于企业环境合规管理而言,其所涉及的环境影响评价指建设项目环境影响评价。

1. 项目审批阶段的预申报及审查

(1)建设单位提供可行性研究报告(或项目建议书)、平面布置图、地理位置图、企业名称核准书(工商登记部门办理),填写建设单位环评报表或报告书。

(2)环保部门进行现场勘验,完成现场勘验报告。

(3)环保部门通过预审对项目是否属于限批或禁批范围、是否符合环境保护相关法律法规和政策性要求进行审查:同意做环评的,对建设单位的项目环评编制文件进行初步审查,提出初步意见;不同意做环评的,说明理由。

2. 环保部门审查内容

(1)是否符合建设项目审批的六条原则,是否违反"限批""禁批"规定;

(2)是否符合《分类管理名录》规定的环评等级要求;

(3)环评机构是否具备相应资质;

(4)按照分级审批权限规定,是否属于本级部门审批管理范围;

(5)报送的环评报告表是否符合技术导则要求;

(6)污染防治、生态保护措施是否完善可行,经济指标是否适当。

3. 项目环境保护事中、事后监督管理

所谓"事中",是指建设项目自办理环境影响评价手续后到正式投入生产或使用期间;所谓"事后",是指建设项目正式投入生产或使用后。根据《建设项目环境保护事中事后监督管理办法(试行)》的规定,事中监督管理的主要内容是:环境保护措施落实情况和公开情况;施工期环境监理和环境监测开展情况;竣工环境保护验收和排污许可证的实施情况;环境保护法律法规的遵守情况和环境行政处罚决定落实情况。事后监督管理的主要内容是:生产经营单位遵守环境保护法律、法规的情况;产生长期性、累积性和不确定性环境影响的水利、水电、采掘、港口、铁路、冶金、石化、化工以及核设施、核技术利用和铀矿冶等编制环境影响报告书的建设项目;生产经营单位开展环境影响后评价及落实相应改进措施的情况。

4. 环境影响后评价

所谓环境影响后评价，是指编制环境影响报告书的建设项目在通过环境保护设施竣工验收且稳定运行一定时期后，对其实际产生的环境影响以及污染防治、生态保护和风险防范措施的有效性进行跟踪监测和验证评价，并提出补救方案或者改进措施，提高环境影响评价有效性的方法与制度。根据《建设项目环境影响后评价管理办法（试行）》的规定，建设单位或者生产经营单位可以委托环境影响评价机构、工程设计单位、大专院校和相关评估机构等编制环境影响后评价文件。建设项目环境影响后评价一般应当在建设项目正式投入生产或者运营后3～5年内开展。编制建设项目环境影响报告书的环境影响评价机构，原则上不得承担该建设项目环境影响后评价文件的编制工作。

建设项目环境影响后评价文件应当包括以下内容：

（1）建设项目过程回顾。包括环境影响评价、环境保护措施落实、环境保护设施竣工验收、环境监测情况，以及公众意见收集调查情况等。

（2）建设项目工程评价。包括项目地点、规模、生产工艺或者运行调度方式，环境污染或者生态影响的来源、影响方式、程度和范围等。

（3）区域环境变化评价。包括建设项目周围区域环境敏感目标变化、污染源或者其他影响源变化、环境质量现状和变化趋势分析等。

（4）环境保护措施有效性评估。包括环境影响报告书规定的污染防治、生态保护和风险防范措施是否适用、有效，能否达到国家或者地方相关法律、法规、标准的要求等。

（5）环境影响预测验证。包括主要环境要素的预测影响与实际影响差异，原环境影响报告书内容和结论有无重大漏项或者明显错误，持久性、累积性和不确定性环境影响的表现等。

（6）环境保护补救方案和改进措施。

（7）环境影响后评价结论。建设单位或者生产经营单位完成环境影响后评价后，应当依法公开环境影响评价文件，接受社会监督。环境保护主管部门可以依据环境影响后评价文件，对建设项目环境保护提出改进要求，并将其作为后续建设项目环境影响评价管理的依据。

5. 建设项目竣工环境保护验收

根据《建设项目竣工环境保护验收暂行办法》的规定，建设项目环境保护设

施存在下列情形之一的,建设单位不得提出验收合格的意见:

(1)未按环境影响报告书(表)及其审批部门审批决定要求建成环境保护设施,或者环境保护设施不能与主体工程同时投产或者使用的。

(2)污染物排放不符合国家和地方相关标准、环境影响报告书(表)及其审批部门审批决定或者重点污染物排放总量控制指标要求的。

(3)环境影响报告书(表)经批准后,该建设项目的性质、规模、地点、采用的生产工艺或者防治污染、防止生态破坏的措施发生重大变动,建设单位未重新报批环境影响报告书(表)或者环境影响报告书(表)未经批准的。

(4)建设过程中造成重大环境污染未治理完成,或者造成重大生态破坏未恢复的。

(5)纳入排污许可管理的建设项目,无证排污或者不按证排污的。

(6)分期建设、分期投入生产或者使用依法应当分期验收的建设项目,其分期建设、分期投入生产或者使用的环境保护设施防治环境污染和生态破坏的能力不能满足其相应主体工程需要的;建设单位因该建设项目违反国家和地方环境保护法律法规。

(7)受到处罚,被责令改正,尚未改正完成的。

(8)验收报告的基础资料数据明显不实,内容存在重大缺项、遗漏,或者验收结论不明确、不合理的。

(二)排污许可证申领流程

根据《排污许可条例》第 6 条的规定,排污单位应当向其生产经营场所所在地设区的市级以上生态环境主管部门申请取得排污许可证。有两个以上生产经营场所排放污染物的,应当按照生产经营场所分别申请取得排污许可证;第 7 条规定:“申请取得排污许可证,可以通过全国排污许可证管理信息平台提交排污许可证申请表,也可以通过信函等方式提交。”除了这些一般规定,还有几个关于申领排污许可证的特殊规定。属于实行排污许可重点管理的,在申请前还应通过全国排污许可证管理信息平台公开基本信息、拟申请许可事项;属于城镇和工业污水集中处理设施的,需要提交排污单位的纳污范围、管网布置、最终排放去向等说明材料;属于排放重点污染物的新建、改建、扩建项目以及实施技术改造项目的,需要一并提交通过污染物排放量削减替代获得重点污染物排放总量控制指标的说明材料。图 7-5 为排污许可证申领流程。

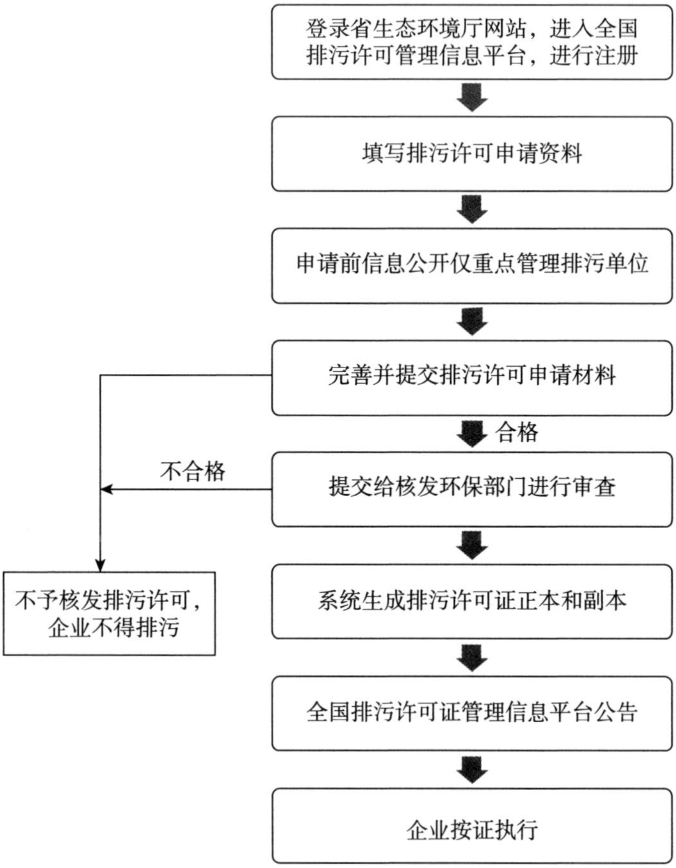

图 7－5　排污许可证申领流程

（三）竣工环境保护验收流程

编制环境影响报告书（表）的建设项目竣工后，建设单位应当按照国务院生态环境行政主管部门规定的标准和程序，对配套建设的环境保护设施进行如实查验、监测，记载建设项目环境保护设施的建设和调试情况，编制验收监测（调查）报告。报告可以委托专业机构编制。需要对建设项目配套建设的环境保护设施进行调试的，调试期间，建设单位应当对环境保护设施运行情况和建设项目对环境的影响进行监测。验收监测应当在确保主体工程调试工况稳定、环境保护设施运行正常的情况下进行，并如实记录监测时的实际工况。具体的验收流程主要可分为如下六个步骤：（1）环保手续履行情况、项目建成情况、环境保护设施建设情况自查；（2）编制验收监测方案；（3）实施监测与检查；（4）编制验收监测报告;(5)提出验收意见;(6)信息公开。

(四)拆除活动污染防治流程

拆除活动主要是为了防止二次污染和次生突发环境事件,对于企业遗留的固体废物等危废品进行治理,将受污染的设备予以拆除。在进行拆除前,需要制定拆除方案,分析拆除过程中的环境风险,进而有针对性地制定污染防治方案。图7－6为拆除活动污染防治流程。

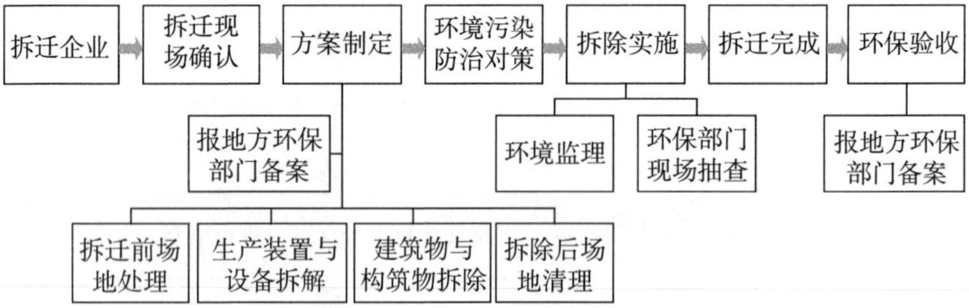

图7－6　拆除活动污染防治流程

(五)场地调查与修复流程

场地调查是场地修复成功的基础,在场地调查中,只有较准确地确定污染源、污染扩散途径、污染物分布和受体关系,才能制定更经济有效的修复方案。场地调查一般需要进行资料收集、现场勘查、人员访谈、初步采样分析等,通过搜集场地有关文件、历史档案、照片等资料,了解场地污染的历史情况;现场勘查的目的在于核实已收集到的资料,了解污染现状,包括周边敏感点等;人员访问是为了进一步考证已有资料。之后,制定采样计划并现场采样,分析整理监测结果,最后形成初步调查报告和详细调查报告。调查工作的具体流程如图7－7所示。

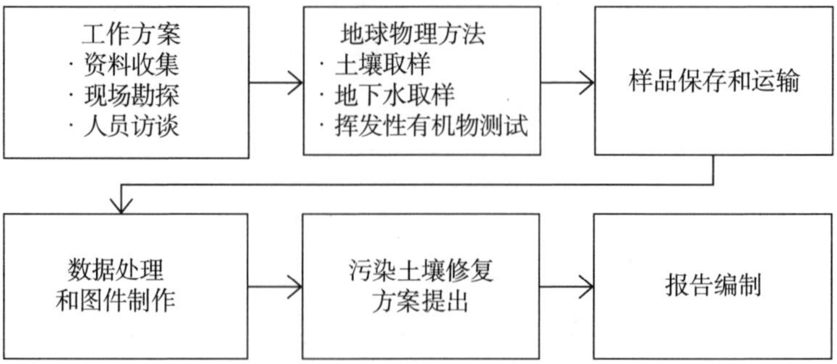

图7－7　某退役炼厂场地调查工作流程

第三节　建立有效运行的合规管理机制

任何一家企业在党和国家"实行最严格的生态环境保护制度"的要求下,都不应有任何侥幸心理。应对环保合规管理存敬畏之心,将合规贯穿至工作全流程,切实落实企业及个人的环保主体责任。

一、培训机制

企业制定合规管理制度后,应编制《企业环保合规法律、法规手册》,结合环保行政、刑事风险制订培训计划,就企业环保合规管理制度对员工尤其是重要风险岗位的员工进行培训,使其熟悉并严格遵守环保合规制度。企业还应让员工签署并信守环保合规承诺,提高企业员工的环保合规意识,树立依法合规、守法诚信的价值观,厚植生态环保合规理念,逐步推动企业环保合规建设。通过对企业员工等利益相关方开展合规培训与沟通,让所有员工重视合规,树立以合规理念和合规工具进行合规经营的习惯。还要对各个关键岗位与高风险岗位员工进行针对性培训,在相应的项目中聘请有经验的合规专家或者深谙合规要求的律师,从合规风险角度为企业提供建议和意见,从而为企业作出正确决策,在复杂、多变、强监管的国际商业环境下保护好企业的商业成果打下基础。①

企业要加强合规管理体系的落实,培育合规文化,将合规管理培训纳入公司各层级培训,提升员工合规意识。企业应定期开展环境保护的学习宣传教育,充分认识环境保护对于全面建成社会主义现代化强国的重要性和必要性,强化全体员工资源节约意识、环境保护意识、依法合规意识,不断提升企业核心竞争力和社会影响力。要加大国家有关环境保护相关法律法规、政策规章的培训教育,结合行业特点和自身生产工艺,重点培训环保设备运行、指标达标等操作规程,设立环保达标专项奖惩制度,加大环保考核力度,提高员工环保红线意识和底线思维。

通过培训使广大员工充分、系统地了解和掌握法律、法规、企业主要规章制度和其所在部门的全部规章制度,达到对工作中可能涉及的"法"和"规"了如指掌。通过培训教育和重视业务上的风险评估来培养员工对风险合规的敏感度,

---

① 参见孙一杰:《公司合规治理体系的域外启示》,载《董事会》2020年第12期。

将风险意识、合规意识贯穿到所有员工的自觉行动中去，使风险管理和合规建设变成每一级机构、每一个部门、每一个员工自觉的行为。

二、投入机制

（一）理念转变

随着企业环保合规风险的提升，企业必须实现从“环保被动投资”到“环保主动投资”的转变。环保被动投资战略，也称“责任驱动型”投资战略，是指企业不主动进行环保投资，仅在被追究环保责任（或者显著风险发生），不投资严重影响生产经营时，才进行最低限度投入的投资战略。环保主动投资战略，也称“合规驱动型”投资战略，是指企业通过自查、第三方咨询等方式，了解自身环保合规现状，进而建立自身环保主动合规体系，将环保投资纳入企业重点发展方向的投资战略。

目前，被动投资战略是绝大多数企业采取的投资方式。本书认为此结果由两大因素导致：

第一，逐底竞争。环保投资将显著提高企业生产成本。同一市场内，无论是国内市场还是国际市场，只要有企业不投资环保或者投资较少而不承担因违反环保要求而造成的不良后果时，就将引起其他企业的效仿。

第二，治理责任未明确。传统环保模式，往往将治理责任施加于政府。政府可以“处罚”污染者，但依然需要自行治理污染，而非污染企业。“谁污染谁治理”的原则无法落地，无法从根本上改变企业行为模式。

随着我国发展模式的转变，企业市场竞争模式渐由“逐底竞争”转为“逐顶竞争”，一味压缩成本（特别是合规成本）已经不符合市场发展主旋律；“谁污染谁治理”原则的推进使环境成本内部化程度大大提高（企业为自己的污染后果买单）。这意味着在环保领域企业必须建立“合规”意识，必须在“责任”“风险”发生之前，通过主动环保投资建立环保合规体系。

（二）投入的内容

企业环保主动投资，主要包括专业咨询、人才队伍、制度建设等软件投资，以及设备、设施等硬件投资。

首先，专业咨询是企业建设环保主动投资体系的前提。任何发起于企业内部的自查、分析，都将不可避免地受到旧有管理体系、人员的限制。企业打破旧的环保投资、管理模式，较为现实的是引入能够“穿透”整个企业，直接对投资人、股东负责的独立咨询机构。

其次,人才队伍投资是企业建设环保主动投资体系的关键。多数中小型企业往往不具有专职环保负责人;大型企业的环保负责人往往是纯技术人员,不受重视且缺乏法律、商业知识。只有建立起一支懂环保、懂法律、具有商业头脑的人才队伍,企业才有可能落实自身环保投资战略。

最后,制度建设投资是企业建设环保主动投资体系的框架。制度是现代企业管理体系的重要部分,要落实企业环保投资战略,就必须以制度驱动人员,通过绩效、风控、合规等制度体系调整,由点及面使整个企业的行为导向发生转变。

设施、设备投资属于企业环保硬件投资,这项投资是企业建设环保主动投资体系的基础。企业,特别是生产型企业,其环保投资的主要内容还是治污设施。废水、废气、污泥、废渣,从产生到贮存、从收集到处置,企业都必须配备稳定、可靠、能够实现达标排放的设施。

而治污设施、设备的规模评估、方案选择,土建工程的建设,设备采购、维护、运营等决定了环保投入产出的比例。第三方服务投资是企业建设环保主动投资体系的有效补充。随着治污要求的不断提升,企业自研、自运营治污设施的难度不断提高。因此,聘请第三方运营团队,甚至引入第三方投资建设治污设施具有其技术价值。此外,实践中已经出现了“环保风险转嫁”的做法,即第三方运营单位通过约定承担一切因治污不力产生的违法、民事责任。虽然此做法是否可行目前并未有明确的法律规定,但第三方服务投资对于上市公司、涉政府采购、招投标企业、工业园区的吸引力不言而喻。

三、考核机制

企业可以设计制定有关环保合规绩效考核指标,对合规管理责任逐日开展合规绩效考核,把考核的具体情况与之后的奖励以及职务晋升等相联系。为确保企业合规管理的有效性,需要加强对管理者和员工的合规性考核。企业可以采用调查问卷等形式定期或不定期开展环保合规专项考核,通过考核增强企业员工环保法律意识,提升环保合规的执行力。

四、举报和调查处理机制

企业应建立环保合规咨询以及举报系统,规范有关举报以及调查流程,追究违规人员的责任以及相关纪律处分,建立对举报人员实施报复行为零容忍机制。

企业员工在工作中发现环保违法违规行为或者环保合规风险隐患时,应当及时报告。企业可通过设立举报邮箱、电话等渠道建立环保违法违规事件的匿名举报制度,并视情况成立专项小组调查举报内容。若内容属实,对相关员工的违规行为应严肃处理并及时整改,对举报者可给予适当的物质奖励。

企业的环保合规管理机构可每年牵头组织对企业的环保合规工作进行总结、评估,以编写报告的形式,通过对企业经营中的合规事件进行概述,对重大或反复出现的环保合规风险和违规问题,结合法律法规、案例进行分析,明确其可能产生的法律后果,提出相应的具有可操作性的管控措施,使企业的环保合规工作可以达到有效防范企业环保风险的目的。另外,针对有关环保合规问题需及时进行处理与补救,分析问题背后的实质原因,不断根据具体情况优化和提升环保合规管理体系,促进企业合规管理体制的不断优化与完善。

(一)环保合规清单编制

结合企业类型,根据相关法律法规、部门规章、行业规定等,结合编制目的,从涉及企业环保合规的各领域、各部门及各项流程等方面,编制《合规法律依据汇编》、《环保合规资料清单》和《问询调查表》,梳理企业环保合规管理工作的基本思路,同时也为环境尽职调查作准备。

(二)环境尽职调查实施

环境尽职调查是环保合规管理工作的基础和重点之一,一般可按以下步骤进行:第一步是前期沟通,主要包括确定环境尽调范围、制订工作计划、明确《工作进度表》;第二步是策划准备,根据工作计划制作《尽职调查清单》,收集整理文件,初步确定主要问题;第三步是现场调查阶段,根据资料收集分析,通过现场调查、沟通走访、实地查询等方式准确地核实及评估问题;第四步是报告编制,通过资料分析和现场调查,结合法律规定等编制《环境尽职调查报告》。

(三)环境风险类型识别

环境尽职调查过程也是发现问题及风险识别的过程,风险类型的识别是分析及提出应对处理方案的前提,并在此基础上形成企业的《环境风险级别分类指引》。以上工作环环相扣,缺一不可。如不通过对企业全面的环境尽职调查,则可能会造成风险识别的遗漏,导致环保合规工作管理的缺失,并可能产生相应的后果。

(四)环境风险分析及应对处理

根据以上步骤对环境风险类型的识别后,需要进行分析和评价,根据环境风险的程度高低,给予不同应对处理方式。

需要注意的是,与其他合规体系的运行一样,环保合规体系的正常运行和功效的发挥需要企业各部门协同工作,并根据需要定期维护更新,否则可能因为新的情况没有及时更新至合规体系内而导致相关合规风险。

第八章　企业环保合规管理典型样本

第一节　G集团公司环保合规管理体系

一、建立健全企业环保合规管理体系组织架构

在国家能源市场竞争愈发激烈的背景下，G集团也开始从自身管理体系着手进行优化与改进，整合相关经验与规律，尤其开始不断关注环保合规管理工作，在HSE管理体系的基础上开展定期环保合规管理。HSE管理体系是管理领域的新概念，其是health（健康）、safety（安全）、environment（环境）的英文缩略语，用此管理体系展开工作时，其主要的管理理念是从健康、安全以及环境的角度进行企业管理。在HSE管理体系所具备理念的指导下，能源企业可以根据其能源生产的流程、过程中所涉及的因素以及可能出现的关于环境、安全、健康有关的问题进行及时有效的处理。基于环境、安全与健康三者的协同统一的理念，以可持续发展为导向，更能够实现能源行业的安全与环境的目标，适应企业可持续生产的具体思路。①

G公司一直以来较为重视环保管理工作。随着HSE管理体系在G公司的广泛推行，企业环保合规评价工作

---

① 参见丁浩、张星臣：《石油企业实施HSE管理体系研究》，载《中国安全科学学报》2004年第10期。

得到公司的关注,G 公司一直以来也在积极根据其自身业务的实际情况,建立一套成熟的环保合规管理体系,以规避不合规的风险。[①] 自该公司推行 HSE 管理体系以来,各下属企业根据自身的业务也已经展开定期的环保合规性评价工作。目前 G 公司的环保合规评价体系主要是针对实施的法律法规以及其他要求,通过与企业自身环保业务以及具体情况进行对比进行落实。G 公司在其环保管理工作中设计了科学合理的环保合规性评价体系,此管理体系设置了两个层次:一是包括综合管理、专项管理、污染控制以及环保达标的一级指标。综合管理、专项管理以及污染控制指标属于过程管理,而环保达标属于目标管理。过程管理注重根据指标的具体内容查找企业在环保管理方面所存在的环保合规风险,同时也可以根据最终环保达标的具体要求来判断企业进行环保管理的效果。二是在四个一级指标下进行细分。在综合管理中有五个方面,分别包括机构与职责、制度与资料、周边环境与平面布局、环保合规培训以及检查与监督,这五个方面分别对应不同的分值,共计 50 分;在专项管理中有七个方面,分别包括建设项目、承包商与供应商、隐患治理、事故事件、资源能源综合利用、节水管理以及清洁生产,此七个方面分别对应不同的分值,共计 75 分;在污染控制中具有四个方面,分别包括风险识别与防范、环保设施、污染源管理以及监测与统计,四个方面对应不同分值,共计 125 分。最后是环保达标重要包括国家地方标准和集团公司指标,共计 250 分。[②] G 公司推行的 HSE 管理体系评价标准如表 8 – 1 所示。

表 8 – 1　G 公司推行的 HSE 管理体系评价标准

合规性分类	评价项目	得分
综合管理 (合计 50 分)	机构与职责	18 分
	制度与资料	12 分
	周边环境与平面布局	6 分
	培训	4 分
	检查与监督	10 分

① 参见《中国石化发布 HSE 管理手册》,载中国石化网,http://www.sinopecgroup.com/group/xwzx/gsyw/20210617/news_20210617_510047708267.shtml。

② 参见张树才等:《中国石化环保合规性评价理论方法》,载《安全、健康和环境》2011 年第 5 期。

续表

合规性分类	评价项目	得分
专项管理（合计 75 分）	建设项目	20 分
	承包商与供应商	8 分
	隐患治理	10 分
	事故事件	10 分
	资源能源综合利用	5 分
	节水	12 分
	清洁生产	10 分
污染控制（合计 125 分）	风险识别与防范	50 分
	环保设施	30 分
	污染源管理	30 分
	监测与统计	15 分
环保达标（合计 250 分）	国家地方标准	150 分
	集团公司指标	100 分
合计		500 分

此指标体系较为全面，涵盖了 G 公司环保管理的各个方面，随着法律法规的不断完善，可以对其指标体系相应的指标进行拓展，整体环保评价体系框架不变。

二、建立闭环合规管理运行机制

整体来看，系统的合规管理运行与保障机制包括合规文化建设、合规考核评价、合规信息化建设、合规管理工作机制。首先，划定企业合规重点领域，在对于合规义务进行识别的基础上对于各类法律法规进行内化吸收；其次，对于涉及合规风险进行评估和应对，若发现有风险进行合规审查；最后，报告此次合规事件以及采取的具体应对方案，并对此合规处理的具体情况进行检查与总结分析。合规管理运行与保障机制如图 8－1 所示。

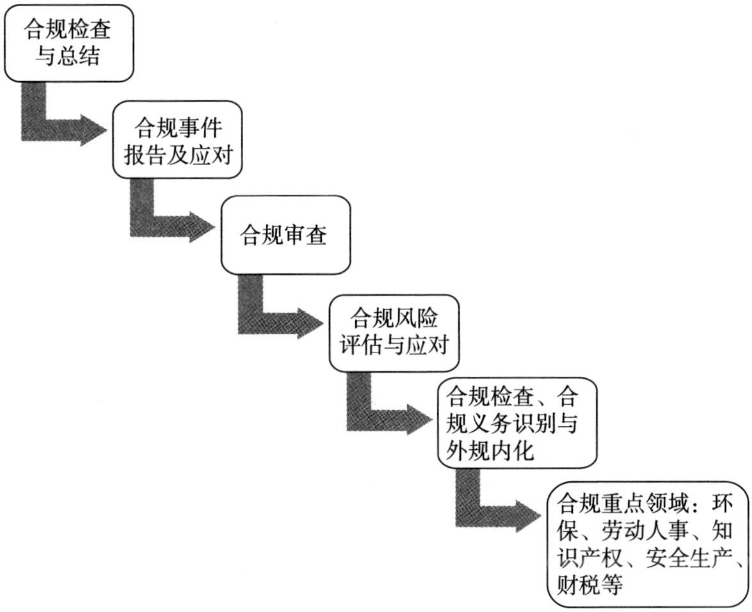

图 8－1　合规管理运行与保障机制

分析目前已有公司颁布的环保合规手册发现，环保合规各组成部分的名称虽有不同，但本质内容相同。环保合规手册是公司环保管理的纲领性文件。首先，在组织机构和职责方面。做好环保管理相关部门或岗位的确立、建立健全各层级环保责任制、制定环保管理制度。其次，在风险识别与评估方面：一是要做好法律法规识别、合规性评价以及相应的检查和考核制度；二是做好环境风险源的识别与评估，建立三层级的风险清单以及明确降级、降值计划；三是业务主管部门开展隐患排查治理，制定治理方案措施，重大隐患落实"五定"要求并挂牌督办，定期跟踪整治和销项进度。

（一）运行过程中的各环节管控

在运行过程中实现不同环节、方面的管控，分别包括建设项目管理、生产运行管理、环保实施运行管理、具体施工管理、承包商管理、采购管理以及危险废物管理。

第一，建设项目管理。从项目可研报告编制出发，依次对项目备案、项目的具体设计与运行、环境影响后评价等方面展开环保管理工作，严格落实环保要求。

第二，生产运行管理。规范运行过程，确保生产运行体系的有效运作，确保生产运行中环保设施的正常运行。

第三，环保设施运行管理。对环保设施、设备等要认真管理，建立定期检查、维修和维修后验收制度，保证设备、设施完好，运转率达到考核指标要求，并确保治污催化添加剂的正常储备量，做好环保设施日常运行与检修工作。

第四，具体施工管理。按期对项目施工进行环保检查，制定有效的环境监测计划，及时恢复植被，开展生态修复。

第五，承包商管理。对工程承建方的资质进行审核确认，在施工合同中明确工程承建方的环保工作要求，建立施工期间的管理台账，检查并督促承建单位对危险废物的及时处置。

第六，采购管理。优先采购并使用有利于环境保护的材料、设施、产品等。

第七，危险废物管理。对承运单位的资质进行审核确认，与承运单位签订合同应明确具体的环保要求，严格按照相关环保规范要求，依法合规处置。

（二）公司建立完善的环境保护管理的流程体系

公司建立完善的环境保护管理流程体系主要是通过对重要环境因素以及与之相关的运行活动进行控制，预防和减少对环境的污染。G公司建立了较为完善的环保合规管理具体流程，根据行业特性具体确定企业在日常运营规程中所应注意的重要方面，主要包括：第一，工作目标。统筹规划该年度的环境保护行动方案与“碳达峰碳中和”执行议案。第二，加强管制排污许可证。针对各油库的管理台账，需要依据排污许可证的规则来制定。第三，促进节能节水降碳。各部门要对年度的节能减排工作与计划作出详细策划，对于已经建成的雨水池进行充分的回收，并用于绿化工作以减少新鲜水的使用。排水系统要定期进行检查，开展清洗、维修工作，若出现超标的情况，能够及时到现场进行核查以此避免雨水继续向外排放。第四，污水处理设施方面。要定期检查相关污水处理系统与污水处理设施检测这些设施的运行情况以及相应的参考数据，及时污水、污泥、杂质，保证这些设施可以正常运行。第五，油气回收系统方面。要进行及时巡检，针对活性炭要实施定期的详细分析，此外，要设立备品备件库以及运行、检维修、巡检台账。第六，无组织废气管控。定期开展检查，对于超标的动静密封点及时进行修复。第七，固体废物方面。若是一般工业固体废物、建筑垃圾、生活垃圾、危险废弃物分别依据相关规定做好储存、处置；对于危险废弃物要做好管理暂存时的巡检、台账填写以及及时转运工作。第八，土壤及地下水方面。对土壤及地下水实施年度检测，生成检测报告；若是出现污染事故，应及时对所受污染的土壤及地下水进行生态修复。第九，噪声问题。在每天的巡检时，重点关注机泵的振动，若振动超标应当及时处理，以降低运转噪声；在施工检维修时，要将施工时间把控在合理范围内,若使用大功率、振动高的设备,不应当在夜间、午休等时段作业,并加强围挡的布置,最大限度地减少噪声对于周围居民环境的污染。第十,生态保护方面。对生态红线区、生态敏感区实行年度排查,在生态红线区或生态敏感区范围内的项目、设施,做好与当地政府的衔接工作,根据有关规定实施退出计划并贯彻落实。第十一,环境监测方面。在每年的年初,要制订环境监测计划,并及时落实环境监测,对于检测结果要妥善保存;发现超标的,要实行详细分析,找到具体原因,制定改进方案并实施。第十二,环保数据记录。对于环保数据要做到月度的统计与上报;对排污许可执行报告、应急预案备案及演练开展情况实行每月的跟进,不断优化节能环保工作方案,合理安排污染防治设施运行工况,以此确保依法合规运转。第十三,事故事件管理。发生环境事故需要第一时间予以上报,及时处理并跟进该事件的发展进度,形成年度环境事件案例报告,各部门对此进行深入的学习与讨论,做好排查预防工作。

三、规范完善环保合规保障机制

企业环保合规手册是对企业经营管理活动的规范与要求,是企业生产经营活动中共同遵守的行为准则的总称,是企业规范运作的重要基础。企业在制定环保合规手册时应当遵循全面性原则,明确每年度的环保任务以及具体方案、具体工作,明确责任部门、完成时间及检查方式。在具体支持方面,分别从资源投入、能力和培训、沟通、文件与记录方面予以规范。首先,明确资源投入。明确规定分别从人力资源、资金、信息投入三方面,对环保管理人员、环保支出费用、在线监测设施以及监控信息等作出评估及整改,提升环保管理水平。其次,开展员工环保合规意识培训。按照年度培训安排,编制并开展培训计划,开展环保管理人员履职能力评估。再次,在信息沟通方面,对内建立内部信息沟通机制,每月跟踪环保设施运行情况及合规问题整改进展。对外通过社会责任发布、微信公众号等形式建立与地方政府、媒体、社区等沟通机制,及时反馈相关方的合理诉求。最后,做好文件与记录。结合国家法律法规及集团、销售公司相关要求,建立环保管理台账、记录等,并及时填报、更新情况,确保记录真实、完整、可追溯。

应分别从绩效监测以及审核两个方面建立绩效评价体系。首先,绩效监测。合理设定环保要素监测指标,在每年管理评审后调整修订;每月开展环保指标监测,每季度汇总分析,对重大不符合项目,应按照要素溯源分析原则,查找管理深层次原因,提出改进措施。其次,每年开展一次全要素审核,内审结束后编制环保审核报告,提出改进建议。

要制定环保管理提升改进方案。具体包括内审、专项审核、月度监测、日常检查,对于发现的问题要按照方案要求开展溯源分析,通过完善制度职责、修订规程、作业指导书、专项培训、加大投入等方式,明确纠正措施,推动环保管理提升。

第二节　H公司环保合规管理体系

在常态化环保督察背景之下,环保合规作为企业合规的重要组成部分之一,对于企业而言,环保合规不仅是企业规避企业风险的重要环节,也是企业向社会公众作出的承诺。伴随“双碳”目标以及《“十四五”工业绿色发展规划》的提出,工业行业的绿色高质量发展迫在眉睫。以H公司建立环保合规管理体系为例,该公司高度重视环保合规工作,建立了较为完善的环保合规管理体系。

一、成立专门的合规组织

首先,由首席合规官统一管理公司合规并向董事会汇报;在各业务部门、全球各子公司设置合规官并成立合规组织,负责本领域的合规管理。其次,根据适用的法律法规并结合业务场景,识别与评估风险,设定合规目标,制定相应管控措施并落实到业务活动及流程中,实现对各个业务环节运作的合规管理与监督。同时,通过检查与审计检验合规管理体系的有效性,并通过回溯与改进实现合规管理体系持续优化。再次,重视并持续提升员工的合规意识及能力,通过培训、宣传、考核、问责等方式,使员工充分了解公司和个人的合规遵从义务和责任,确保合规遵从融入每一位员工的行为习惯中。最后,与客户、合作伙伴及各国政府监管机构等利益相关方展开积极、开放的交流与合作,沟通H公司的合规理念与实践,持续增强彼此的理解与互信。

二、制定管控措施优化合规管理制度

制度是企业发展的核心,企业建立制度是为了形成一种规范的秩序和约束力,用以解决企业可能面临的一系列问题。因此,提升企业合规管理水平,首先需要结合企业生产经营管理现状,建立起一套行之有效的管理制度,强化制度在

企业管理中的地位,树立制度权威,确保各项业务有序、协调、稳步推进。这就需要我们在日常工作中要对相应的合规风险进行有效评估和识别,及时发布预警,制定完善的防控措施,将风险隐患扼杀在摇篮里,用制度形式明晰各种风险防范措施。要充分明确员工岗位职责,做好相关工作人员的培训和规范工作,充分发挥合规管理工作的作用。

三、持续提升员工的合规意识

企业合规管理体系的构建不是一朝一夕能够完成的,合规管理是一项长期的全员工程,要求企业全体员工严格按照合规管理的相关规定执行国家法律法规、企业内部规章制度、操作规程等。因此,企业需要形成良好的合规文化,营造合规经营管理氛围,提升普通员工的作用和地位,将合规文化深入每一名基层员工心目当中,使每一名员工都能够了解和认识合规管理的重要意义,共同构建企业合规文化体系,这样才利于堵塞企业管理漏洞,有效抵御内外部合规风险,满足企业发展需要。

企业应当定期开展合规基础知识的培训,介绍合规管理相关内容,受众群体应全面铺开,上至领导层,下至基层岗位员工,全员都应当了解合规的概念和基本要求,掌握当前企业存在的问题,制定下一步工作举措等。①

四、强化多元利益相关方的交流与合作

1. 供应商合规管理

H公司要求供应商合规运营,遵守供应商社会责任行为准则和诚信廉洁承诺。H公司鼓励供应商进行合规管理体系建设并构筑合规专业能力,向供应商传递合规要求,开展尽职调查,停止与不合规、不诚信供应商的合作。这意味着,在环保合规领域,H公司也会要求其合作伙伴注重环保合规管理,这对绿色生产理念的推进大有裨益。

2. 合作伙伴合规管理

H公司重视对各类合作伙伴的合规管理,将合规要求纳入合作伙伴管理政策,并嵌入合作伙伴认证体系,要求各类合作伙伴学习和签署行为准则,牵引合

---

① 参见李妍:《合规管理:企业高质量发展的有效途径》,载《中小企业管理与科技(下旬刊)》2019年第3期。

作伙伴构建合规管理能力。对合作伙伴进行适当尽职调查及真实性验证,鼓励违规举报,处罚合作伙伴违规行为,停止与不合规、不诚信合作伙伴的合作。随着大型企业建立起合规管理制度,对合作伙伴的合规管理也相应重视起来,各企业为了增强自身的竞争力,会加大合规管理力度,对合规管理不力的处罚也将更具威慑力,这有利于增强企业的合规意识。

律师业务篇

第九章　律师在环保合规中的角色与作用

第一节　合规法律服务的类型与方式

我国法治体系不断健全,对企业提出了更高的合规经营要求,这对律师来说既是挑战,更是开拓业务的难得机遇。在企业的日常经营中,有很多企业向专业机构寻求合规建议,但一般主要是针对具体事件进行法律咨询,而有些风险意识较强的企业早已初步形成了专门的风控制度。传统的企业合规管理主要集中在对外交易合规管理、产品质量控制、劳动用工管理、知识产权管理、财务管理等方面,这既是由于存在相关法律法规的强制性规制,也由这些方面本身的现实情况所决定。随着环保法律体系的日渐完善,环保合规也成为企业合规管理的重点内容,而且环保合规与其他合规管理具有重叠性,如在产品生产、危废处理等方面都涉及环保合规问题,这同时也是我国环境法律重点规制的内容。此外,在跨国业务中,还需要对交易对象所在国的环保法律规范进行充分研究,不然可能存在严重的环保法律责任风险。

目前,我国多地都将企业环保合规建设作为重点工作,按“启动、试点、推广、延伸”四个阶段渐进式、分步骤压实推进,响应中央“共治”“共建”号召,加快建立“政府主导、企业主体、社会参与”的环保合规体系,推动形成政府、企业、社会组织和公众四方参与的环境保护机制，着力打造一批企业环保合规示范基地，推动实现优化生态环境和优化法治营商环境“双优”目标。

一、环保合规法律服务的类型

环保合规法律服务根据所应对的法律部门或法律体系的不同，主要有四个业务面向。

（一）民事侵权环保合规

由于民事的私域自治原则，企业合规一般是针对行政法律责任和刑事法律责任进行风险规避，但是对于环保来说，环保民事侵权责任的防范也是不可忽视的合规管理项目，尤其是在目前我国加大对环保法律责任的追究力度之背景下，我国《民法典》贯彻绿色原则，对生态环境损害的侵权赔偿责任进行了专章的规定。在对环保民事责任作出专章规定后，最高人民法院还陆续发布了针对相关制度的具体适用的司法解释，如《最高人民法院关于审理生态环境损害赔偿案件的若干规定（试行）》（2020 年修正）、《最高人民法院关于审理生态环境侵权纠纷案件适用惩罚性赔偿的解释》和《最高人民法院关于生态环境侵权案件适用禁止令保全措施的若干规定》等，共同构建了我国环保民事法律责任体系。

针对环境保护领域的禁止令保全措施、惩罚性赔偿、生态损害修复责任等制度的适用，有效的环保合规管理将有助于在民事纠纷定责中起到证据支撑的作用。我国环境法律责任适用举证责任倒置原则，由被控造成生态环境损害的主体举证证明自己没有环境违规行为，或者与损害结果无因果关系等。在这样的情况下，对企业来说，要减轻或者避免民事赔偿责任，就需要足够的证据证明自己没有造成损害，这些证据需要从日常的生产经营活动中收集，最常见的证据材料就是日常的环保台账以及相关监测数据。因此，如果平时环保合规管理措施到位，就可以从中收集证据来进行民事责任的抗辩。规范使用环境监测设施，是行政法上规定的义务，环境监测数据在民事侵权纠纷中也可以作为合规生产的证据。虽然民事侵权是以损害结果和因果关系定责，但是尽到合理注意、防范义务一般可以适当减轻责任，有时候还能作为与损害结果不具有因果关系的证明。因此，环保合规对民事侵权风险的防范也具有重要意义，需要律师在合规管理服务中加以运用。

（二）行政监管环保合规

行政监管是环境保护制度中最主要的保护形式，贯穿了环境保护事前、事中、事后的全过程,也深入生产生活的方方面面。在实践中,有众多的行政执法部门从不同的职能角度履行着生态环境保护职责。对企业经营风险和法律责任成本来说,来自行政机关监管所产生的不利影响,一般高于民事,低于刑事。企业应当基于安全生产管理、自然环境保护和依法纳税的角度注重自身的合规管理。对于特定行业来说,企业还应当基于本行业的行政主管部门的管理,针对性地遵守特定的规定。

首先,律师对此开展的合规业务应当立足于企业生产经营涉及的相关法律法规中"法律责任"部分可能出现的行政处罚情形,评估企业可能触及这些法律红线的风险和途径,并作出相应的警示和处理。对于行政监管部门以定期巡查、不定期抽查、要求自行申报或公开披露有关信息等方式进行强制监管的,律师应当根据配合监管所可能产生的成本和不利后果作出对应的分析。比如,涉及泄露企业商业秘密的,律师应当配合企业对相应的法律风险进行全面分析,并交由企业自行选择处理方式。但律师同样应当对相应的过程留痕,规避可能因此产生的被认定为协助企业实施违法犯罪等执业风险。

其次,应当针对企业高发的法律风险,作出相对应的制度设计,以此作为证实企业对行政违法行为的发生是否存在主观过错的重要依据,尽可能减轻遭受的行政处罚。虽然对于企业而言,"主观过错"的判断似乎会因为企业的非自然人身份产生障碍,但鉴于企业是人合性组织,企业的经营管理者是否能够对其自身的不合规行为作出及时有效的反应,从理论上来说应该作为评判其主观过错大小的依据。这种"反应",需要有对应的文本材料和贯彻落实措施作为证明的依据。

再次,合规业务能够实现以专业人员的参与作为有力保障,有针对性地协助已被认定存在行政违法行为的企业整改至合规状态的积极效果,是对控制行政违法行为的不良影响、降低行政违法行为带来的社会损害的重要措施。

最后,在涉及罪与非罪的评判时,合规业务开展的过程当中形成的材料,从一定程度上来说也可能成为判断行为性质的参考。但是,对于合规业务形成的材料,律师具有保密义务,如何处理这种矛盾,是值得探索的问题。

(三)刑事环保合规

刑事合规是指为避免因企业或企业员工相关行为给企业带来的刑事责任,国家通过刑事政策上的正向激励和责任归咎,推动企业以刑事法律的标准来识别、评估和预防公司的刑事风险,制定并实施遵守刑事法律的计划和措施。[①] 我国最高人民检察院于2020年3月始启动了涉案违法犯罪依法不捕、不诉、不判处实刑的企业合规监管试点工作。从这一制度的适用条件以及企业刑事合规的行政从属性来看,刑事合规相对不起诉制度的主要目的是促使企业合法经营,与行政监管的目的具有一致性,且兼具事前预防和事后激励、惩罚的功能。企业的民事合规风险、行政合规风险都可能成为企业刑事合规风险的隐患和前因,刑事合规是企业合规的核心。

2021年3月1日起,我国《刑法修正案(十一)》正式施行,其中对《刑法》第338条污染环境罪作出了较大修正,在入罪门槛调低的同时,还加大了刑罚力度,刑罚在原来的基础上增加了四种适用七年以上刑法的处罚情形。在此之前,法定刑最高为七年以下。这四种新增加重情形主要是针对饮用水水源保护区、自然保护地核心保护区等依法确定的重点保护区,国家确定的重要江河、湖泊,以及农田。此外,针对以往破坏环境刑事案件中,往往追究自然人犯罪多,追究单位犯罪少这一现象,2019年《关于办理环境污染刑事案件有关问题座谈会纪要》对环境保护单位犯罪的认定进行了规定。如今,越来越多的单位成为环保刑事责任主体,也有众多涉外资企业被处罚的案例。刑事法律责任的加重,促使企业环保刑事合规受到企业及刑事辩护律师的高度关注。刑事法律责任后果较任何一种法律责任形式来说都更为严厉,《刑法》上规定的人身自由刑、财产刑、附加刑,以及非刑罚惩罚措施都对企业的生存和发展影响巨大,尤其是单位犯罪双罚制使企业高管及相关负责人的职业风险颇高。即使是对律师业务开展来说,环保刑事合规业务的执业风险也是相当高的,因为无论是《环境保护法》还是《刑法》都对企业环保中介机构的法律责任作出了严格规定,律师在进行环保刑事合规业务时,也需要进行职业风险防控。

在我国,企业的刑事合规机制既可以通过检察机关主动适用,也可以由涉事企业自主申请适用。随着这一制度的逐渐成熟,越来越多的涉案企业主动寻求适用刑事合规不起诉。而对于启动刑事合规机制后的监管来说,我国也正在摸索中前进,在不同的试点中,出现了行政监管、检察监管和专业机构监管等多种监管方式。目前,已经综合各类监管经验形成了第三方监管模式。在当前的企业刑事合规制度下,律师主要可以通过两种方式参与企业的刑事合规:一是进入

---

① 参见孙国祥:《刑事合规的理念、机能和中国的构建》,载《中国刑事法杂志》2019年第2期。

第三方机制专业人员名录库，成为确立第三方组织时的候选人，主要工作是在合规考察期内，针对涉案企业的合规计划、定期书面报告开展必要的检查、评估，并在合规考察期满后制作合规考察书面报告；二是成为涉案企业在刑事合规期间的法律顾问或合规非诉律师，主要工作是帮助企业完成各个合规环节中的法律性事务。[①] 除了利用专业的合规法律服务为企业争取刑事合规不捕不诉，对于不符合刑事合规制度适用条件的企业，或者刑事合规整改过程中发现其他的违法违规情形而被移送公安、监察等主管机关的企业来说，律师还可为其提供刑事辩护服务。

（四）涉外环保合规

随着经济全球化的不断发展，我国的“一带一路”建设也不断深入，我国企业在对外贸易过程中，时常面临外国的合规审查。如果我国企业对外国法律制度不甚了解，对国外的环保法律政策和监管机制都不熟悉，或者没有形成较强的环保合规意识，不进行专门的涉外环保合规管理，就容易遭遇环保合规指控。

企业的生产和经营离不开商品和服务的内外流通，在这个过程中，合规业务应当致力于为对外交易行为的审批、留痕等环节作出规范。聘请第三方进行环保排污等处理业务时，要注重对其进行资质审核并存档，让相关人员不因为不合规、犯错误而消极怠工，故意或过失违规造成企业损失。环保合规业务应在有关业务材料留痕的基础上，完善企业环保合规管理机制，防止因涉外环保合规风险损害企业利益或招致相应处罚，尤其是在海外生产经营活动、产品出口等业务板块，尤其需要避免出现不符合贸易国环保规定而招致处罚的情形等。合规业务应注重交易流程规范化，提供包括但不限于合同管理和风险审查等管理机制。

近年来，我国企业在技术上不断取得突破性进展，获得了较快发展，在国际上的竞争力也越来越强，可谓中国企业在国际市场上争取竞争地位的黄金时期，这既是中国企业的发展机遇，也将为中国企业带来各国的针对性监管风险。从近年来频频发生的一些国家以各种名目针对中国大型企业作出制裁就可窥见这种严峻的涉外合规风险现状，这也给中国企业涉外业务的环保合规管理敲响了警钟。由于涉外业务的语言难关以及法律体系的复杂性，企业涉外合规尤其需要专业的法律服务，这也是目前律师涉外业务中的主要内容。

---

① 参见董坤：《刑事辩护中的合规非诉业务——从企业合规第三方机制指导意见切入谈起》，载《中国律师》2021 年第 7 期。

环保合规业务应立足于企业实际，根据已经出现的环保合规风险问题、企业容易出现的环保合规控制薄弱点等因素，完善环保评价标准、环保合规内部监管机制等管理体系，防止因造成生态、环境损害而遭受重大损失，甚至陷入涉罪风险。严格的环保合规控制体系，有助于企业建立良好的商业信誉和商品声誉，也是企业海外业务拓展时的安全网。

二、合规法律服务的方式

（一）顾问法律服务

随着企业的风控意识越来越强，聘请专业的法律顾问已经成为企业防控风险的主要方式之一，主要目的是加强日常经营管理的合规性，在日常商业活动中防范法律风险。顾问式的法律服务是较为被动的一种法律服务方式，一般是企业就经营过程中的具体问题来进行咨询，属于风险防控的前端服务，主要服务内容有审理合同、重大决策咨询、法律知识培训等，如公司领导作出重大经营决策时，就涉及的某些问题要求律师口头或书面给予解答或提出分析意见。律师的解答和分析有助于公司领导作出正确的决策。[①] 顾问法律服务需要对日常经营过程中的法律风险进行识别，并予以有针对性的防控。

企业对合规法律意见的需求，一般集中在公司作出重大决策的阶段。公司在进行一项重大决策时，为了把控风险，往往会请专门的法律服务机构进行相应的尽职调查，例如在进行投资并购等项目的时候，从律所、会计师事务所等中介机构聘请专门人员对投资对象进行调查，并形成专项调查意见，以此作为决策的辅助材料，这也是一种专项的合规管理服务。

在企业将作出对公司经营发展产生较大影响的决策时，如果存在相关决策的内容违反法律法规的强制性要求，或者不符合国家政策发展方向等，可能面临发展项目夭折的风险，严重的可能导致企业重创，因此需要在正式决策前寻求专业的法律意见。律师具有较为丰富的法律合规管理经验和知识，律师的专业法律服务不仅可以为其决策提供法律依据，还能为企业客户提供容易被忽略的法律法规、政策等方面的可供利用的制度资源信息，能为企业规避法律风险的同时，确保企业权益最大化。

---

① 参见杨海：《公司律师参与公司重大经营决策的法律研究》，载《经济师》2017 年第 7 期。

（二）专门合规管理服务

1. 专项合规风险防控服务

专项合规风险防控，顾名思义是对某一特定领域进行专门的、具有针对性的合规管理，以预防风险的发生。专项防控往往是针对法律法规等强制性的监管措施中的规定进行，而且其类目一般与国家强制性监管的专项措施相对应，如企业财务制度、安全生产制度、环境保护制度、反商业贿赂制度、人事管理制度等企业内部管理制度，对应着国家税法、安全生产法、环境保护法、劳动法等专门法律部门。在企业进行合规防控管理的业务领域方面，则重点对口企业的主要业务，或者是重要业务、新开拓业务，这些业务领域要么是企业立身之本，不能冒合规风险，要么是比较新且合规风险易多发的领域，对其进行专项合规管理，能够更有针对性、更高效地进行风险防控。

环境保护合规管理就是一项专项合规，环保合规内容同样包括领导责任、组织机构建设、一系列风险识别、报告和评价机制等体系化内容。环保合规和其他的专项合规有一些不同，主要是由于行业特性导致的区别。行业不同、业务内容、规模的不同，对环境的影响都会有很大差异，其产生的废物性质也关系着环境保护监管的法律适用问题，如固体废物产出较多的企业，需重点针对《固体废物污染环境防治法》进行合规控制，废液、有毒化学物产出较多的企业则需要更着重于《水污染防治法》和《大气污染防治法》的合规风险。因此，不同情况下的专项环保合规的侧重点可能会有所不同。专项合规管理是企业合规管理体系的有机组成部分，环保合规也是企业合规体系的核心内容之一。实践中，由于环保法律的分散性，其合规风险可能散布于各部门法中，需要律师运用专业化的、体系化的法律知识来进行全面的合规控制。

企业建立环保合规尽职调查清单，能够对环保法律法规进行分类，从环境影响评价、信息公开、排污许可证、企业应急预案、企业环境管理、清洁生产、环境监管、环境涉诉等多个方面对企业环保责任进行梳理，以清单形式帮助企业逐条对照梳理潜在环保问题，降低环境法律风险。该产品在企业中需求显著，可作为律师的专项法律服务产品提供给常年法律顾问单位，或者用于新拓客户作为环境律师的特色法律产品，帮助企业规避环保法律风险。

2. 为企业设计体系化合规建设方案

企业合规管理体系建设是一种全面合规管理，其表现形式为一整套管理体系，包括领导和组织架构、运行和保障机制、责任制度、合规文化、认证评估等多个环节。企业合规是针对特定合规风险所建立的一套合规风险防控体系,在一个完整的合规管理制度中,含有多个专项合规的子项管理制度,基本涵盖了一个企业最经常容易出现违法违规事件的所有领域,是企业为了规避各种经营风险而建立起来的内部监控体系,其根本目的是防范自身的合规风险。律师在进行企业环保合规管理服务时,需要根据每个企业所从事的行业、经营的业务的不同,以及企业规模差异,来合理设计企业环保合规治理结构和管理模式等。企业合规体系建设服务主要包括风险识别、管理机构及其工作机制、企业合规文化培育三个方面的内容。

风险识别是进行合规管理的首要前提,只有精准识别风险点,才能进行有效规避。环保合规法律服务能够为企业提供更为前端的法律服务,通过对企业进行环保法律风险体检,并为企业环保合规化管理制定相应的制度,如环保预警制度、环保危机处理预案等专项制度。实践中,律师需要通过梳理和分析企业的经营业务,识别其合规风险范围,在明确了企业合规管理义务的基础上,再进行针对性的合规控制。对于企业环保合规来说,首先,需要对环保法律有一个全面的、体系化的认识,熟悉实体法上的风险点,针对每一处合规风险进行有计划的防范。其次,还要结合所服务企业自身所处的行业高发环保风险,以及企业经营过程中已经出现过的环保合规风险进行重点防控,做到全面防范、重点防控。

管理机构及其工作机制的设置关乎着合规管理计划能否有效执行。是设立专门的部门履行合规管理职责,还是继续某一部门统筹各部门分管的传统模式,这是我国企业进行合规体系建设时面临的首要难题。针对这一问题,需要律师根据企业实际条件来为客户进行合规组织架构方案的设计,无论采取哪种组织形式,都需要明确合规机构及主要负责人的职责。对于环保合规来说,无论是我国行政法还是刑法,都规定了直接责任人员和主管人员负责的追责制度,因此更需要完善并明确企业高级管理人员、合规管理负责人、合规管理牵头部门、业务部门、审计、风控、安全生产等职能部门主管人员在各自职权范围内严格履行环保合规管理职责。此外,环保合规机制的有效运行还需要设计一套行之有效的执行程序,这主要包括三个方面的内容:一是环保风险防范机制,如防止企业在生产经营或者设备、物资等采购时存在环保问题,主要可以针对员工、客户、第三方或者被并购企业进行行为合规规制。环保违规行为的预防性管理机制可以通过定期的环保合规风险评估、有针对性的环保合规尽职调查、企业内部环保合规培训等方式展开。二是环保风险识别机制,即对企业的环保违规行为的雷达预警机制,包括自下而上的环保合规风险报告、自上而下的合规巡视、独立的合规审计,以及违规行为举报机制,其主要目的是将环保损害降到最低,防止不利结果的发生。三是应对机制,也就是在违法犯罪行为发生后,企业所采取的积极配合、有效补救和实质性整改机制,包括对环保违规事件积极进行内部调查、环保合规管理的不足或执行不力的评估以及后续的环保合规管理体系整改方案等。

增强企业环保合规管理计划执行效果的有效办法之一,就是加强企业合规文化培育。上述环保合规风险防范机制和预警机制的执行,需要企业工作人员的配合,除了追责机制的驱使,只有在企业环保文化氛围浓厚,环保意识到位的情况下,企业才会主动去启动相关的环保合规程序。实践中,通常存在一些企业的业务人员抱怨法务人员给他们开展业务"下绊子"的情况,这就是企业合规义务设置不到位或者不科学导致的。① 合规计划有赖于工组人员的执行,除了加强环保宣传,还要在责任制度和考核评价上入手,实践中,也常有企业聘请律师来进行内部的法律培训,这也是律师合规法律服务的一种形式。

3. 在企业合规整改过程中提供专门指导

除了专项合规防控服务,在企业合规整改过程中提供专门指导也需要律师进行专项合规计划服务。企业合规改革,是指检察机关对于办理的涉企刑事案件,在依法作出不批准逮捕、不起诉决定或根据认罪认罚从宽制度提出轻缓量刑建议等的同时,督促企业作出合规承诺,完善合规管理制度与体系,以期实现合规经营,减少和预防企业犯罪。② 企业合规改革本质上旨在建构一种符合中国国情的刑事合规激励模式。为鼓励企业积极建立或者改进合规计划,国家法律需要将企业合规作为宽大行政处理和宽大刑事处理的重要依据,使企业可以通过建立合规计划而受到一定程度的法律奖励。③

人民检察院在审查涉案企业是否适用合规整改及第三方监督评估机制的过程中,主要从对企业的合规整改意愿和企业涉罪情形是否符合合规试点的要求两方面进行。根据《关于建立涉案企业合规第三方监督评估机制的指导意见(试行)》第10条的规定,在检察院办理涉企犯罪案件时,应受理涉案企业的辩护律

---

① 参见肖树伟、韩冰、杨琨:《大合规时代来临,律师如何切下这块蛋糕?》,载《新产经》2019年第3期。

② 参见《最高检下发工作方案　依法有序推进企业合规改革试点纵深发展》,载最高人民检察院网,https://www.spp.gov.cn/spp/xwfbh/wsfbt/202104/t20210408_515148.shtml#1。

③ 参见涂龙科:《企业刑事合规评价的模式与选择》,载《检察日报》2021年3月23日,第3版。

师提出的适用企业合规试点以及第三方机制申请。在这个阶段,企业聘请专业的律师来为其申请合规试点会有更高的成功率,因为专业的律师可以结合企业本身的情况,就其是否符合合规制度适用条件进行充分的论证。尤其在企业涉案类型比较复杂的时候,律师对涉案罪行的定性分析就具有关键的作用。检察机关在对企业涉罪行为进行定性的时候,也需要进行全面的法律分析,而律师所拥有的与检察机关同样的体系化的法律知识,也可以在一定程度上帮助检察机关展开相关法律分析。另外,以企业必须提交的合规承诺来说,有效的合规承诺需要针对合规要点进行。通过已有的环保刑事合规不起诉案例可以发现,企业不仅需要有效的合规承诺,还需要充分证明自身具备合规整改价值及合规整改能力,这一环节是决定企业是否适用环保合规不起诉制度及不起诉决定的关键一步,做好这一步能够获得较好的专业评价,有助于在第三方组织的评估考核中占据专业优势,在应对第三方的检查和评估的时候也将更具有主动性。

此外,在企业履行合规计划的考察期内,第三方组织可以对涉案企业的合规进程展开定期或不定期的检查和评估,要求企业定期出具书面报告,就合规计划的执行情况作出说明。据此,在合规考察期内,涉案企业的律师不仅可以帮助企业积极落实合规计划,还能有效应对第三方组织定期或不定期的检查和评估,并且就企业出具合规计划执行情况的书面报告提供利于获得不起诉结果的专业指导。对于在第三方组织的监督和考核过程中出现的突发情况,如企业有其他的或者新的违法违规行为被第三方组织掌握,将面临中止合规整改,移交其他机关的风险。此时律师可以及时介入,极尽专业为企业谋求良好的结果。对于检察院对于拟作不批准逮捕、不起诉、变更强制措施等决定的涉企犯罪案件,依据《人民检察院审查案件听证工作规定》召开听证会的时候,企业聘请的律师还可以参加听证会。

(三)企业合规第三方监管人

除了直接作为企业的环保合规律师,为企业提供环保合规法律服务,律师还可以通过被选任为企业合规第三方监管人来参与环保合规业务。2021 年 6 月,最高人民检察院等九部门联合发布的《关于建立涉案企业合规第三方监督评估机制的指导意见(试行)》规定了第三方监督评估组织由第三方监督评估机制管理委员会选任组成,并规定了第三方组织的职责和义务内容。这是我国首个在全国范围内普遍适用的关于第三方监督评估机制的文件规定,是对试点地区出现的关于第三方监管人制度的进一步规范。其中明确“涉案企业合规第三方监督评估机制”指人民检察院在办理涉企犯罪案件时，对符合企业合规改革试点适用条件的，交由第三方监督评估机制管理委员会选任组成的第三方监督评估组织，对涉案企业的合规承诺进行调查、评估、监督和考察，第三方监督评估组织的考察结果将作为人民检察院依法处理案件的重要参考。

第三方监管人的选任是构建第三方监管人制度的主要环节之一。2021 年 8 月苏州市检察机关公布的企业合规第三方监督评估机制专业成员库建议人选名单包括 41 名律师、8 名会计师、3 名税务师、8 名其他专家。[①] 由于专业背景的相关性，实践中第三方监管人主要由律师、会计师和税务师等专业人员组成。对于律师来说，作为第三方监督评估组织成员参与企业环保的刑事合规事务，是非常好的成长机会，这既是律师参与社会治理、履行社会责任的途径，也为律师提供了站在监管方的角度，更为深入和全面地看待企业环保合规问题的机会，对有效提高律师的企业环保合规业务能力具有重要作用。

关于律师作为第三方监督机构参与企业环保合规整改的相关限制规定，上述《关于建立涉案企业合规第三方监督评估指导意见（试行）》也作出了明确的指导说明，该意见第 17 条规定了第三方组织及其组成人员应履行的义务，其中明确提出，第三方组织组成人员系律师的，在履行第三方监督评估职责期间不得违反规定接受可能有利益关系的业务，且在履行第三方监督评估职责结束后一年以内，该律师及其所在中介组织不得接受涉案企业、个人或者其他有利益关系的单位、人员的业务。刑事合规考察终止后一年内不能接洽涉案企业或个人其他业务，对律师构成了一定的竞业限制，但该限制条件仅仅针对有利害关系的企业、人员。从长远的执业生涯来说，律师仍应该抓住制度机遇，完成自身业务的转型升级，提高自身的综合竞争力。

第二节　律师在企业环保合规管理中的作用

一、企业环保合规顾问的来龙去脉

企业法律顾问制度于 21 世纪初期引入中国，经过 10 多年的发展，制度和实务趋于成熟，对于中国公司治理现代化起到了推动的作用，传统法律顾问服务和

---

① 参见焦娜：《合规不起诉中第三方监管人的选任与职责》，载《湖北工程学院学报》2022 年第 2 期。

现代企业合规法律之间的联系愈加紧密。目前对于合规相关的法律服务的认识仍存在不足，法律顾问服务对于法律专业人士综合能力的要求较高。国务院国有资产监督管理委员会于2004年发布的《国有企业法律顾问管理办法》将企业法律顾问制度首次规定于中国的法律法规之中，这是在中国加入世界贸易组织（World Trade Organization，WTO）之后，企业不断推进发展的必然选择。国有企业发现在与诸多国外企业进行诸如合同签署等行为中，国外企业均配备有企业法律顾问，而中国国有企业自身在该概念上还是一片空白，有必要在企业内部建立企业法律顾问制度，国家制度层面的《国有企业法律顾问管理办法》应运而生。

律师事务所是为企业提供常年的法律顾问服务的主体。从实务的经验看，企业法律顾问的主要工作内容为“三重一大”事项的审核、企业合同协议草拟修改审核、企业经营活动的法律咨询。所谓“三重一大”，即重大事项决策、重要人事任免、重要项目投资建设、大额资金的使用。企业合同协议为企业对外交往中需要使用到的法律文件，此项工作占用了法律顾问律师大量的时间和精力。日常咨询繁杂多样，从管理者到员工都可能是咨询主体，从资本证券到劳动关系处理均在交流范围。实践中，律师为企业提供法律服务也展现出了多种多样的模式和方法，这与律师业发展逐渐成熟和激烈竞争不无关系。

无论是从法律顾问制度层面看，还是从律师事务所与企业签订的《法律顾问协议》约定的内容看，企业法律顾问工作内容大体包括：为公司的日常经营管理提供法律意见、重大决策制度起草、合同审查、参与诉讼和仲裁、参与谈判、进行法治培训、开展普法活动等。但是，在协助企业建立健全规章制度时需要注意，这类规章制度的审查工作程度深浅不一，若是内部的法律顾问，审核内容是部门内部呈报的规章制度，审查角度偏向于内部管理；若是外部的法律顾问，则偏向于合乎法律法规规定方向的审查。这一问题与后期的合规管理工作存在紧密的转化互动关系。2006年国务院国资委发布了《中央企业全面风险管理指引》，引导国有企业正确认知企业经营中存在各类风险，以及如何管理这些风险等内容。2008年，财政部等五部门联合发布了《企业内部控制基本规范》及配套指引，为中国企业强内功提供了参考。2012年，国务院国资委发布了《关于加快构建中央企业内部控制体系有关事项的通知》，明确要求加快中央国有企业的内控建设步伐。2014年，党的十八届四中全会通过《中共中央关于全面推进依法治国若干重大问题的决定》，为新时代中国企业法治建设指明了方向。2018年，国务院国资委发布《中央企业合规管理指引（试行）》，将合规的概念和管理要求正式上升到制度层面。2022年《中央企业合规管理办法》,不断深化法治央企建设,推动中央企业加强合规管理,切实防控风险,有力保障深化改革与高质量发展。

企业环保合规顾问与传统意义上的法律顾问有所不同。传统法律顾问业务是律师的一项传统业务,通过提供长时间法律顾问服务,律师对于企业的经营管理进行深入了解,及时发现企业面临的法律风险并提出对应的对策,从而为企业的持续发展提供保障。整体观之,传统法律顾问的业务呈现衰减的态势,主要原因在于传统的法律顾问无法满足企业环保管理的内在需求。具体表现为:一方面,随着目前人们整体上法律意识的不断增强,企业内部往往配备法务工作人员,律师对于企业普法已没有太大的价值,对于传统法律顾问工作主要体现在合同审查、日常咨询以及争议解决方面,律师在企业经营管理中独立充分的作用并没有发挥出来;另一方面,目前企业对于专业性的律师的需求明显,特别是在企业环保合规方面,传统的律师无法满足企业的需求,其法律服务范围比法律顾问的范围更细致,并且在具体的服务方式上也存在差异。

二、律师在企业环保合规管理体系中的作用

律师在社会治理的各个领域各个方面都发挥着举足轻重的作用,是中国社会治理法治化进程的重要力量,正确认识律师的角色,充分了解律师所具有的各种功能显得尤其重要。环保合规已经成为企业发展管理中的重要组成部分,律师在企业环保合规管理体系建设中占据重要的位置。

(一)系统性咨询

律师服务的对象是当事人,其主要的角色是为当事人提供专业系统性咨询服务,并最大限度维护当事人的合法权益。合规管理的基础是合规风险的识别与防控。只有在正确识别出了自身可能面临的合规风险后,才能够对合规风险采取降低、规避等管理措施。律师应当在充分了解客户具体业务模式、业务流程的基础上,对客户涉及的相关法律法规、监管规定、行业准则、企业章程、规章制度以及国际条约、规则等进行全面审查,充分识别客户面临的各项合规风险,分析该风险的成因、发展、后果,并结合客户的生产经营实际,为客户拟定可行的防控措施。

现代企业在经营过程中面临多方面的法律风险,范围很广泛,包括企业对外经营和自我管理中在违反法律规范的情形下要承担的经营法律风险、内部管理风险和合规风险。企业环保合规律师所提供的服务更为专业化,其思路与内容

需要延伸到企业经营的前端环节，所以律师面对客户，需要深入了解企业的内在运转模式，针对企业环保方面的合规性进行审查，并就此提出针对性、专业性的意见。在环保合规管理中，律师能够更好地突出合规管理体系的应用，为企业并购交易提供法律支持。

（二）合规计划设计

风险社会背景下，企业面临的法律风险和需要处理的法律实务不断增多。对于企业来说，如何防范和化解法律风险已成为企业在经营管理中所面临的重大课题。随着新时代技术和经济的发展，人类活动对生态环境的破坏性更强，威胁也更大，我们的法律也在不断加大对环境的保护力度，对企业来说，环保合规风险已经是必须要面对的课题。企业在生产、经营和管理过程中要防范各类法律风险，律师合理评估环保合规法律风险可以有效及时预测企业各项经济活动或者管理举措对环保的风险性，在结合企业各个方面运营情况的基础之上，及时对企业环境保护合规法律风险进行调控。目前，我国还没有形成一套权威和公认的环境保护合规制度，也缺乏相应的律师环保合规业务操作指引，这就需要我们专业机构和企业共同努力，构建中国的环境保护合规管理体系，落实环保合规管理体系的全面应用，引导企业履行社会责任。律师能够为企业提供专业的法律服务，有效防范企业、企业高管和员工实施的环保违法违规行为，是企业免受行政处罚、刑事追究或者重大财务、声誉及商业机会的损失。企业环保合规律师需要全面识别企业可能存在的环保合规风险，从长远的发展角度构建、完善企业的环保合规风险防范机制，确保公司稳健运营。

1. 为企业设计风险识别机制

风险识别机制是企业研判环保合规风险类别、风险大小的基础，也是企业采取针对性整改措施的关键。一般而言，企业在构建环保合规风险识别机制时，通常需要关注三个方面，即内部治理、业务经营、外部合作。

首先，在内部治理风险的识别中，需要关注企业在决策、授权、审批、执行等治理环节是否存在环保合规缺陷，现有治理制度能否有效防止环保合规风险的发生和扩大。

其次，在业务经营风险的识别中，企业需要结合业务类别、业务区域和业务流程，参照环保的民事损害赔偿、行政监管和调查处理、刑事实务的定性、追责规则等开展风险评估；此外，企业还应当对内部环保合规监管措施在具体业务中的有效性进行充分评估。

最后，在对外部合作风险的识别中，企业需要重点关注合作伙伴的资质能力、行业资信、违法涉诉记录、是否存在违规处理危废物等情况，从而发现业务合作可能存在的潜在风险。

2. 为企业设计风险控制机制

在明确了类型化的环保合规风险和具体风险环节之后，企业需要在内部治理和业务经营中融入环保合规元素，明确不同治理层级的权限和职责，在治理架构和业务管理中嵌套有效的监督和保护措施。

首先，在企业内部治理中，需要为决策层、管理层和执行层配置与其治理职能相适应的合规职责权限，并在决策、授权、审批等治理流程中增加合规化的执行规则和保护方案，从而提升企业不同层级部门和人员的合规能力，预防环保合规的民事法律责任、行政法律责任、刑事法律责任等风险。其次，在对合作伙伴的合规管理上，通过采取针对合作方的环保合规审查、在合作协议中增加环保合规保护举措、在业务开展过程中采取持续性的风险提示和合规监督等举措，有效防范和控制环保合规风险。

3. 为企业设计风险处置机制

在发生风险事件时，如何通过合规化的应对方式化解和处置风险，也是企业环保合规的重要内容之一。需要特别注意的是，由于污染环境犯罪属于“行政犯”，行政执法和刑事司法所针对的违规事项具有高度重合性，因此无论是面对行政执法，还是刑事司法，企业都应当对违规事项的刑事风险予以充分关注，进而开展合规化的风险处置。一旦出现环保违法违规情况，在行政调查阶段就要尽力达成行政和解，积极配合实施补救措施，避免环保法律责任转至刑事责任。此外，值得关注的是，2021 年 6 月 3 日，《关于建立涉案企业合规第三方监督评估机制的指导意见（试行）》规定，对于采取了有效刑事合规整改举措的涉案企业，可以依法采取不批捕、不起诉或从宽处罚的有力举措。与此同时，最高人民检察院也于同日发布了企业合规改革试点典型案例，这其中也包括某企业污染环境案。在该案件中，涉案企业通过执行环保刑事合规整改方案，最终获得不起诉的有利结果。因此，如果企业在出现环保刑事风险，涉及刑事环保法律责任时，还要积极把握当前的刑事合规改革制度，尽量争取合规整改的机会，通过制定、落实切实有效的合规整改方案等一系列整改措施，争取检察机关合规不起诉的处理决定。

（三）企业涉案后的补救作用

在实践中的环保合规案例中，律师大多是事后介入，主要起到事后补救和维护的作用。一般来说，上市公司受到的监管比普通民营企业更多，因此其事前的合规管理也是最为完善的。但是，仍有部分案例显示，上市企业的事前合规管理也偶有不足，这侧面体现出了国内企业事前合规管理意识不足，对于事后合规补救的依赖性较强。例如2020年发生的一起合规不起诉案例，浙江某上市公司在明知江西某公司无危险废物处置资质的情况下，将7000多吨有毒物质委托给该无资质公司处置，后者将这些有毒物质倾倒在江西省内多处水域，后被江西某公安机关发现，进而移送审查。该案事发时，江西尚未开展合规不起诉的试点。涉案企业及时委托律师并组建刑事合规法律专项工作小组，该律师团队在10天内展开尽调并制定了300余页的《开展刑事合规管理的可行性报告》提交检察机关，目的就是启动对涉案企业的刑事合规审查程序。后检察机关认可了相关意见，并对该公司作出不起诉决定。该案是典型的律师对涉案企业的事后成功补救案例，也是江西省第一例合规不起诉案例，短短10天，该律师团队实现了在非试点地区启动合规不起诉机制，为客户摆脱诉讼风险起到了不可替代的作用。总体来说，律师对涉案企业的事后补救主要体现在及时判断企业环保责任类型并启动相应应对措施、为涉案企业制定有效合规计划、指导涉案企业通过合规审查等方面。

1. 及时判断企业环保责任类型并启动相应应对措施

在企业发生环保法律问题的时候，企业往往无法准确判断自己的法律责任，有可能因为没有及时采取应急措施，导致环保法律责任严重化。律师能够从专业的角度分析企业涉案程度，判断所涉企业环保责任类型，并适时采取对应措施，降低后续处理难度。如果企业涉环保法律责任已达到行政处罚门槛，就要在应对行政调查的同时，预防环保刑事法律责任。环境犯罪案件具有的行政从属性特点，决定着环境行政案件有向环境刑事犯罪转化的客观基础。如果律师能及时介入到环境行政案件之中，可以有效预防环境行政案件转化为环境刑事案件。面对刑事责任的高风险，可委托律师及时抓住时机，通过提供专业的代理意见为企业防范风险，最大限度地维护企业的合法权益。

根据《关于建立涉案企业合规第三方监督评估机制的指导意见（试行）》第10条第1款的规定，涉案企业、个人及其辩护人、诉讼代理人或者其他相关单位、人员提出适用企业合规试点以及第三方机制申请的，人民检察院应当依法受理并进行审查。在这一涉案企业合规试点的背景下，企业可以争取通过合规整改免除刑事处罚的机会。在审查起诉环节，辩护律师可以向检察院提出合规意向，推动检察院启动第三方监督评估机制。涉案企业主动提出合规意向是适用合规考察制度的前提条件，这就需要辩护律师全面收集涉环保刑事法律责任企业符合第三方监督评估机制适用条件的证据。一般而言，主要可以从三个方面展开论证：首先，要提出启动合规第三方评估机制的申请，涉案企业、个人认罪认罚并且涉案企业自愿适用第三方机制；其次，还要证明涉案企业能够正常生产经营的证据材料，如涉案企业的企业经营、纳税、员工情况说明等，如果企业有前期环保管理和成本支出等，也可以一并说明，证明企业并非没有环保意识，而是环保管理机制存在问题，可以通过整改企业环保管理制度来实现环保化生产经营；最后，对涉案企业的行业情况、生产经营状况、刑事处罚可能造成的社会影响等开展事前调查，尽量证明企业具有整改价值。只有及时准确地判断企业所处的责任阶段，才能提前做好应对方案。由律师收集并向检察机关提交这些证据材料，积极主动向检察机关申请合规整改，以有效的合规整改来取得检察机关对涉案企业和企业负责人作出的不起诉决定。

2. 为涉案企业制作有效合规计划

向第三方监督评估组织提交有效合规计划是涉案企业在合规考察中需要履行的基础性义务。这一合规计划可以是专项合规计划，也可以是整体合规计划，需要依据涉案企业所涉及的罪名和具体情况分别进行考量。在涉案企业合规试点中，涉案企业完善合规计划的目的是预防再犯，律师，特别是刑事律师需要在其中发挥主要作用。因此，为涉案企业制作有效合规计划成为律师重要的业务范围。与一般刑事个案中律师独立办案不同，制作有效合规计划往往需要律师团队联合会计、审计团队等合作。不同合规计划所涉及的专业领域对律师的专业背景与专业经验需求不同，特别是专项合规计划，如环境合规等，需要环保刑事合规律师联合大量专业领域的专业人士才能有针对性地为涉案企业制作有效的合规计划。[①]制订有效的环保合规计划需要对企业现行环保合规计划进行整体的筛查，诊断薄弱环节和遗漏之处，并在合规计划中有针对性地进行补强。

3. 指导涉案企业通过合规审查

根据《关于建立涉案企业合规第三方监督评估机制的指导意见（试行）》第

① 参见袁志、杨盛彪：《企业合规对刑事业务的拓展和延伸》，载《中国律师》2021年第9期。

10 条第 2 款的规定,对符合第三方机制适用条件的涉案企业,第三方机制管委会应当从专业人员名录库中分类随机抽取人员组成第三方组织。根据对当前合规试点地区的考察可以发现,名录库成员主要涉及高校学者、注册会计师、税务师(注册税务师)、律师等专业人才,如上海市闵行区、上海市青浦区、山东省济宁国家高新技术产业开发区等地纷纷建立了涉案企业合规第三方监督评估机制专业人员名录库,其中就包含了大量的专业律师。律师能够联结企业内部管理机制和刑事司法程序,是第三方专业人员名录库中不可或缺的角色,因此,审查与监督涉案企业完善合规计划成为律师新的业务范围。律师可以在第三方监督评估机制启动伊始,对涉案企业提交的合规计划在可行性、有效性与全面性层面进行全面审查,在提出修改意见的同时合理确定合规考察期限。在这个过程中,被考核企业聘请的顾问律师可以与第三方组织组成人员中的专业律师进行专业对话,增强第三方组织对企业的认识并促进第三方组织对企业辩护意见的接纳。在合规考察期内,第三方组织需要持续对涉案企业合规计划履行情况进行检查和评估。此时,企业的顾问律师可以指导企业应对第三方组织的考核,并审核被考核企业出具的报告文件,以增强报告文件对检察机关的有利参考性。另外,一旦第三方组织或者检察机关发现被考核企业其他的违法违规事实,顾问律师可以及时介入,防止不利于合规不起诉目的结果的出现。合规考察期届满后,负责办理案件的人民检察院如果作出不起诉决定,可能还会听取第三方组织的专业意见或者召开听证会,律师也可以全程参与,以便应对突发事件,全程维护客户的利益。

第三节　环保合规中律师的职责与业务要求

一、环保合规中律师的职责

律师在环保合规中的主要职责就是识别和筛查风险以及帮助企业建立环保责任制度。识别和筛查风险一般可以通过对企业进行环保合规的尽职调查来进行,以此对企业的风险点和抗风险能力有一个全面的了解,这是后续完善合规管理制度的基础工作。根据《环境保护法》第 42 条第 2 款的规定:“排放污染物的企业事业单位,应当建立环境保护责任制度,明确单位负责人和相关人员的责任。”建立环境保护责任制度既是环保行政管理的要求,也是企业内部明晰环保责任、维护企业自身权益所需要。律师在开展企业环保合规业务的时候,要紧紧围绕这个核心要素来进行。

（一）对企业进行环保合规尽调

律师在对目标企业进行环保核查时，可以通过是否履行环评程序、核查公司环保投入及支出、走访环保主管部门、进行网络核查、聘请第三方环保专门机构出具核查报告、监测报告、到企业厂区进行现场走访、访谈核查等多种方式进行环境保护合规性审查。

1. 核查目标企业是否按照相关规定履行环评程序

核查目标企业是否按照相关规定履行环评程序，包括编报环境影响报告文件、取得环评批复文件、编报竣工验收报告、公示竣工验收报告、申领排污许可证、缴纳排污税等情况。

2. 核查公司环保投入及费用支出情况

核查公司环保投入的台账、相关合同及财务凭证，核实公司排污费缴纳情况。核查目标企业购买环保设施的支出（发票、购买合同、施工合同等）与环保相关的人工费、排污费、环保税、危险（固体）废物处理支出等费用，以确定其环保投入是否与公司生产经营规模相匹配。

在一系列政策的大力支持下，企业的环保投入更可能是一种投资。2017 年 10 月 27 日，工业和信息化部等 16 个单位发布《关于发挥民间投资作用推进实施制造强国战略的指导意见》引导民企和社会资本投入节能环保产业。意见提出，支持有条件的民营企业组建国家技术创新中心，攻克转化一批产业前沿和共性关键技术，培育具有国际影响力的行业领军企业。开展绿色制造试点示范，支持民营企业实施绿色化改造、开发绿色产品，引导民营企业和社会资本积极投入节能环保产业。鼓励民营企业“走出去”参与国外基础设施建设，构建国内外优势产业长效合作机制。

3. 核查企业是否存在环保违法违规情形

（1）走访环保部门。律师可以就企业日常生产经营是否合规、污染物排放是否符合标准、有无环保违法行为、是否受到过重大环保行政处罚等情况走访环保主管部门进行了解。通过公司从所属的环境保护主管机关取得相关证明文件，核实公司遵守环境环保法律法规的情况。

（2）进行网络核查。为了解目标企业环保合规、行政处罚问题，律师应当进行充分的网络核查，具体可以通过互联网公开信息核查是否有公司商号涉环保处罚的信息。如果有公司受处罚记录，一般可在建设项目所在地各级环保主管部门网站的环境行政处罚栏目中进行信息查询。此外,还有众多专门的网站可以查询企业风险信息,如全国企业信用信息公示系统、启信宝、企查查等。

(3)走访企业进行核查。对企业进行现场走访是最直观的环保风险调查方法。通过现场查看企业厂区的环保设施运转及排污情况,对诸如废水、废气、固废、噪声等污染物的处理情况进行初步核查,对企业环保设施的运行台账、维修保养记录、危废(固废)处理合同及处理单位资质进行核查,以确保其主要环保设施运行稳定。查阅公司生产设施及环保设施运行记录,实地查看环保设施的运转情况,核实公司污染物排放处置措施和环保设施运行情况;与公司环境保护负责人员访谈,核实公司历史上遵守环境保护法律法规情况、环保设施运行情况、污染物排放处置措施能否有效地消除污染、环保投入与处理其生产经营所产生的污染之间是否匹配;对公司履行其在取得相关环境保护核查批复过程中向环境保护局作出的承诺,与公司相关经办人员访谈,核查公司清洁生产审核工作进展情况;登录生态环境部公开网站查询检索公司的公示信息情况。

4. 聘请第三方环保专门机构出具核查报告、监测报告

由于污染物处理与排放是否达标、是否已进行安全处理处置等问题具有较强的专业性,一般情况下,对于重污染行业的公司,为了更准确地把握企业的真实环保情况,律师可建议公司委托专门的环境影响评价机构进行环保核查并出具专门的环保核查报告。

(二)为企业搭建环保合规管理体系

在为企业制定环保合规计划前,通过对企业进行尽职调查识别企业环保的合规风险并确定合规范围。不同行业、规模的企业所面临的环保合规风险区别较大,需要结合企业特点识别环保法律法规、环保标准、企业承诺等对应的合规义务,对标合规义务结合岗位和业务两个维度来识别风险,并对风险进行分级分类管理,在做好这些准备工作的基础上,则可以为企业制订符合企业实际需求的环保合规管理计划。①

搭建环保合规管理体系需要明确合规管理模式,要有明确的合规管理方针,以及企业内部合规管理制度、防范机制、责任机制等。管理模式的确认,可能需要律师提供组织架构及其运作机制的方案供企业参考。有效的合规依赖于管理层的重视和配合,只有根据公司实际以及得到公司管理层认可而建设的合规管

---

① 参见卞传山:《"融入式管理"的现代公司合规与法务衡平思维》,载《法人》2017 年第 11 期。

理组织才能有效运作。2022年8月,国务院国资委发布的《中央企业合规管理办法》体现了"垂直领导""合规嵌入经营管理"等基本原则,律师在为民营企业搭建合规计划时,也可以适当参考。合规方针问题则主要是对企业价值观、目标、战略方向等的贯彻。从某种程度上说,这也是企业环保合规文化的一种体现,这需要针对企业具体情况量身定制。在防范机制上,则需要通过建立防范体系、监管体系、应对体系提供合规保障。首先,通过对企业定期进行合规风险评估,对第三方、合作伙伴进行尽职调查,加强合规培训、构建合规文化,搭建防范体系。其次,通过合规报告、巡视制度、内部举报人制度和合规审计搭建监管体系。最后,通过内部调查、责任人调查、提出整改方案、处理责任人来建构应对体系。此外,还要针对企业重点领域、重点人员进行强监管,重塑业务管理规范,将合规计划明确为企业合规章程、员工合规手册。

合规管理体系不可能一建立就尽善尽美,因此也需要在运行过程中查漏补缺,不断地完善。需要合规律师结合环保监管趋势与法律法规政策的变化、企业环保合规落实情况、企业经营状态等情况进行动态评估、调整,以求在不断的调整中提升合规管理体系的适用性、全面性和有效性。

二、律师在企业环保合规管理体系建设中的具体要求

(一)合规风险识别的全面性

企业环保合规法律服务是新概念和新领域,对于律师参与企业环保合规管理建设提出了更高的专业化要求。从整体层面,虽然律师在不同的阶段承担不同的角色,但都应当全面了解企业环保合规制度的内涵与意义,精准掌握企业环保合规管理体系建设的相关知识,灵活促进企业合规管理体系的有效运作。律师要以其法律知识和法律经验,及时进行分析论证,预测评估公司重大经营决策的环保合规风险。在经营决策落实的每一个环节,分析环保合规法律风险发生的概率。而主动识别、分析公司面临的法律风险,在公司进行重大决策和重要经营活动时,提前进行相关法律风险的评估,并权衡商业利益与法律风险之间的成本和收益关系,在深度把握法律风险的情况下再行开展各项经营管理活动。这已经成为大型企业常规的风控操作,越来越多的企业将法律风险管理从日常经营管理的辅助性支撑脱离出来上升为公司的战略性议题,这也是公司法律风险管理发展的必然趋势。

合规风险识别是进行合规管理的基础。所谓合规风险,是指企业及其员工

的行为不符合法律法规、政策的规定，以及违背了企业承诺等行为而导致法律责任，进而造成企业的经济或声誉受损以及其他负面影响。企业环保合规风险可以分为一般性环保合规风险和特殊性环保合规风险。一般性环保合规风险即任何企业均可能面临的环保合规风险，如企业污水排放、大气污染、固体废物处置等，基本上是所有企业都需要面对的合规风险，因为在企业的生产经营过程中，难免会产生这些污废物。特殊性环保合规风险主要是由于企业所处行业、经营业务的不同而存在的个性化环保合规风险，如农业企业违反转基因相关规定的风险、化工企业违反化学品、有毒物质的管理规定等的风险，就是特殊行业企业所需要重点管理的环保合规风险。只有正确识别出企业可能面临的环保合规风险，才能够有效地、有针对性地采取规避措施来降低企业环保合规风险。因此，律师应当在充分了解客户具体业务模式、行业特性的基础上，对与企业经营相关的所有法律法规、政策、行业准则、企业章程、安全生产等内控管理制度，以及我国加入的相关国际条约等进行全面审查，充分识别客户面临的各项合规风险，并针对各项风险的形成和发展后果，结合客户的生产经营实际，为客户拟定可行的防控措施。①

（二）合规制度设计的专业性

环保合规体系的建设涵盖了环保刑事合规、环保民商事合规、环保行政合规以及企业治理等多方面的内容。根据合规风险的法律责任领域不同，环保合规计划的设计也会有不同侧重点，对律师的专业背景以及专业经验也有很高要求，在整个合规管理体系往往会涉及战略发展、财税管理、生产经营、行政管理、环保性技术等多个经营领域和管理环节，单个律师往往难以构建出完整且有效的合规管理体系。

2022 年 4 月，最高人民检察院会同全国工商联官宣“涉案企业合规改革试点在全国检察机关全面推开”。同年 5 月 23 日，中国中小企业协会批准发布了《中小企业合规管理体系有效性评价》这一团体标准文件，对合规制度设计的专业性提出了更高的要求，同时也为律师进行环保合规制度设计提供有效参考。

做好合规工作不仅要求律师深谙刑事、行政法律法规，科学的调查方法等，而且要求律师熟悉商事法律法规、关注企业所在行业的发展趋势与相关政策、理

---

① 参见肖树伟、韩冰、杨琨：《大合规时代来临，律师如何切下这块蛋糕?》，载《新产经》2019 年第 3 期。

解企业管理运行模式、企业内在的合规需求、企业为合规管理所能负担的成本等。这样才可能为企业搭建适合自身发展需求且不超出自身经济承受能力的合规体系。对于企业环保合规而言,只在有环保合规管理的成本低于企业收益的情况下,环保合规管理计划才可能得到执行。专业的律师团队对环保刑事合规业务的开展具有显著的必要性。企业内部法务往往侧重民商事业务,缺乏丰富的调查经验,且在开展内部调查时往往遇到人情等客观的阻力;而专业的合规律师团队不仅要有熟悉企业经营管理的商事律师,而且一定要有擅长刑事业务或刑民交叉业务的律师,以运用风险识别的敏锐度、刑事业务的实质化思维、高度的独立性来及时发现风险,从而帮助企业建立并运行有效的合规体系。鉴于企业环保合规工作对律师的能力、素质等都提出了非常高的要求,合规工作体系化建设需要不断地对体系的有效性进行评估与判断,企业环保合规工作一定要律师通过团队开展才可能使企业获得实效。

(三)合规服务的独立性

法治不仅仅是由法律规范、法律规则构成的制度体系,而且也是一种法律的内在精神和法治观念。其中法治观念尤其重要,其既是法律制度产生和变迁的前提,也是法律制度有效实施和运行的基础。律师行业的现状与发展往往是一个国家民主与法治进程的体现。市场经济、民主政治的发展孕育了律师职业,而律师职业又推动、促进市场经济、民主政治的发展。律师的职业活动主要是为当事人提供法律服务,法律服务最主要就是为当事人提供法律意见。律师向当事人提供法律服务是指律师以“法律意见书”形式向当事人出具的对委托事项提供法律建议的正式法律文书。律师的职业属性要求律师应当成为一种独立、自治的社会力量,在执业过程中向当事人提供的法律意见应当具有独立性,不应该受到外界、甚至是当事人的干扰。

我国《中华人民共和国律师法》将律师界定为“为当事人提供法律服务的执业人员”,律师应当维护当事人合法权益,维护法律正确实施,维护社会公平和正义。也就是说,作为法律服务者,为了体现法律的公平,律师应考虑的是如何运用专业的法律知识和经验技巧为客户服务,应该只服从法律并且在法律许可的范围内维护当事人的权益,而不是唯当事人是从。这也就决定了律师职业的基本属性不是商业性,律师不应该也不能被金钱利益所驱动或被胁迫而去影响其法律意见的独立性。作为环保合规律师,其专业性也决定了其独立性地位,基于与企业客户之间形成的平等地位关系,为企业提供专业性环保合规服务,帮助企业避免风险、化解风险，这才能发挥律师的真正价值。环保合规律师更应强调在追求经济效益目的同时，维护社会公共利益，帮助企业实现可持续发展之目标。

（四）个案解决的有效性

在企业面对行政部门的监管调查过程中，律师如何协助企业配合调查，从而争取最大限度的宽大处理，使企业可能遭受的损失降到最低限度，是衡量律师合规服务有效性的重要标准。当企业发生了环保合规风险的时候，就需要律师提供专业的个案服务。在企业涉民事环保责任的时候，可能面临高额的损害赔偿责任，律师可以通过收集企业履行了环保合规义务等证据来力争减轻民事赔偿责任。此外，由于法律对涉环保民事责任的损害赔偿没有最高额限制，并设置了生态修复责任、惩罚性赔偿责任、适用环保禁止令保全措施等规定，因此还需要律师的专业来防止赔偿责任范围的扩大。

除了控制民事赔偿责任的赔偿额度和范围，企业在有效应对企业环保合规行政调查和刑事法律风险上，更加需要律师的协助。律师需要在合理时间介入，有效阻断或处置环境涉法风险，包括环境处罚听证、行政复议和诉讼、生态环境损害赔偿磋商与诉讼等，协助企业第一时间合理、合法、合规地应对危机，尽量减少违法违规成本，避免环保行政责任转至刑事责任。在此过程中，律师需要协助企业积极配合调查，实施有效的补救措施，并对企业环保合规管理制度进行认真整改，以求获得最宽大的行政处罚或者行政处理，从而实现在行政监管、调查环节的“软着陆”，避免案件被移交刑事执法机关，防止案件被采取刑事立案措施。

企业环保涉刑事法律合规风险的处理难度比民事赔偿责任和行政监管调查等的处理难度更大，对应对措施的及时性要求更高，需要律师及时、有效的介入。对于企业环保刑事法律责任的辩护而言，律师需要全面掌握企业的合规管理制度，充分了解企业现行合规管理制度的有效性及不足之处。正因如此，在开展刑事合规辩护过程中，辩护律师对涉案企业的合规管理计划具备了较为全面的了解，也更能将企业合规管理计划的有效性运用于争取合规不起诉的过程中。同时，律师也需要对该企业及其业务本身有较为深刻的认知，在刑事合规辩护过程中，涉案企业往往也不得不同时处理相关民事纠纷，这是对律师综合能力的极大考验。检察机关往往会将涉案企业积极赔付、善后处理等情况作为是否适用不起诉决定的重要考察指标。因此，律师在进行环保合规刑事辩护的同时，也应该介入涉案企业同案中的民事纠纷处理，并将其作为刑事辩护的素材。

第十章　环保合规业务的团队建设与管理

第一节　律师开展环保合规工作的专业技能

一、环保合规律师团队的专业结构

（一）业务方向

律师的业务方向除因法律部门的不同而细分外，还有业务模式的区别，主要是诉讼业务和非诉业务的区分。诉讼业务一般针对事后的法律责任分配进行，目的是在合规风险发生后，尽可能地减轻客户的法律责任、降低客户损失。非诉业务则是处于风险防控的前端，主要工作目的是识别法律风险并一一予以制度规避。非诉业务律师一般在公司合规风控、股权框架设计、商业模式设计、商业模式合法性审查、交易并购处理等业务，以及文书和框架设计上更有优势。非诉业务的文案工作往往会成为诉讼业务中的重要证据材料，因此进行非诉业务也需要对实务中的诉讼规则有足够的了解。

企业环保合规包括事前的合规管理、事中的合规管理完善，以及事后的诉讼应对三个阶段。业内一般将事前企业合规管理称为“大合规”，是包括商业模式调整在内的全面合规管理，其本质是对企业风险进行预防和控制，属于常规的法律咨询服务，是非诉讼形式的。事中的合规管理有两类:一类是未涉案,由企业自发地对经营过程中运行不畅或者不完备的环保专项合规进行调整和完善;另一类则是企业涉案后,在行政监管或者检察机关立案阶段,进行环保合规管理的修缮、补救工作,这个过程中主要是进行一些文案工作,但同时也需要防范诉讼风险,属于非诉讼业务和诉讼业务的结合。事后的诉讼应对是企业减轻和免除环保刑事法律责任的最后一道防线。我国目前正由检察院领导进行合规不起诉试点工作,因此在环保合规的事后应对措施中,还有申请合规整改这一制度可以争取。律师及其团队无论是作为三方监管人,抑或企业自主合规整改法律服务主体,律师团队在业务方向上均应包含诉讼业务律师和非诉业务律师。尤其是针对环保刑事合规而言,其对律师的综合能力要求非常之高,因此需要在各项业务上专而精的律师团队。由于企业环保合规相关诉讼多涉及刑事法律责任,所以环保律师合规团队必须有擅长刑事辩护的律师。如污染环境罪,刑事律师掌握污染超多少倍算犯罪,环保律师了解怎么在各个环节控制,非诉律师知道怎么把这些环节具象到可以操作的制度。当然,环保领域本身也很特殊,通常包含法律知识和对科学技术的理解,所以律师还需要保持和一线学者和环保技术人员的交流和合作。

(二)行业领域

在对企业进行合规管理时,根据企业所处的行业的不同,合规管理的侧重点可能也有很大的不同。尤其是在环保合规管理上,不同行业面对的合规风险不尽相同。有部分特殊行业属于环保行政处罚高发行业,如石化、冶金、医疗卫生、印染印刷、建筑施工、环保等行业,属于容易出现重污染的重点行业领域,其最为常见的处罚风险,包括大气污染、水污染、固废污染、违反建设项目环评制度、违反排污许可制度等。根据企业行业的不同,以上各类风险发生的概率也有差异。例如,新的排污许可制度对很多企业的影响是根本性的。新的排污许可证跟以前的不一样,以往的排污许可制度可能类似于营业执照,都是固定格式的版本,里面包括一些基础性的内容,但没有特别详细,然而现在的排污许可证适用"一企一证"管理模式,内容完全对应企业各自的情况,不同企业之间情况不同。监管制度差异也是企业环保合规法律服务需要根据行业领域细分的成因之一。

存在环保合规问题的企业散落在各个行业。地产建筑行业因其在国内发展迅速,一些地产商加急赶工,产生的建设垃圾长期处于过载状态难以清理,且经常乱排乱丢,行业的行政违法行为数量处于行业之最,受到监管机关严厉处罚。另外,石化行业、电镀行业、电子科技行业、机械设备行业、能源电力行业、商贸运输物流行业受监管机关处罚位居前列，都有2000件以上的案例，反映出涉及工程建设以及能源供应的行业容易出现环保问题，受到监管部门较高的关注，在企业合规领域有待加紧建设。

我国法律目前没有对重污染行业明确下定义，环境法律体系对行业进行具体规定的法律规范整体呈现出法律层级较低、数量丰富的特点，实践中也主要依靠相关的环境标准来判断企业的污染程度，但仍有部分法律规范对环境保护重点行业进行了列举。律师在进行企业环保合规法律服务时，首先需要判断客户企业是否属于法律明确列举的重点企业，是否有专门的政策规定。在穷尽检索法律规定后，对客户企业所属行业及法律监管要求形成较为全面的认识，不仅可以全面梳理企业环保合规法律风险，还能有效利用针对特定行业的政策资源，实现客户利益的最大化。我国环境法律规范中的行业规定如表10－1所示。

表10－1　我国环境法律规范中的行业规定

法律规范名称	发布主体	对行业的定性与划分	补充说明
《企业环境信用评价办法（试行）》	原环境保护部、国家发展和改革委员会、中国人民银行、原中国银行业监督管理委员会	重污染行业：火电、钢铁、水泥、电解铝、煤炭、冶金、化工、石化、建材、造纸、酿造、制药、发酵、纺织、制革和采矿业16类行业，以及国家确定的其他污染严重的行业	国家重点企业监控企业、各地方政府确定的重污染企业名录等，也属于环评法重点关注的企业
《重污染天气重点行业应急减排措施制定技术指南》（2020年修订版）	生态环境部	重点行业：长流程联合钢铁、短流程钢铁、铁合金、焦化、石灰窑、铸造、氧化铝、电解铝、炭素、铜冶炼、铅锌冶炼、钼冶炼、再生铜铝铅锌、有色金属压延、水泥、砖瓦窑、陶瓷、耐火材料、玻璃、岩矿棉、玻璃钢（纤维增强塑料制品）、防水建筑材料制造、炼油与石油化工、炭黑制造、煤制氮肥、制药、农药制造、涂料制造、油墨制造、纤维素醚、包装印刷、人造板制造、塑料人造革与合成革制造、橡胶制品制造、制鞋、家具制造、汽车整车制造、工程机械整机制造、工业涂装39个重点行业	该指南将企业绩效分级分为A级、B（含B－）级、C级、D级、绩效引领性和非绩效引领性等级别。在重污染天气预警期间，环保绩效水平先进的企业，可以减少或免除应急减排措施

（三）知识结构

在当前社会背景下，无论什么行业都呈现专业化、精细化的趋势。随着法律制度的逐渐完善，法律门类越来越丰富，对于律师来说，其所要具备的知识结构也越来越复杂。环保合规律师团队不仅需要精通刑事业务、熟悉刑法各项罪名、熟稔刑事诉讼程序、善于运用证据规则，更需要具备合规背景、充分掌握合规方法论，并且还应考虑在团队中配备不同行业或专业背景的律师，如财务、审计、税务、企业管理等，加强环保合规律师团队面对多种行业案件的综合处置能力。

二、律师身份的转变与业务升级

在传统的律师服务中，专业法律知识是最为核心的要素，但对于新兴的环保合规业务类型而言，在保持专业环保法律知识的输出的同时，也要加强法律风险控制能力的输出，通过不断完善自身的服务体系与服务水平，让客户从环保法律服务中获得更多价值。

（一）传统律师服务的局限性

法律服务行业以输出法律专业知识服务为核心，法律专业知识是法律服务的根本和基础。在信息不对称以及客户获取专业知识渠道有限的条件下，法律专业知识往往可以形成较高的行业壁垒。但随着互联网的高度发展，人们获得信息的渠道愈加多样，客户在获得相关资讯方面的不对称性区间得到明显压缩。如果律师服务仅以法律专业知识的输出为主，其局限性就会更为凸显，这方面在企业环保合规风险防控领域表现得尤为突出。

1. 防范风险的滞后性

主要表现为以专业知识输出为主的服务方式往往具有滞后、被动的特点，在实践中往往仅对客户所提出的问题进行总结和反馈，可能并未充分了解和熟悉企业业务内容和流程，所提供的服务往往缺乏一定的预见性，对于环保风险防范的及时性不足，防范风险的措施也具有一定的滞后性。

2. 对过程关注的不足

定性判断是对法律服务最为基本的要求。企业环保管理是一个系统性的动态过程，通过严密的细节安排与约束，才能让环保风险控制的目标成为确定的结果。目前来看，律师更为注重在定性判断的基础上提供定性化的方案与建议，而忽略对流程的关注，不具备从整体上帮助企业构建风险控制体系和流程的能力。

3. 对达成结果的方法关注不够

对于传统法律业务而言，结果导向下的法律咨询能够及时帮助客户了解问题的结论，但环保合规业务更注重前期的方案准备和落实相关方案的过程，达到目标或结果的方法更为重要，对于法律专业机构所具备的体系化知识和解决方案的整合能力更为重视。

（二）风控能力输出型律师的转型

法律风险控制能力建立在法律专业知识基础之上，企业环保合规的律师服务更为强调对环保风险的识别与控制能力。

1. 法律服务与业务模式及流程匹配

法律规则是静态的。对于律师而言，根据企业咨询的问题或已经发生的风险，结合法律法规及有关规则给予建议，主要依靠的是律师熟悉法律法规的能力。这种能力是静态的，但对企业控制风险、解决风险而言远远不够。在很多时候，法律或合规风险并非源于企业不熟悉法律规则或不愿遵守法律规则，而是源于规则遵守如何与业务模式及流程相匹配。

静态的规则只有放在动态的模式与流程下进行解释和适用，才具有可操作性。某种行为放在常见的场景下，违规性或违法性显而易见；但如果放在一个创新的业务模式下，违规违法性可能就会难以识别。对于专业法律工作者尚且如此，对于没有受过法律专业训练的业务人员来说，行为的违规违法性则更难识别。在信息技术与企业经营管理日益融合的今天，业务流程相较传统经营模式更为复杂，各环节相互的识别与区分也更加复杂，这也使法律合规风险的样貌难以被完全识别。①

因此，为特定行业客户提供法律服务的律师不仅仅要熟知行业的法律法规与监管规则，更要熟悉企业环保合规的业务模式与业务流程。律师要学会像业务部门负责人一样看待业务模式，找到业务模式特有的合规管控要点，从而让法律法规与合规要求能够在实际执行中落地。而流程的熟悉，则可以让律师知道在哪个环节设置合规管控措施更有效，更符合业务的实际情况。

2. 法律服务与公司整体风控体系融合

法律与合规风险管控不是孤立的进程，而是企业整体风险控制的必要组成部分。如企业的数据安全问题，既要考虑信息系统的技术风险，也要考虑数据加密措施与流程管控措施。然而，如果没能很好地管控人力资源方面的风险，其他

---

① 参见陈瑞华：《律师如何开展合规业务（一）——合规计划的打造》，载《中国律师》2020 年第 8 期。

方面的风险管控措施将可能失效。这种协同效应在诉讼法律服务中并不突出，但对于合规咨询服务等非诉讼法律服务而言，是服务效能最大化的保障。

如果将企业的整体风控体系比作一座大厦，那么律师的某项具体法律服务可以理解为给大厦适配某种新的功能，或者对大厦进行局部的维修。这一过程中，了解企业整体风控体系、尊重企业已有的风控文化、参考企业整体风控策略，是降低新措施、新制度摩擦成本的基础，也有利于相关措施与制度的顺畅实施。

3. 法律服务支持公司业务健康发展

对于企业而言，在控制法律风险的前提下，发展是其核心目标。健康发展的内涵在于平衡发展需求与风控要求。影响企业主体存续或持续经营能力的风险，以及可能导致企业或负责人承担刑事责任的风险应在实体规则和业务程序上尽可能予以排除。在上述风控目标实施过程中，应以排除风险作为首要目标，甚至可以放弃某些业务目标。而对于其他相对次要的风险，则可在风险控制成本与业务发展之间寻找最佳区间。

（三）律师的能力与业务升级

1. 综合能力的建设

（1）知识结构打造

在律师团队向企业输出法律风控能力过程中，单纯的法律知识不足以支撑整个法律服务。而是环保合规工作本身具有跨学科性，需要律师团队具备复合型的知识结构，如企业管理知识、环保技术、财务知识、行业知识乃至需要具备 IT 等领域的专业知识。

打造知识结构需要律师不断学习多领域知识。更重要的是，律师团队应让自己更加专注于特定行业。只有专注于行业，知识结构的打造才是有针对性的，也具有更高的效率。

（2）团队结构

与知识结构对应，团队人员结构也应有所考虑。如团队人员可以有不同的专业背景，通过不同专业背景人员的结合，达成最优化的团队结构配置。仅有法律知识背景或者法律实务经验的承办律师，或许可以就某类合同、某类日常法律行为进行沟通，但是环保合规体系的构建，还需要一定的技术支持。如果承办律师缺乏对环保技术的认知，或者没有后期的技术领域知识储备，那么在构建环保合规体系的工作中，很可能将会遇到各类问题而导致工作无法高效、有效地落地。

对于如何在现有环保管理、处理等流程中，嵌入或调整合规管理策略，同时又不严重影响企业经营管理流程正常运转这类问题，需要对环保管理工作中所涉及或使用的相应技术的特点、优缺点等有充分了解和认识，这些技术直接影响环保合规体系架构过程中对各类可能潜在风险的识别、理解以及能否与技术人员进行高契合度的沟通等。企业合规体系构建工作是一项综合性工作。而作为其中一项专业性极强的领域，环保合规体系构建更是对承办律师的综合素质、工作沟通和协调能力、专业知识等要求极高，因而环保合规律师团队应当具备复合型知识结构。

(3)内部流程管理

能力输出型法律服务与知识输出型法律服务相比，内容更加综合，方法更为复杂，工作流程也更长。这就要求律师团队内部要有更为合理的业务流程管理，统筹与协调团队人员的内部分工，协调律师与企业内部团队的合理分工，并合理规划项目不同环节的顺序。环保合规具备广泛性以及一定的技术色彩，尤其是环保合规的流程涉及方面较多，除企业安全环保、采购以及生产等业务条线，还涉及企业人力资源、法务风控、财务审计等。

(4)外部合作机构

即使在律师团队具有综合化服务能力的情况下，考虑到一些领域仍具有极高的专业能力要求，这就要求借助外部合作机构的专业能力来补强律师事务所的服务能力。如在一些网络安全合规体系构建的项目中，律所有时会引入网络安全测评机构提供项目支持，并由测评机构出具安全评估报告。而在一些涉及复杂资产交易的并购项目中，引入专业的税务服务机构，对于完善交易方案将会有很大帮助。我们关注到，当前一些大型律师事务所已经在内部建立了专门的税务服务部门，这也正是反映了这样一种趋势。环保合规工作本身具有科学上的不确定性和跨学科性，在环保合规建设过程中，也要与其他相关机构建立合作。

2. 律师的业务升级

打造以法律风控能力输出为核心的服务内容，不断升级律师的业务开展方法与业务范畴，可以从以下三个方面予以建设。

(1)法律服务的可操作性

能否落地实施是对法律服务产出物的要求。在大多数情况下，法律问题的定性判断相对简单，有关制度、文本等产出物也有可供参考的范本，但实际执行要复杂许多。制度、文件、流程能否落实，能否最大限度地被遵循与执行，则需要在制定这些规则时，充分考虑到业务模式与业务流程以及整体风控体系。在环保合规建设过程中，除对已有资料进行合规评估之外，也要深入企业一线了解真实情况。另外，在制定规则的“颗粒度”方面，应不弱于业务流程的规定，使风控措施可以更好地“嵌入”业务流程之中。此外，还应考虑制度对相关人的约束与激励机制是否完备。

(2)风险长效检视机制

风险长效检视机制，则指除帮助企业建立制度体系外，还应让这些与风险控制有关的制度与流程体系具有自我“驱动”的能力。面对外部环境改变、内部业务调整、重要流程变化等情况，法律风险控制机制能够及时识别、及时反应、及时检视风险的变化并作出调整优化。长效机制要求律师不仅精通法律，还要了解客户企业的管理体系，环保合规工作应符合企业实际的管理路线，还要关注企业环保专业人才队伍的建设情况，最终达成客户法律合规治理能力的提升。法律合规治理能力提升机制如图 10－1 所示。

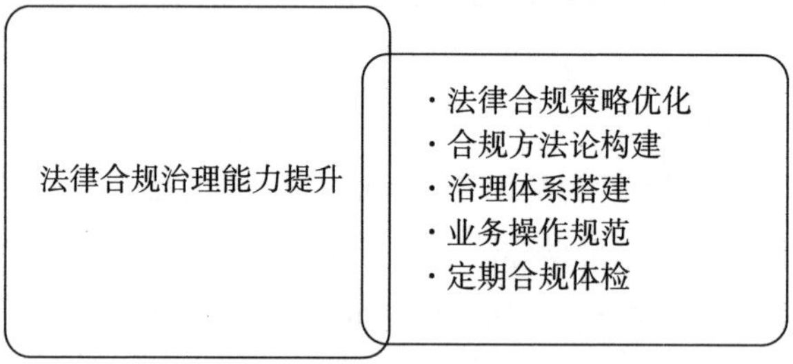

图 10－1　法律合规治理能力提升机制

(3)服务效果

律师在持续为企业提供相关法律服务，积极参与第三方监督评估组织的同时，能够为企业具体合规工作的开展提供实践意义，为客户留一套工作方法论。对于客户而言，聘请律师完成特定法律服务项目固然重要，但要使相关制度可落地实施，相关长效检视机制能够发挥作用，就需要企业内部法务及业务人员对律师完成相关法律项目的思路、方法论有充分的了解。而律师在构建特定项目方法论的过程中，也需要将这样的思路传递给企业内部法务与核心业务人员，以促使其对机制有更加深入的了解。知其然也知其所以然，这是法律风控体系发挥作用的重要条件。

首先，在复杂项目中，方法论的构建是项目的重要环节。在这一过程中，律师需要借助企业内部法务对于企业的业务流程更为熟悉的优势，与其共同完善项目方法论，并将项目方法论共享给企业。

其次，为客户制定相应的机制。律师的法律服务多种多样，对于以法律风险控制为目标的非诉讼项目而言，除完成相关文本、制度外，也要给企业留下一套机制。机制是活的制度和规则，具有内在逻辑的自洽性，也需要具备自我驱动的能力，即通过风险控制岗位、职责、流程、激励约束等安排，使规则的规定可以得到实时的运用，在动态中实现法律风险控制的目标。

最后，为客户培训法律风险管理人才。在为企业提供能力输出型法律服务的过程中，律师团队的工作方法需要深度关注法律服务与企业的业务模式、业务流程的匹配，并且需要考虑与企业整体风险管理体系的深度融合。在这一过程中，企业内部相关部门工作人员在律师的协调下提供企业的内部现状，清晰描述企业需求，并提出改进建议。律师团队与企业内部团队互动的过程也可以提升企业内部团队的法律风险管理能力。

综上所述，本书认为，由于信息技术的发展与深度融合，法律服务行业面对的外部环境发生了较大变化。替代性法律服务机构的出现以及人工智能及其他信息化工具的运用，都使法律服务方式具有了调整优化的动力。以专业知识输出为特征的服务带给客户的价值在下降；而以法律风控能力输出为特征的服务，则将带给客户更大的价值。相较于其他领域，环保合规需要律师以及企业负责人具有高度的风险意识与法律意识。企业环保合规以环保风险控制能力为服务的核心要求，在此背景之下，律师不断拓展能力，全方位地进行业务升级是因应之道。

第二节 律师参与环保合规工作指导建议

司法部办公厅印发了《关于加强公司律师参与企业合规管理工作的通知》，对加强公司律师参与企业合规管理工作进行了详细部署，具体提出公司律师应重点做好企业治理、刑事合规、行政合规、海外合规、反垄断合规、知识产权合规等企业合规管理工作。在行政合规管理中，遵守法律法规规章和国家有关部门的政策规定、监管要求、业务指引，是企业依法合规经营的应有之义。公司律师应当跟进了解国家相关法律法规规章和大政方针政策，帮助企业在有关部门指导、监督下，有针对性地制定、实施合规管理措施，严格执行产品质量、安全生产、劳动用工、财务税收、节能减排、环境保护、数据安全、信息保护、广告宣传、规划建设、交通运输、卫生防疫等各项行政监管政策和规定，防范违规风险，整改违规问题，促进企业依法合规审慎经营。

一、事前环保合规建设工作流程

企业在开展环保合规建设之前，应提前做好企业事前环保合规建设工作的准备阶段，明确本次企业合规的主要目的与任务。在明确企业合规目的与任务的基础之上才能保证合规的正确方向，更为有效。首先，预测与确定企业环保合规的突出风险，使本次环保合规更具针对性。每个企业基于其性质、业务、公司治理结构和经营方式，都会面临各不相同的合规风险。律师在帮助企业客户打造合规计划时，应首先进行刑事合规风险的评估，发现该企业特有的合规风险，列出合规风险清单，按照从重到轻的顺序，以此开展合规计划的设计。重点不突出，会导致后续工作效率不高，难以有效发现与解决问题。在正式开展环保合规之前，要了解企业经营者的诉求，对一些企业关注的问题进行分析，了解企业以及企业所处行业的环保法律法规的具体要求、执法处罚以及刑事立案侦查等情况。一方面，律师要积极了解企业经营的模式和业态、规模大小，了解公司经营的重点环节，以此来预测公司经营中的法律风险。另一方面，律师应在相似的情况中进行类比分析，通过案例研究与分析明确合规建设的重点，有针对性地提出之后环保合规的具体建议。

其次，制订环保合规专项工作方案。制订专门的环保合规工作方案能够让律师有序开展环保合规工作，也利于企业对之后开展工作有所了解，从而配合环保合规工作的开展，并为之做好准备工作。环保合规专项方案是根据企业所提供的初步事实材料，结合前期与企业经营者的沟通，依据相关法律法规与司法实践，认真研究、论证而出具的方案。合规工作方案一般由初步法律分析意见、环保合规工作步骤、注意事项、专业服务团队简介四部分构成。第一，初步法律分析意见主要根据背景情况和客户需求，分析企业可能涉及的主要刑事法律风险和主要责任划分节点。第二，确定环保合规工作步骤。围绕可能存在的风险和节点，具体环保合规工作一般分为四个步骤：(1)通过听取企业经营者对企业的全面情况介绍、梳理和审查书面材料、现场访谈、现场考察等方式排查企业环保风险；(2)结合书面材料审核及访谈结果，在全面了解企业情况后，对可能会给公司带来的风险进行梳理和评估；(3)根据前述工作成果，出具书面法律风险合规报告初稿，准确反映情况，提出依法合理的建议；(4)协助做好相关合规工作，针对在该项目中反映的问题协助企业制订合规方案并做好落实,通过完善企业相关制度流程文件、开展普法培训、解答疑难问题咨询等进一步强化企业环保合规建设,保障企业的合法合规运营发展。第三,确定注意事项。围绕该刑事合规专项中可能出现的问题做重点提示与说明。第四,结合企业具体需求,为该项目组建专项合规工作团队,并在此部分中附上团队律师的简历,供企业了解专项合规工作团队律师的履历,应突出团队律师环保法的相关学历背景以及相关环保合规的实务经验。

总体来说,合规专项方案是一个有机的整体,在对企业所面临的环保问题和环境风险进行准确预测以及对企业具体情况进行深入掌握的基础之上,对企业量身制订环保合规方案。合规专项方案应做到言简意赅,方便专项工作团队的律师做到"一册在手,即可执行",有序开展刑事合规专项工作,同时也要通过该方案让企业经营者了解刑事合规专项工作具体如何开展、协助做好准备工作。

专项合规工作团队针对企业事前环保合规法律风险进行评估、反馈与整改。结合前期所开展的书面资料、现场访谈、实地考察等结果,审核企业事前环保合规尽职调查阶段包括书面审查、现场访谈、现场考察等方式,全面了解客户企业的具体情况后,专项合规团队对具体情况进行梳理与评估。通过前面的梳理进行判断,如果存在环保合规风险,对企业可能要面临的行政风险、民事风险以及行政风险进行风险评估。根据前述工作成果,专项律师团队出具书面法律风险合规报告初稿,准确反映客观情况,提出依法合理的建议。出具法律风险合规报告的目的为:一是以最小的代价最大限度化解客户企业已经存在的合规风险点,就企业具体经营过程中可能面临的民事和行政法律风险提出应对意见;二是为企业经营者今后如何依法规范管理企业,防范环保合规及其他法律风险,完善企业治理结构出谋划策。经与企业领导层沟通后,再根据企业领导层对于报告的意见进行修改和完善,将环保法律风险合规报告提供给员工查阅、学习以及规范自身工作期间的行为,提高员工环保合规意识。

二、事中合规建设工作

事中合规一般是指监控体系,包含全流程合规监控、举报制度、合规审计、合规报告制度四项具体要求。第一步是建立"全流程合规监控体系",要求企业开展的每一项业务,在产品制造、销售、服务的每一个环节,都要有合规把关,对存在违规行为的环节实行合规一票否决制。第二步是建立"实时举报制度",也就是通常所说的“吹哨人”制度。实行全天举报机制，开放多种途径的举报方式例如电话举报、网络举报等，搭建专门的举报平台，并对举报人进行严格保护和高额奖励。第三步是推行“合规审计制度”，要对重点人员进行专项审计或者定期审计，发挥审计的实施合规监控作用。第四步是建立“合规报告制度”。要进行定期报告和专项报告，在合规组织体系内自下而上地将合规计划运行情况、合规的风险、违规行为的发生报告给最高管理层。

环保合规法律风险合规报告一般包括五个部分：一是企业环保合规的具体背景；二是开展环保合规专项企业的基本情况；三是尽职调查企业环保工作的基本情况；四是企业存在的环保法律风险及其他法律风险；五是环保法律风险及其他风险防范的对策和建议。其中，最为重要的部分为第四部分和第五部分。在此阶段，由参与该项目的律师团队起草企业环保合规专项工作报告初稿，由高级合伙人、顾问对报告进行二次复核和修改，由律师团队进行集体讨论；高级合伙人、顾问对本企业环保合规专项工作报告进行最后修订和完善，确保做到依法科学，符合企业实际，具有较强关联性、可行性，并向企业领导层及时高效地提交环保法律风险合规报告的完整版本。

在对企业出具环保风险合规报告之后，专项律师团队向企业领导层针对环保合规成果进行汇报和反馈的同时，针对客户目前存在的法律风险，逐一与企业领导层分析，并与企业领导层交流防范法律风险的对策和建议，帮助企业确立未来合规的重点，协助企业建立并完善环保合规治理制度。落实环保合规治理制度亦十分关键。通过完善企业相关制度，确保部门制度构建完善，开展普法培训，提高企业高管及员工的刑事合规意识，解答疑难问题咨询等进一步强化企业合规建设，保障企业的合法合规运营发展，从而做到从源头发现和控制风险。

三、事后环保合规补救指南

事后环保合规通常是指应对机制，是指违规行为发生后的反应机制。当违规行为发生或者被发现后，企业就要受到外部监管机构和执法机构的调查，此时需要有一个内部的专业反应机制，否则如果盲目应对，或者采取毁灭、伪造证据等错误方式，就会面临更加严厉的调查和处罚。

针对违规行为的应对体系包含四项要求：一是要求及时进行合规内部调查；二是要尽快处理违规的员工和第三方；三是要尽快发现合规体系漏洞并进行整改；四是要积极配合调查，必要时进行报告披露。尤其注意不能毁灭、伪造证据，不能建立攻守同盟，要配合监管部门的调查，争取获取可能的合作奖励，尽量获得宽大的行政处理或刑事处理，将惩罚、损失和不利影响降到最低限度。

（一）开展企业内部合规补救

2021年3月，《最高人民检察院关于开展企业合规改革试点工作的方案》印发，第二期对企业合规改革试点工作正式启动，在不断改革探索过程中，我国一些省级检察机关根据本地的具体情况将涉罪企业是否有退赃退赔、补缴税款、修复环境等补救挽损措施作为决定是否对其适用合规考察的条件之一。例如辽宁省人民检察院等机关联合制定的《关于建立涉罪企业合规考察制度的意见》第6条第2款规定，检察机关如果要对有被害人的案件适用合规考察制度，涉罪企业须向被害人赔礼道歉、积极赔偿损失；涉嫌危害税收征管犯罪的，涉罪企业应按照税务机关要求补足税款、滞纳金及罚款；涉嫌破坏环境资源保护的犯罪案件，涉罪企业应按照自然资源管理部门或生态环境主管部门要求足额缴纳环境资源修复相关资金或恢复原状。[①] 这种以“补救挽损”为前提条件的合规考察，既在一定程度上保护了国家和社会利益，也特别注意到了被害人获得赔偿的利益诉求。而且，在对涉罪企业决定适用合规考察制度前，检察机关必须听取被害人及其诉讼代理人的意见。这显然有助于保障被害人在合规考察案件中的知情权、参与权，从而有助于消解被害人对适用合规考察的抵触情绪，避免合规从宽可能引发的“后遗症”。企业可以针对这些补救性的规定开展内部合规补救，增强环保合规有效性。

（二）协助企业应对环保行政调查

1. 在已建立或实施合规管理体系情况下证明企业履行合规义务

在企业涉嫌环保不合规，面临环保行政调查时，律师应向监管部门及时证明已建立或实施合规管理体系的企业“没有过错”，从而争取监管部门对企业采取免除行政处罚的处理方式。

在企业员工、子公司、第三方或者被并购企业实施了违法违规行为时，律师应当协助企业提出已建立或者实施合规管理体系的证据，即有效地进行责任切割活动。其基本法理是，企业已建立或实施了有效的合规计划，足以显示企业对员工、子公司、第三方采取了合规培训、合规尽职调查、分级管理、及时退出等机制，尽到了合规管理义务，在并购之前对被并购企业履行了注意义务和尽职调查

---

① 参见李奋进：《论企业合规考察的适用条件》，载《法学论坛》2021年第6期。

义务，由此证明企业不存在实施违法违规行为的主观过错。律师通过援引企业建立合规管理体系的事实，将企业责任与员工责任、子公司责任、第三方责任和被并购方责任加以有效的剥离，使合规成为“隔离带”“防火墙”。[①]

2. 争取达成行政和解

2021 年 1 月到 6 月这短短半年内，全国生态环境执法机关共下达环境行政处罚决定书 5.52 万份，罚没款数额总计 43.32 亿元，案件平均罚款金额 7.84 万元。2021 年 9 月 6 日，《最高人民检察院关于推进行政执法与刑事司法衔接工作的规定》发布，继续将行政执法与刑事司法的衔接推向深入，并着重强调了“双向衔接”。事实上，行刑衔接制度已探索实践多年。2021 年 7 月 15 日实施的《行政处罚法》第 27 条规定，违法行为涉嫌犯罪的，行政机关应当及时将案件移送司法机关，依法追究刑事责任。这一规定的核心是将“构成犯罪”改为“涉嫌犯罪”，降低了行政机关移送司法机关的门槛，进一步避免“以罚代刑”。同时，“刑事优先”不等于不进行行政处罚。《行政执法机关移送涉嫌犯罪案件的规定》第 11 条第 2 款明确，行政执法机关向公安机关移送涉嫌犯罪案件前已经作出的警告，责令停产停业，暂扣或者吊销许可证、暂扣或者吊销执照的行政处罚决定，不停止执行。依照《行政处罚法》的规定，行政执法机关向公安机关移送涉嫌犯罪案件前，已经依法给予当事人罚款的，人民法院判处罚金时，依法折抵相应罚金。

在行政不法行为的调查方面，我国法律通常遵循“行政调查前置原则”，先由行政部门启动行政监管调查，作出行政处罚决定。如果发现行为人构成犯罪的，再移交刑事执法部门启动刑事立案和侦查程序。因此，企业的违法违规行为可能首先面临如何应对行政监管调查的问题。而接受企业委托的律师，也面临如何为陷入行政执法困境之中的企业提供有效法律帮助的问题。在企业应对行政监管的环节，律师接受企业委托后，可以根据我国行政监管法律确立的制度框架，协助企业开展合规管理体系建设，争取获得最大限度的行政宽大处理，避免出现诸如从业资格剥夺、交易资格丧失等严重后果。考虑到在大多数情况下，我国采取行政监管调查前置化的执法机制，大多数企业行政违法案件没有被转化为刑事案件，而是被监管部门采取了行政处罚措施，因此，在行政监管环节律师为企业提供合规服务的空间较为宽广，可致力于防止行政责任转至刑事责任。[②]

---

① 参见陈瑞华：《行政监管环节的律师合规业务》，载《中国律师》2021 年第 2 期。

② 陈瑞华：《行政监管环节的律师合规业务》，载《中国律师》2021 年第 2 期。

律师可以根据行政相对人的申请，与其就改正涉嫌违法行为、消除违法行为不良后果、缴纳行政和解金、补偿投资者损失等进行协商，促成达成行政和解协议并终止调查执法程序。

律师接受企业委托后，可以根据企业涉嫌违法违规的事实，协助企业提出适用行政和解的申请。律师可以围绕以下事项与行政机关进行协商并达成和解协议：一是和解金的数额；二是说服企业积极配合监管调查，承认违法违规事实；三是说服企业消除违法行为不良后果，补偿投资者损失；四是说服企业提出整改方案，制订建立内控机制的计划。

3. 协助企业通过行政调查

在行政和解达成后，律师还要协助企业履行和解协议所约定的各项义务，说服监管部门出具行政和解结案通知，终止案件的调查和审理程序。在协助企业配合行政监管调查过程中，律师应当审时度势，追求有利于企业的现实目标。如果涉案的客户企业已经建立一定的合规管理体系，律师应尽力争取环保合规有效的认定进而免除或减轻法律责任。此外，还要注重厘清企业与员工、子公司、第三方的环保责任，避免因非企业自身的原因导致企业承担责任。在企业违法违规情况证据确凿，免除行政处罚已属无望的情况下，律师应该转变办案思路，将免除法律责任的目标转为降低法律责任的目标，善用合规不诉制度，为企业争取合规不起诉，并助力企业通过合规整改督查。在行政机关执法过程中，律师应指导客户企业，配合执法部门检查并尽量接受其合法合理的要求，在情节轻微的不合规情形面前，以配合处理的合作态度应对，不过分逃避责任，避免因小失大，严守迈入刑事法律责任大门前的最后一关。

（三）为企业提供环保刑事个案服务

1. 为涉案企业申请启动合规程序

《关于建立涉案企业合规第三方监督评估机制的指导意见（试行）》第 10 条规定，在检察院办理企业涉罪案件时，涉案企业的辩护律师可主动向检察院提出适用企业合规试点以及第三方机制申请，办案检察院应受理审查。据此，在为企业提供环保刑事个案服务的时候，辩护律师可适时向检察院提出合规意向，力求启动刑事合规程序。企业申请启动合规整改和暂缓起诉，需要提交一些必备文件。首先，启动企业合规整改程序且暂缓起诉的申请书和企业合规整改承诺书，这是企业积极表达整改意愿的证明文件。其次，还要提交能够证明企业可以正常经营、具备开展合规建设的条件的相关证明文件。最后，一个必须要提交的，尤其需要律师向客户企业说明的文件,是认罪认罚具结书或者悔过书。也就是说,适用合规整改程序需要企业认罪认罚,由于这个涉及决策问题,需要由客户企业自己作出决策,而律师只能为其分析利弊,提出建议,而不能代企业或者引导企业作最终决策。

除必须提交的文件外,还有一些辅助性的文件也需要一并提交,可以增加检察院作出合规整改决定的可能性。如被害人或者被害单位出具的谅解书,这是检察院判断涉案企业是否适用合规整改的重要考量因素。还有企业内部的处理决定,如对相关责任人的劳动关系解除决定、处分公示等,也可以通过内部的追责机制来证明企业的合规管理意愿。此外,还可以另行委托律师事务所或者其他环保机构对企业进行合规整改辅导,委托专门机构对生态环境进行修复治理等,以此作为涉案企业对所造成的生态环境损害的补救措施。

2. 争取企业合规的相对不起诉

我国《中华人民共和国刑事诉讼法》第177条第2款规定:"对于犯罪情节轻微,依照刑法规定不需要判处刑罚或者免除刑罚的,人民检察院可以作出不起诉决定。"从最高人民检察院发布的四起企业合规改革试点典型案例来看,检察机关有意通过与检察听证、认罪认罚从宽制度等相结合的方式,灵活运用相对不起诉制度,贯彻落实对民营产权的保护,尽可能挽救可救的企业。争取企业合规的相对不起诉离不开律师提供的辩护,以及通过事后合规整改完善企业合规管理体系等刑事合规业务。律师应该充分利用制度资源,抓住合规试点及第三方监督评估要点。在为涉案企业申请适用该制度的时候,结合该企业特点及优势,制定关于该企业具备整改价值及整改能力的证明文件,争取人民检察院对涉案企业适用合规整改制度。

通过为客户申请启动合规试点及第三方监督评估机制,律师即可指导客户制定和完善合规计划。辩护律师要明确合规计划的内容,包括可行的合规管理规范、有效的合规组织体系、全面的合规风险防范报告机制以及合规计划的承诺完成期。该合规计划是涉案企业作出的合规承诺,只有正确、全面、有效地履行该承诺,才可能获得最终的不起诉决定。企业提交合规计划后,第三方组织会展开审查与评估,并结合企业的合规承诺确定整改的考核期。在合规审查期间,第三方组织可随时对整改企业提出修改完善的意见和建议,企业需要对此作出回应,并制成书面报告交与第三方监督组织和具体办理案件的人民检察院,这些书面报告会成为人民检察院后期作出决定的参考性依据。因此,企业及其所聘请的律师应该认真对待反馈后的意见和建议，从合规计划的可行性、有效性与全面性等方面对意见逐条作出修改和回应。此外，律师还需要全面审查客户的合规风险，以防在环保合规整改期间被发现其他的违法违规情形而失去整改机会。在人民检察院拟作出不起诉决定的时候，积极应对可能展开的听证会等法律程序，直至企业最终获得检察院的不起诉决定。

四、第三方独立监管人

（一）第三方独立监管人的选任

合理、科学的监管制度是企业开展合规建设的基础与保障。所谓独立监管人，是指那些接受检察机关的聘请，协助涉案企业推进合规管理体系建设的外部专业人员。在检察院合规不起诉的案件中。将独立监管人引入合规监管制度是一个进步。根据检察机关试行合规不起诉的经验，独立监管人一般可以从律师、审计、会计、税务等专业工作的人员中加以遴选和委任。检察机关或司法行政机关可以经过严格遴选，设定一个具备独立监管人资格的专家库。检察机关根据特定企业涉嫌犯罪的情况以及建立合规计划所需要的专业知识，从专家库中选出合适的独立监管人，并委派其对企业建设合规体系的情况进行调查，协助企业制订合规计划，协助检察机关监督合规计划的执行，对企业推进合规计划的情况定期出具书面监管报告，以作为检察机关作出不起诉决定的参考依据。

（二）第三方监管人的职责

第三方监管人作为涉企合规制度中的新生主体，日趋受到制度内各方主体的关注。于检察机关而言，第三方监管人肩负着对涉罪企业合规制度构建与整改的监督监管，以及对制度执行情况进行考察评估的重要使命；于涉案企业而言，第三方监管人则承担着指导涉案企业根据合规承诺进行合规整改、为企业提供合规咨询指导的关键职责。根据2021年6月最高人民检察院联合司法部、财政部等八部门联合发布的《关于建立涉案企业合规第三方监督评估机制的指导意见（试行）》，被称为“第三方监督评估机制管理委员会”主体的定位为“调查、评估、监督、考察”。由此，无论是第三方监管人还是第三方监管组织，都担负着调查企业涉案动因、评估企业合规风险、监督企业合规整改，以及考察企业整改成效的职能。第三方监管人成为独立适用该指导意见的涉企合规制度主体，同时也是涉企合规制度第一个官方司法性文件所单独约束的适用对象。从宏观来看，第三方监管人以第三方监督评估机制管理委员会的组织形式呈现，成员单位包括最高人民检察院、国资委、财政部、工商联以及税务及市场监督管理部门等，工作职责聚焦于对统筹性、规范性文件及标准的制定，以及对相关重大法律政策的研究论证。从微观来看，在涉及具体企业合规的案件中，则由第三方监督评估机制管理委员会成立第三方专业人员名录库，律师也是其中的专业第三方组成人员之一，根据不同的案件，从名录库中抽取专业人员形成第三方组织，承担对涉罪企业合规整改进行检查、评估及考核的监管职责。

第三方监管人的职责主要是确保涉罪企业执行合规不起诉协议条款，包括终止不法行为并建立和实施有效的合规计划，以防止将来发生违规行为。在监督期限届满，检察机关作出不起诉决定之后，企业能够继续实施并不断完善其合规计划，保证持续的合规经营，防止企业实施违法犯罪行为。以 2021 年台州某大型企业涉嫌污染环境犯罪被移送审查起诉为例，企业提出申请进行企业环保合规，人民检察院批准同意后经当地政法委、生态环境局、人民检察院、公安局等多个部门对环保专家、律师以及相关专业人士进行选任组成企业合规工作小组，通过法律、环保技术以及生态法益等方面对企业进行合规监管。担任第三方监管的人员实地到企业进行调查，深入了解涉案的原因以及企业的设备运行情况和制度现状等问题。针对涉案企业提交设计专门的环保合规计划，环保合规工作的第三方监管人围绕计划的可行性、有效性与全面性的要求，多次提出修改、完善建议意见，将完善之后的环保合规计划提交给环保合规小组以及人民检察院备案。在此基础之上，企业开展相关环保合规整改工作。

第十一章　律师环保合规业务的开展及风险防范

第一节　打造环保合规计划

合规计划,是指企业委托律师量身打造一套有效的合规管理体系。这种合规计划的打造可分为两种业务类型:一是为那些没有建立合规计划的企业建立一套合规管理体系;二是为那些已经初步建立合规体系的企业,针对其主要的合规风险,提出一套改进合规管理体系的方案。既然要帮助企业客户打造合规计划,那么就需要了解有效合规计划的基本要求。

迄今为止,欧美国家通过立法的方式确立了有效合规计划的基本要素。例如,美国《联邦量刑指南》、英国《反贿赂法》、法国《萨宾第二法案》等,都确立了有效合规的基本标准或“合理程序”。美国刑事检察部门和行政监管部门在发布企业合规指引之后,还要进行定期的更新。世界银行也发布了诚信合规指引,以帮助那些试图解除制裁的企业按照有效合规的标准重建诚信合规计划。我国行政监管部门也针对中央国有企业和从事海外经营业务的企业发布了合规管理的国家标准。与此同时,还有一些企业也发布了各自的企业合规计划。如西门子的反商业贿赂合规计划,中兴公司的出口管制合规计划,湖南建工的诚信合规计划,等等。但目前部分企业对于环保合规计划的建设与打造仍关注不足,具体开展工作的基本要求仍不够清晰。

律师在帮助客户建立环保合规计划时应遵循三项基本原则:首先是避免那种停留在整体层面的综合合规计划,而应注重建设专门的环保合规计划。其次是要根据企业自身的特点、营业范畴以及所面临的主要环保风险,在此基础之上建设整套基于环保风险的合规计划。最后是注重环保合规计划的有效落实,切实发挥防控环保合规风险的效用。①

一、制定环保合规"章程"

章程规定着一个企业组织的各项基本制度,是企业的最高行为准则。制定环保合规"章程"就是要制定企业在环保领域的基本管理制度和最高行为准则。对企业环保的基本问题,如企业环保价值理念、监管机构、责任制度等以企业内"根本法"的形式确定下来,作为公司环保管理的纲领性文件以及公司各级管理者和全体员工在生产经营活动中必须遵守的准则。

雀巢公司的《雀巢合规宪章》是成功适用企业合规"章程"达成有效合规管理的典型案例。在雀巢公司6名员工犯侵犯公民个人信息罪案件的审判中,雀巢公司向法院提交了《雀巢合规宪章》、相应的公司章程以及其他合规文件,最终说服法院认定上述员工的行为属于个人行为。雀巢公司建立了有效的合规管理体系,尽到了告知、培训、指导、监督、惩戒等方面的合规管理义务,因此公司不承担刑事责任。可见,要打造有效的合规计划,律师首先应协助企业制定合规章程。合规章程是公司最高法律效力的文件,载明了公司合规的基本理念、基本原则、基本框架,上至董事会和高管,下至各分公司和各部门,都要受其约束。合规章程的打造既可以在总章程中设专章进行,也可以单独制定。

二、设计环保合规组织体系

一是合规管理委员会。合规管理委员会一般设立在董事会之下,与审计委员会大体平级,由公司高管担任委员会成员,但董事长和总经理都不担任主席,只能由独立的执行董事担任主席。

---

① 参见陈瑞华:《合规计划的打造律师如何开展合规业务(一)——合规计划的打造》,载《中国律师》2020年第8期。

二是首席合规官。要求目前我国企业的合规部门逐步取代法务部门，首席合规官也主要由公司的总法律顾问或法务总监担任，具有企业高级管理人员的地位。有的企业首席合规官也称为首席合规法务官。

三是合规部。有的企业单独设立合规部，有的企业则设立法律合规部。但无论如何，要设有专门的合规部门，部门负责人就是首席合规官。尤其需要注意的是，根据不同的单项合规计划，合规部门要有专门的机构设置。在这一点上，中兴公司就建立了较为专业的合规组织体系，其在合规委员会之下设置了四个合规专业部门，即出口管制合规部、反商业贿赂合规部、数据保护合规部以及合规组织管理部，并由首席出口合规官、首席反商业贿赂合规官、首席数据合规官等分别领导各个合规专业部门。

四是企业的各个部门，以及分公司、子公司等分支机构内都要设置合规部门与合规团队，即使是最小的部门也要设置合规专员。

如此，一个自上而下、垂直领导的合规组织体系就在企业内部搭建完成。合规组织体系需要遵循若干基本原则。一是独立性原则，指组成人员不能有利益冲突，业务部门和财务部门及其人员都不能介入合规，保证合规体系与企业经营活动和财务管理活动没有任何利益冲突。二是权威性原则，合规管理部门在企业内部应具有较高的地位和权威，不能完全依附于业务管理部门或财务部门。三是信息上下畅通原则，指既要做到上令下达，又要保证末端合规专员的意见也能够直接通达最高层。四是充足资源原则，要求企业为合规部门配置与合规管理工作相称的合规专业人员和合规经费，投入足够的人力、物力等资源。

《环境保护法》第 42 条第 2 款规定："排放污染物的企业事业单位，应当建立环境保护责任制度，明确单位负责人和相关人员的责任。"这一制度既是为环保行政管理所需要，也是为企业内部明晰责任、维护自身权益所需要。实践中，不乏存在部分企业人员为了自身利益需求而擅自作出违法排污行为导致构成犯罪的情形。若企业在此之前已建立一套权责明晰、程序完备的环境保护责任制度，则在面临刑事风险时可以提出"该行为属员工个人犯罪，不能认定为单位犯罪"的合理辩解，否则极有可能被员工个人犯罪所殃及。

三、制定环保合规政策和员工手册

容易招致环保刑事风险的企业往往是生产技术型企业，这些企业管理层及员工多以技术型为主，很少有专门精通法律的人员负责相关法律法规知识的收集、编撰与培训,从而导致大多数企业人员对于企业行为的合规性往往处于一知半解的状态,环保法律意识淡薄。因此,企业需要专门深耕环保法律业务的专业人员根据企业的地区、行业、工艺等特点,为其量身编制专门的企业环保合规法律法规手册,并定期为企业提供法律培训,不断提高企业环保守法合规意识。

完善的《环保合规管理手册》应该包含各种涉及环保管理的二级要素,需要明确责任部门、隐患排查与治理的措施及企业对环保合规的支持性政策等,还要结合公司实际,对重点风险问题予以重点防控。环保合规专门管理手册中还要加强对环保合规运行机制的规定,对各环保专项进行管理制度的确认,如建设项目管理、生产运行管理、设备设施管理、危险化学品的储存和运输管理、环保处理承包商管理、应急管理、基层管理等。各项管理制度的具体运行可以从以下角度进行操作指引建设。

(一)建设项目管理

从建设项目可行性研究报告、环评备案、建设项目的设计、实施、试运行、环境影响后评价六个方面展开环保相关工作,委托具有相应技术、资质的机构开展相应工作,严格落实相关环保制度要求。

(二)生产运行管理

定期分析并通报环保设施运行状况,提出相应的管控措施,避免超标排放。

(三)设备设施管理

将环保设备设施纳入设备完整性管理体系,建立健全环保设备管理制度。建立设备完整性管理信息平台,实现远程监控和预警功能。杜绝设备带病运行,引发超标排放,扎实做好环保设备设施的日常检测维修工作。

(四)危险化学品的储存和运输管理

化验室产生的各种废弃试剂、废弃沾染试剂(油品)的包装物(容器、标签)、废弃含汞计量器具等应作为危险废物管理,依法合规处置。

与水路承运商签订承运合同时应明确承运商环保管理要求;在码头设置污水、生活垃圾等收集装置;卸油作业前确认船舶卸油管路等均无破损后,严格遵守卸油规范,并做到全程监护。

(五)采购质量管理

建立绿色采购制度,优先采购和使用节能、节水、节材等有利于环境保护的原材料、产品和服务。

（六）环保处理承包商管理

施工期内，做好承包商相关的环保管理。在施工合同中明确双方责任，组织对施工 HSE 方案进行审查，施工期间承包商应建立施工维修期间固废的管理台账，由相关部门组织对承包商外围处置“三废”的单位资质进行审核，并督促承包商对危险废物的处置进行全程跟踪。

（七）施工作业管理

每日对施工检维修现场的环保措施进行核实；新改扩建项目应按照环评及其批复、基础设计环保专篇（专章）等要求，制订施工期环境监测计划，开展环境监测，取得监测报告。管道新改扩建项目完工后，应开展生态修复，恢复植被和相关防护设施。

（八）环境保护管理

1. 工作计划

制订年度“绿色企业行动”及“碳达峰碳中和”实施方案。

2. 强化排污许可证管理

督促各油库按照排污许可证要求，制定管理台账。

3. 节能节水降碳

制定年度节能减排工作计划和目标，油库充分利用已建成的雨水池口用于绿化灌溉，降低新鲜水取水量。

4. 雨污分流与雨水在线监测

定期开展排水系统检查，及时做好清理、维修，取样分析的数据引至站控室，实现远程监控，同时与雨水提升泵增加联锁功能，发现超标的，立即现场核实并关闭雨水外排。

5. 污水处理装置

含油污水处理系统、生活污水处理系统、污水池/事故池等污水处理装置要做到定期检查运行状况、检测相应参数，清理污水、污泥、杂质，确保设备设施正常运行。

6. 油气回收系统

加强对有关油气回收环节的监督，落实每两小时巡检，定期对活性炭进行深度解析，并建立备品备件库以及运行、检维修、巡检台账。

7. 无组织废气管控

每半年开展泄漏检测与修复（Leak Detection and Repair，LDAR），及时修复

超标的动静密封点，按照年度储罐检维修计划开展储罐浮盘密封检测或更换。

8. 固体废物

对于一般工业固体废物、建筑垃圾、生活垃圾、危险废弃物分别按照相关规定做好储存、处置；做好危险废弃物管理暂存时的巡检、台账填写并及时转运。

9. 噪声

日常巡检时，应关注机泵振动情况，发现震动超标的及时处理，降低运转噪声；施工检测维修现场应合理控制施工时间，避开夜间、午休等时段使用大功率、震动高的设备进行作业，合理设置围挡，降低噪声污染。

10. 土壤及地下水

每年应开展土壤及地下水检测，取得检测报告；发生泄漏事故事件时，应在应急处置结束后，对污染的土壤进行回收，对相关地块开展检测，根据检测结果制订防控或修复方案。

11. 生态保护

每年开展生态红线区、生态敏感区排查，对处于生态红线区或生态敏感区的项目、设施，与地方政府沟通，按要求制订退出计划并落实。

12. 环境监测

每年初制定环境监测计划，落实环境监测，妥善保管监测结果；对监测发现的超标项，应深入分析，查找原因，制定整改措施并落实。

13. 环保统计

每月做好环保数据统计与上报；每月跟踪排污许可执行报告、应急预案备案及演练开展情况；根据月度统计的基础信息，分析环保、节能、降碳工作开展情况，对波动较大的指标进行分析，合理调整节能环保工作计划，调整污染防治设施运行情况，确保依法合规运行。

（九）现场标识管理

油库、输油站在污染防治设施规定位置悬挂操作规程、工艺流程图、制度管理、安全警示等提示牌；办公楼、各油库在关键区域设置节能环保宣传标志。

（十）应急管理

基层单位、输油管理处、公司应按照相应要求定期进行环保预案演练，演练结束后对原预案进行评估和完善。

（十一）事故事件管理

动态收集系统内外环境事件案例，组织开展学习讨论，对照排查类似风险和隐患。及时汇报发生的突发环境事件，并持续跟踪事件进展，直至处置结束，重点关注公众舆情管控。

（十二）基层管理

基层单位应明确环保管理人员，承接 HSE 管理体系手册、环保制度等，将相关要求融入操作规程、作业指导书及基层管理规定。建设标准化班组，促进基层单位提升环保管理水平。

四、安排具体的合规实施程序

（一）指导企业严格遵守环境影响评价、环保“三同时”、排污申报、信息公开等环保制度

指导企业妥善保管环境影响评价报告书和审批文件、环保“三同时”竣工验收材料等环保手续文件。同时也要注意，在申报与审批申请时要提供真实工艺资料，提高资料中的措辞准确度，否则一旦污染行为被追究刑责，上述文件将无法作为维护自身合法权益的证据使用。

（二）指导企业建立和完善各类与环保有关的管理报表与台账并保证真实性

在环保监察程序中，企业的物耗和能耗相关报表以及生产销售台账、污染物治理设施运行台账、危险固废处置和转移联单、在线监测数据报表、企业日常环保管理记录、清洁生产审核报告、环保应急预案等相关资料都可能会被调阅，因此企业要做好日常报表与台账的管理工作，并保证其真实性，日后一旦面临刑事风险，这些管理报表与台账都将是证明自身经营行为合法的重要证据。

（三）指导企业做好内部环保日常巡查工作

除查看台账外，企业生产工艺和设备、污染防治设施是否正常运行，各类污染物排放是否达标，雨污分流是否符合要求，有无偷漏排情况，环保污染应急设施是否完善等也是环保部门检查的重点。为避免污染环境刑事风险，企业应着重监控可能导致刑事风险的有毒、有害污染物的日常排放管理情况，巡查污染防治设施的运行情况以及生产工艺、设备的运行情况，做好应急预案，严格控制非法排污行为的发生，积极预防重大环保事故。

（四）指导企业严格审查危险废物处置单位的法定资质

将危险废物提供或者委托给无经营许可证的单位从事收集、贮存、利用、处置的经营活动，以污染环境罪的共同犯罪论处。实践中，因未审查处置单位的危险废物经营许可证而盲目委托处置危险废物从而承担刑责的企业大量存在。为避免这一风险，律师应指导企业在委托处置危险废物时严格审查对方单位的经营许可资质并保留相关证据。只要证明企业尽到了这一审查义务，也就无法被认定为共同犯罪。

此外，根据企业各自特点，还需协助企业设立其他相应环保制度，在此不一一列举。

第二节　律师执业风险预防

一、合规律师执业风险来源

（一）来自企业客户的风险

1. 企业业务违规违法

各种新业务不断涌现，法律对新型业务的法律规制具有滞后性，对于为业务性质不明的企业构建合规体系时，律师的关注重点应该在该企业所从事业务本身的合规性上。如果该业务本身就是违规的，甚至是非法的，无论律师如何构建该企业的合规体系，都是对违法违规业务进行形式上的合规包装，不仅该业务本身不合法，该“合规体系”都构成一种掩饰和欺骗，不可能通过形式上的合规工作实现业务的合规性。如果律师在办理该类型刑事合规业务中对企业拟开展的业务是否合规出现认知偏差，很可能因为参与业务的办理而引发刑事风险。鉴于此，律师在为发展新型业务的企业办理合规业务时，应重点关注、审查企业拟开展业务本身的合规性问题，避免因参与本身不合规的业务而被牵连。

对于环保合规来说，无论哪种合规，最主要的目的就是防范环境损害风险。因此，如果企业能够严格执行环保合规计划，不出环保事故，对于环保合规律师来说，应该不存在太大风险。但是对于明明没有环保法律所要求的经营资质，如排污许可之类的证件，却从事环保行业，那么可能就会存在以上述的“合规”包装来欺骗管理部门的风险。如果律师一味迎合客户需求，只注重合规管理的形式要件合法性，通过把责任下移到具体业务人员身上来阻断风险，并且为企业设计具体业务流程，就可能违背职业操守，给自己的执业带来巨大的法律风险。因为这种经验和方法的传授已经超出律师提供正常法律服务的范畴，是在向客户传授如何逃脱法律制裁的反侦查方法以及具体实施犯罪的经验和技能。

2. 掩饰犯罪行为

律师向企业提供合规法律服务实际就是向其提供某种帮助，如果律师为从事非法经营活动的企业提供合规管理服务，其实质是为犯罪团伙搭建了躲避法律追责的“安全屋”，可能造成刑法上的窝藏、帮助的法律后果，根据《刑法》第310条“明知是犯罪的人而为其提供隐藏处所、财物，帮助其逃匿或者作假证明包庇”的规定，律师在提供合规服务的过程中，掩饰企业的犯罪行为，可能涉嫌窝藏、包庇罪。依照法律规定，帮助犯的构成要件是行为人具有帮助行为和帮助故意，常规情况下，帮助故意是指帮助他人犯罪的故意，从认识可能性上看，帮助故意不仅要求行为人必须认识到被帮助人所实行的是犯罪行为，该犯罪行为将造成一定的危害结果，而且要求行为人认识到自己所实行的是帮助他人实施犯罪的行为。对于律师来说，认定帮助的故意的门槛可能比一般主体更低，因为律师作为专业的法律从业者，更具有认识可能性，更可能是希望或者放任自己的帮助为被帮助人实行犯罪提供便利。因此，律师在为从事非法经营活动的企业进行合规管理的时候，可能面临成为“共犯”的风险。从事犯罪活动导致的环保法律问题，比正常经营活动造成的环保法律问题更严重。正常经营活动对环境的损害可能与其正常的经营活动创造的社会价值“功过相抵”，但是因从事犯罪活动导致的环保问题，则从一开始就是非法的，不具有原谅价值，其环保法律责任可能无法适用环保合规不起诉制度。因此，律师一旦被指控为共犯，则很可能有涉诉风险。

3. 提供虚假证明文件

企业向律师提供虚假、不真实的材料，有可能出现在合规管理制度建立阶段，也有可能出现在律师作为第三方独立监管人对企业合规进行审查和评估的阶段。我国《刑法修正案（十一）》对第229条提供虚假证明文件罪进行了修改，扩大了该罪犯罪主体范围，调整了加重处罚情节，总体上加大了处罚力度。因此，如果律师出具的证明文件具有虚假陈述，或者其他不真实的情况，可能会招致刑事法律责任风险。

目前，我国企业环保合规管理尚处于起步阶段，一些企业还未真正充分认识到企业环保合规制度的意义，如果企业一方面想要通过企业环保合规建设制度享受一定的环保政策红利，另一方面又不愿意面对环保投入给企业带来经营上的影响与挑战，可能会基于压力建立一套形式上的环保合规管理体系，也就是聘请律师为其建立一套环保合规管理制度。如果企业不愿意向律师披露企业在环保合规方面出现的问题。那么，律师在此基础上所构建的环保合规管理体系就难以达到完备且有效的目标，在问题出现之时，企业可能对将此问题归咎于律师没有尽到充分的调查义务。当律师作为第三方监管人来对企业的环保合规整改计划进行审查和评估的时候，如果涉及虚假证明可能后果会更严重。因为合规整改阶段的企业已经是涉案企业了，如果作为监管人的律师出具虚假证明文件，则可能在触犯提供虚假证明文件罪的同时，还涉嫌妨害司法之罪。根据《关于建立涉案企业合规第三方监督评估机制的指导意见（试行）》，人民检察院在办理涉企犯罪案件过程中，应当将第三方组织合规考察书面报告、涉案企业合规计划、定期书面报告等合规材料，作为依法作出批准或者不批准逮捕，起诉或者不起诉，是否变更强制措施，提出量刑建议或者检察建议、检察意见的重要参考，因此律师所出具的合规考察报告也是一种证明文件。由于该证明文件会影响检察机关的办案方向，具有妨害司法的法律效果，因此更有可能被从严处理。

（二）来自律师自身的风险

律师自身也需要进行执业合规风险控制，尤其是在诉讼业务过程中，律师的执业风险一旦发生，带来的后果将非常严重，轻则有损自己的行业口碑，重则可能失去执业资格。

1. 诉讼中证据失误的风险

诉讼过程中，除了诉讼策略，最重要的就是对证据的运用。因此，律师如果对证据规则不熟悉，或者没有养成良好的证据管理习惯，可能造成诉讼失误，进而影响自己的服务效果。

除三大诉讼法中对证据规则的规定外，最高人民法院也发布了一些证据规则规定，如《最高人民法院关于民事诉讼证据的若干规定》第 5 条第 1 款规定："当事人委托诉讼代理人参加诉讼的，除授权委托书明确排除的事项外，诉讼代理人的自认视为当事人的自认。"如果律师在代理当事人参加诉讼的时候，没有与当事人充分协商就代其自认，可能造成当事人不满，并且如果案件处理结果不利于当事人的时候，当事人还可能以此为由将愤懑情绪发泄在律师身上。此外还有不及时表明质证态度，导致构成承认的情况，如《最高人民法院关于民事诉讼证据的若干规定》第 4 条规定："一方当事人对于另一方当事人主张的于己不利的事实既不承认也不否认，经审判人员说明并询问后，其仍然不明确表示肯定或者否定的，视为对该事实的承认。"第 48 条规定："控制书证的当事人无正当理由拒不提交书证的，人民法院可以认定对方当事人所主张的书证内容为真实。"这些都可能导致诉讼中的证据失误，进而影响服务效果，招致当事人不满，甚至投诉，以致有损于律师的执业声誉。

除了过失造成的证据失误，还可能有人为造成的法律风险，如律师违反《民事诉讼法》第114条的规定，伪造、毁灭重要证据，或者威胁、贿赂证人作伪证，可能轻则罚款、拘留，重则吊销执业资格、依法追究刑事责任。更极端的情况下，律师没有上述违规行为，但是有较为接近的暗示，被当事人或者其他方指控为伪证罪，也会为律师带来极大的执业风险。

2. 程序违规的风险

律师执业风险在环保合规整改过程中也大量存在。如案情较为严重，当事人被行政拘留，或者涉罪被刑拘的情况下，律师就可能需要防范违规会见的风险。刑事辩护存在诸多职业风险，会见违规是其中的重灾区。如违规传递物品、毁灭证据、拨打电话、劝说作虚假陈述等发生在会见过程中的行为，往往会被律师协会给予纪律惩戒，甚至会被司法行政机关给予行政处罚。

律师在会见过程中与在押人员就案情进行交流过程中，个别律师可能会违规劝说被告人作虚假陈述，或者根据在押人员的要求通知家属毁灭证据。实践中常有"劝说作虚假陈述"与"通知家属行动"的违规行为的案例，无论是哪种情况，归根结底是律师没有严守法律规范，忽略了自身的执业合规风险的防范。此外，在企业环保合规整改过程中，若律师违反程序规定，或者疏于防范被指控干预监管机构工作，也是潜在的执业风险。

3. 违反离职禁业期和回避制度

根据律师、检察官、法官的职业法律规定，离任法官、检察官以律师身份担任诉讼代理人或辩护人时，有禁业期和回避制度的限制。如《中华人民共和国律师法》第41条规定："曾经担任法官、检察官的律师，从人民法院、人民检察院离任后二年内，不得担任诉讼代理人或者辩护人。"《中华人民共和国法官法》第36条规定："法官从人民法院离任后两年内，不得以律师身份担任诉讼代理人或者辩护人。法官从人民法院离任后，不得担任原任职法院办理案件的诉讼代理人或者辩护人，但是作为当事人的监护人或者近亲属代理诉讼或者进行辩护的除外。"《中华人民共和国检察官法》第37条第1款、第2款规定："检察官从人民检察院离任后两年内，不得以律师身份担任诉讼代理人或者辩护人。检察官从人民检察院离任后，不得担任原任职检察院办理案件的诉讼代理人或者辩护人，但是作为当事人的监护人或者近亲属代理诉讼或者进行辩护的除外。"

二、律师执业风险的预防

(一)预防来自客户的风险

1. 学会挑选甄别客户

律师在接受相关敏感案件时要进行案件背景调查,譬如接受其他经营主体对涉案企业提起的环保民事诉讼案件时,尤其是申请禁止令措施的,可以上相关裁判文书网或者企业信用查询等平台,看企业是否有频繁诉讼记录;对于有些案件还要上法院的相关网站进行案例检索,防止因企业间的恶性竞争而被卷入虚假诉讼之中。

对当事人的阐述也要进行深入分析。律师在与当事人交流中,要善于去伪存真,防止被当事人虚假陈述牵着鼻子走,防止被当事人利用去做违法的事情。对一些特许经营的事项,要严格履行核查企业资质文件的程序,并保存相关资料作为底稿,以证明自己尽到了合理注意义务。此外,在签订法律顾问单位合同前也要进行背景调查,对涉黑、涉恶、涉套路贷的企业要严加防范。在进行环保合规管理时,可以通过现场走访等方式,确认企业经营的真实性、合法性。

2. 与当事人谈话往来等做好留痕记录

执业律师与当事人的相处和交往,特别是涉及在案件办理中当事人的承诺或者决定,一定要让当事人留下痕迹,而且在重要决定方面必须要让当事人自己亲自表态,亲自决定,执业律师一定不要越俎代庖。

律师只能进行风险分析、提供方案,由当事人自己来决定,并且要记录咨询的过程。可以通过书面,或者录音的形式,对提供服务的过程做一个记录。如在与当事人谈话时,制作一份《谈话笔录》,将与案件有关的重要问题向当事人发问,当事人对律师的回答一一记录下来,谈话结束后让当事人核对并签字。因此,在律师与当事人进行沟通时,一定要养成制作笔录并让当事人签字确认的习惯。对于特别授权的执业律师,更要养成记录当事人调解意见的习惯。一般情况下当事人特别授权给律师后,就不会到庭参加诉讼。如果在开庭前,就针对当事人的调解意见进行沟通,并记录在卷,让当事人签字确认更好。

如果在法庭上的调解超出了当事人的预期或者调解结果与之前制作的笔录不一致,这时执业律师一定要得到当事人的书面(文字)确认,让当事人进行短信文字回复确认。开庭调解中,律师通过电话与当事人沟通调解意见时,最好将当事人同意调解意见的通话录音下来。尤其是在环保涉刑事法律责任的案件中,申请启动环保合规程序，需要进行认罪认罚或者提交悔过书等，这就一定要由当事人或者当事企业亲自作出，一定不能代为签字或者决定；否则，在案情走向稍有转变的情况下，当事人或者当事企业很可能就会“翻供”，将认罪认罚或者悔过情节推给律师。因此，律师一定要做好自身的执业风险管理，其中第一步就是防范来自当事人的伤害。

3. 加强客户提供材料的真实性审核

有效进行企业合规尽职调查，不仅要着眼于对企业环境合规的调查，还要有全局观，对企业的业务合规性有正确的把握。

首先，环境尽职调查过程是对环境风险类型识别的过程，风险类型的识别是分析及提出应对处理方案的前提，如不通过对企业全面的环境尽职调查，则可能会造成风险识别的遗漏，导致环保合规工作管理的缺失，并可能产生相应的后果。

其次，环境尽职调查是环保合规管理工作的基础和重点之一，一般可按以下步骤进行：一是前期沟通，主要根据企业具体情况确定环境尽调范围、制定《工作计划》、明确《工作进度表》；二是策划准备，根据工作计划制作《尽职调查清单》，收集整理文件，初步确定主要问题；三是现场调查阶段，通过现场调查、沟通走访、实地查询等方式准确地核实及评估问题；四是出具报告，通过资料分析和现场调查，结合法律规定等编制《环境尽职调查报告》。其中值得注意的是，在资料收集过程中，向企业发出尽调资料清单或者补充清单的时候，一定要保留沟通痕迹，对于有争议的资料，如环保支出项的银行流水等，一定要一一核对，并在得到企业有效说明后进行标注。

律师在开展环保业务的过程中，一方面要充分尽到告知的义务，对于所要调查的材料与范围的依据进行明确告知，并且对企业不充分披露有关信息的责任与法律后果予以说明，最好让企业出具关于提供资料真实性的承诺函。另一方面律师要积极运用多种调查方法以及途径进行全面充分的调查研究，不能仅仅局限于企业提供的材料。

（二）加强自身的执业风险管理

1. 严守法律和执业规范

无论提供何种类型的法律服务，律师均须以《中华人民共和国律师法》《律师执业管理办法》等相关法律及执业规范为准绳，特别是在提供合规整改的环保刑事合规法律服务时，必须严格遵守相关执业规范，最大限度地避免在办理业务时因违反法律规范及执业规范而招致法律责任风险。

律师不仅要认真学习上述法律法规，以及最高人民法院、最高人民检察院等国家机关对有关案件办理的各项规定，还要认真学习国家的方针政策，保持高度的政治敏锐性，要积极响应国家的绿色号召，积极帮助企业真实进行环保合规，有效预防环保法律责任风险。在举证责任倒置的证据制度下，企业环保法律责任的举证责任较重，律师一定要守住底线，不能纵容企业伪造证据，更不能指导其伪造、销毁证据，时刻与违法犯罪行为保持距离。

2. 加强自身执业合规管理

无论是何种执业风险，最主要的还是律师对于自身的执业合规管理能力的加强与提升。在企业合规管理的时代，律师也要意识到自己也是一类经营主体，也需要进行合规管理。因此，在为企业提供合规管理服务前，律师也应先为自己设计一套有效的合规管理计划，在为企业进行合规服务的同时，也可以加强自身执业合规管理。律师在办理诉中合规业务之时应当严守客观、中立的立场，勤勉尽责地履行监督评估职责，按照律师执业规范、职业操守开展相关合规业务，有效防范执业风险。

附　录

一、《企业环保合规指引手册(建议稿)》*

《企业环保合规指引手册》是公司进行环保管理的指导性文件,也是公司管理者以及全体工作人员所应遵守的准则。其设置了环保合规管理体系的六个方面,在此之下梳理并制定了具体环保工作,明确责任主体或部门、完成时间及监督方式。

具体内容:

1. 合规目标

为加强各部门环保合规管理,满足生产的同时达到"节能减排、保护环境"的目标。

2. 合规组织机构

2.1　合规领导

建立专门的环保合规部门,切实履行依法合规经营管理重要组织者、推动者和实践者的职责,积极推进环保合规管理各项工作。

2.2　组织机构与职责

积极安排环保工作部署,将环保管理各项工作进行

---

* 本指引手册供涉及环保合规管理的企业参考适用。

分解,落实责任人,建立多层级的环保责任制度与环保管理运行机制。

3. 合规风险识别

3.1 法律法规识别

对相关的法律法规进行识别与梳理,建立完善的检查与考核制度。

3.2 环保风险源识别

加强对环境风险源的识别与评估,建立环保风险清单制度。

4. 合规运行具体要求

4.1 项目管理

从项目可研报告编制出发,依次对项目备案、项目的具体设计与运行、环境影响评价等方面展开环保管理工作,严格落实环保要求。

4.2 生产运行管理

规范运行过程,确保生产运行体系的有效运作,确保生产运行中环保设施的正常运行。

4.3 环保设施运行管理

对环保设施、设备等要认真管理,建立定期检查、维修和维修后验收制度,保证设备、设施完好,运转率达到考核指标要求,并确保治污催化添加剂的正常储备量,做好环保设施日常运行与检修工作。

4.4 具体施工管理

按期对项目施工进行环保检查,制订有效的环境监测计划,及时恢复植被,开展生态修复。

4.5 承包商管理

对工程承建方的资质进行审核确认,在施工合同中明确工程承建方的环保工作要求,建立施工期间的管理台账,检查并督促承建单位对危险废物的及时处置。

4.6 采购管理

优先采购并使用利于环境保护的材料、设施、产品等。

4.7 危险废物管理

对承运单位的资质进行审核确认,与承运单位签订合同应明确具体的环保要求,严格按照相关环保规范要求,依法合规处置。

5. 环境保护具体要求

5.1　工作具体方案

统筹规划该年度的环境保护行动方案与“碳达峰碳中和”执行议案。

5.2　加强管制排污许可证

针对各油库的管理台账，需要依据排污许可证的规则来制定。

5.3　促进节能节水降碳

各部门要对年度的节能减排工作与计划作出详细策划，对于已经建成的雨水池进行充分的回收，并用于绿化工作以减少新鲜水的使用。排水系统要定期进行检查，开展清洗、维修工作，若出现超标的情况，能够及时到现场进行核查以此避免雨水继续向外排放。

5.4　污水管理制度

建立污水管理制度，明确废水管理的部门与责任人，定期检查相关污水处理系统与污水处理设施，保证这些设施可以正常运行。

5.5　废气管理制度

根据排污许可证许可及实际生产经营情况，设定废气排放的目标指标，建立废气排放全过程管理清单，对各类废气排放源分别采取措施进行治理，定期监测废气排放情况。

5.6　固体废物管理制度

对于一般工业固体废物、建筑垃圾、生活垃圾、危险废弃物分别依据相关规定做好储存、处置；对于危险废弃物要做好管理，做好暂存时的巡检、台账填写以及及时转运工作。

5.7　土壤及地下水

对土壤及地下水实施年度检测，生成检测报告；若出现污染事故，应及时对所受污染的土壤及地下水进行生态修复。

5.8　噪声管理制度

在每天的巡检时，重点关注机泵的振动，若振动超标应当及时处理，以降低运转噪声；在施工检维修时，要将施工时间把控在合理范围内，若使用大功率、震动高的设备，不应当在夜间、午休等时段作业，并加强围挡的布置，尽可能地减少噪声对于周围居民环境的污染。

5.9 生态保护

对生态红线区、生态敏感区实行年度排查，对于在生态红线区或生态敏感区范围内的项目、设施，做好与当地政府的衔接工作，根据有关规定实施退出计划并贯彻落实。

5.10 环境监测

在每年的年初制订环境监测计划，并及时落实环境监测，妥善保存检测结果；若发现超标，要实行详细分析，找到具体原因，制定改进方案并实施。

5.11 环保数据记录

对于环保数据要做到月度的统计与上报；对排污许可执行报告、应急预案备案及演练开展情况实行每月的跟进；按照月度所整合的基础信息，将环保、节能、降碳工作的实施情况，以及起伏比较大的数据展开分析，不断优化节能环保工作方案，合理安排污染防治设施运行，以此确保依法合规运转。

5.12 事故事件管理

发生环境事故需要第一时间予以上报，及时处理并跟进该事件的发展进度，形成年度环境事件案例报告，各部门对此进行深入的学习与讨论，做好排查预防工作。

6. 考核

每年定期开展一次全面的环保考核并形成相应的考核报告。针对不同核查内容与情况提出相应的改进建议。内审结束后编制环保审核报告，提出改进建议。

7. 举报与奖惩

设立合规举报电话、电子信箱等举报窗口接收群众举报信息。对于勤勉尽职地履行职责，避免或减轻发生重大违规风险的工作人员，企业可酌情给予表彰、奖励。

二、企业环保合规相关法律法规清单

序号	名称	发布部门	发文字号	颁布/修订日期	实施日期	效力级别
1	《中华人民共和国民法典》	全国人民代表大会	中华人民共和国主席令第45号	2020年5月28日	2021年1月1日	法律
2	《中华人民共和国刑法》	全国人民代表大会	中华人民共和国主席令第66号	2020年12月26日	2021年3月1日	法律
3	《中华人民共和国环境保护法》	全国人大常委会	中华人民共和国主席令第9号	2014年4月24日	2015年1月1日	法律
4	《中华人民共和国生物安全法》	全国人大常委会	中华人民共和国主席令第56号	2020年10月17日	2021年4月15日	法律
5	《中华人民共和国长江保护法》	全国人大常委会	中华人民共和国主席令第65号	2020年12月26日	2021年3月1日	法律
6	《中华人民共和国建筑法》	全国人大常委会	中华人民共和国主席令第29号	2019年4月23日	2019年4月23日	法律
7	《中华人民共和国水污染防治法》	全国人大常委会	中华人民共和国主席令第70号	2017年6月27日	2018年1月1日	法律
8	《中华人民共和国大气污染防治法》	全国人大常委会	中华人民共和国主席令第16号	2018年10月26日	2018年10月26日	法律
9	《中华人民共和国固体废物污染环境防治法》	全国人大常委会	中华人民共和国主席令第43号	2020年4月29日	2020年9月1日	法律
10	《中华人民共和国噪声污染防治法》	全国人大常委会	中华人民共和国主席令第104号	2021年12月24日	2022年6月5日	法律
11	《中华人民共和国海洋环境保护法》	全国人大常委会	中华人民共和国主席令第81号	2017年11月4日	2017年11月5日	法律

续表

序号	名称	发布部门	发文字号	颁布/修订日期	实施日期	效力级别
12	《中华人民共和国环境保护税法》	全国人大常委会	中华人民共和国主席令第16号	2018年10月26日	2018年10月26日	法律
13	《中华人民共和国清洁生产促进法》	全国人大常委会	中华人民共和国主席令第54号	2012年2月29日	2012年7月1日	法律
14	《中华人民共和国森林法》	全国人大常委会	中华人民共和国主席令第39号	2019年12月28日	2020年7月1日	法律
15	《中华人民共和国草原法》	全国人大常委会	中华人民共和国主席令第81号	2021年4月29日	2021年4月29日	法律
16	《中华人民共和国渔业法》	全国人大常委会	中华人民共和国主席令第8号	2013年12月28日	2013年12月28日	法律
17	《中华人民共和国农业法》	全国人大常委会	中华人民共和国主席令第74号	2012年12月28日	2013年1月1日	法律
18	《中华人民共和国湿地保护法》	全国人大常委会	中华人民共和国主席令第102号	2021年12月24日	2022年6月1日	法律
19	《中华人民共和国矿产资源法》	全国人大常委会	中华人民共和国主席令第18号	2009年8月27日	2009年8月27日	法律
20	《中华人民共和国土地管理法》	全国人大常委会	中华人民共和国主席令第32号	2019年8月26日	2020年1月1日	法律
21	《中华人民共和国水法》	全国人大常委会	中华人民共和国主席令第48号	2016年7月2日	2016年7月2日	法律
22	《中华人民共和国水土保持法》	全国人大常委会	中华人民共和国主席令第39号	2010年12月25日	2011年3月1日	法律
23	《中华人民共和国野生动物保护法》	全国人大常委会	中华人民共和国主席令第16号	2018年10月26日	2018年10月26日	法律
24	《中华人民共和国行政复议法》	全国人大常委会	中华人民共和国主席令第76号	2017年9月1日	2018年1月1日	法律

续表

序号	名称	发布部门	发文字号	颁布/修订日期	实施日期	效力级别
25	《中华人民共和国突发事件应对法》	全国人大常委会	中华人民共和国主席令第69号	2007年8月30日	2007年11月1日	法律
26	《中华人民共和国行政处罚法》	全国人大常委会	中华人民共和国主席令第70号	2021年1月22日	2021年7月15日	法律
27	《中华人民共和国防治陆源污染物污染损害海洋环境管理条例》	国务院	中华人民共和国国务院令第61号	1990年6月22日	1990年8月1日	行政法规
28	《中华人民共和国防治海岸工程建设项目污染损害海洋环境管理条例》	国务院	中华人民共和国国务院令第698号	2018年3月19日	2018年3月19日	行政法规
29	《中华人民共和国海洋石油勘探开发环境保护管理条例》	国务院	国发〔1983〕202号	1983年12月29日	1983年12月29日	行政法规
30	《中华人民共和国陆生野生动物保护实施条例》	国务院	中华人民共和国国务院令第666号	2016年2月6日	2016年2月6日	行政法规
31	《中华人民共和国自然保护区条例》	国务院	中华人民共和国国务院令第687号	2017年10月7日	2017年10月7日	行政法规
32	《放射性同位素与射线装置安全和防护条例》	国务院	中华人民共和国国务院令第709号	2019年3月2日	2019年3月2日	行政法规
33	《危险化学品安全管理条例》	国务院	中华人民共和国国务院令第645号	2013年12月7日	2013年12月7日	行政法规
34	《淮河流域水污染防治暂行条例》	国务院	中华人民共和国国务院令第588号	2011年1月8日	2011年1月8日	行政法规

续表

序号	名称	发布部门	发文字号	颁布/修订日期	实施日期	效力级别
35	《基本农田保护条例》	国务院	中华人民共和国国务院令第588号	2011年1月8日	2011年1月8日	行政法规
36	《矿产资源开采登记管理办法》	国务院	中华人民共和国国务院令第653号	2014年7月29日	2014年7月29日	行政法规
37	《排污许可管理条例》	国务院	中华人民共和国国务院令第736号	2021年1月24日	2021年3月1日	行政法规
38	《控制污染物排放许可制实施方案》	国务院办公厅	国办发〔2016〕81号	2016年11月10日	2016年11月10日	国务院规范性文件
39	《关于生态环境保护综合行政执法有关事项的通知》	国务院办公厅	国办函〔2020〕18号	2020年2月28日	2020年2月28日	国务院规范性文件
部门规章以及规范性文件等						
1	《固定污染源排污许可分类管理名录》(2019年版)	生态环境部	中华人民共和国生态环境部令第11号	2019年12月20日	2019年12月20日	部门规章
2	《建设项目环境影响评价分类管理名录》(2021年版)	生态环境部	中华人民共和国生态环境部令第16号	2020年11月30日	2021年1月1日	部门规章

续表

序号	名称	发布部门	发文字号	颁布/修订日期	实施日期	效力级别
3	《国家危险废物名录》（2021年版）	生态环境部、国家发展和改革委员会等	中华人民共和国生态环境部、中华人民共和国国家发展和改革委员会、中华人民共和国公安部、中华人民共和国交通运输部、中华人民共和国国家卫生健康委员会令第15号	2020年11月25日	2021年1月1日	部门规章
4	《重污染天气重点行业应急减排措施制定技术指南》（2020年修订版）	生态环境部	环办大气函〔2020〕340号	2020年6月29日	2020年6月29日	部门工作文件
5	《关于深化生态环境保护综合行政执法改革的指导意见》	生态环境部	环办执法函〔2019〕149号	2019年2月3日	2019年2月3日	部门规范性文件
6	《关于实施生态环境违法行为举报奖励制度的指导意见》	生态环境部	环办执法〔2020〕8号	2020年4月21日	2020年4月21日	部门规范性文件
7	《关于推进实施钢铁行业超低排放的意见》	生态环境部、国家发展和改革委员会等	环大气〔2019〕35号	2019年4月22日	2019年4月22日	部门规范性文件
8	《重点行业挥发性有机物综合治理方案》	生态环境部	环大气〔2019〕53号	2019年6月26日	2019年6月26日	部门工作文件
9	《2020年挥发性有机物治理攻坚方案》	生态环境部	环大气〔2020〕33号	2020年6月23日	2020年6月23日	部门规范性文件

续表

序号	名称	发布部门	发文字号	颁布/修订日期	实施日期	效力级别
10	《关于推进生态环境损害赔偿制度改革若干具体问题的意见》	生态环境部、司法部等	环法规〔2020〕44号	2020年8月31日	2020年8月31日	部门规范性文件
11	《清洁生产审核评估与验收指南》	生态环境部、国家发展和改革委员会	环办科技〔2018〕5号	2018年4月12日	2018年4月12日	部门规范性文件
12	《危险废物转移管理办法》	生态环境部、公安部、交通运输部	生态环境部、公安部、交通运输部令第23号	2021年11月30日	2022年1月1日	部门规章
13	《关于印发远洋渔业“监管提升年”行动方案》	农业农村部	农渔办〔2022〕3号	2022年3月18日	2022年3月18日	部门工作文件
14	《关于加强公司律师参与企业合规管理工作》	司法部	司办通〔2021〕98号	2021年12月15日	2021年12月15日	部门工作文件
15	《关于促进对外承包工程高质量发展的指导意见》	商务部、外交部等	商合发〔2019〕273号	2019年8月29日	2019年8月29日	部门规范性文件
16	《中国企业境外森林可持续经营利用指南》	商务部、原国家林业局	林计发〔2009〕76号	2009年3月23日	2009年3月23日	部门规范性文件
17	《关于进一步规范我国企业对外投资合作的通知》	商务部、外交部等	商合发〔2008〕222号	2008年6月6日	2008年6月6日	部门规范性文件

续表

序号	名称	发布部门	发文字号	颁布/修订日期	实施日期	效力级别
18	《对外投资合作环境保护指南》	商务部、原环境保护部	商合函〔2013〕74号	2013年2月18日	2013年2月18日	部门规范性文件
19	《境外投资管理办法(2014)》	商务部	中华人民共和国商务部令2014年第3号	2014年9月6日	2014年10月6日	部门规章
20	《企业境外经营合规管理指引》	国家发展改革委、外交部等	发改外资〔2018〕1916号	2018年12月26日	2018年12月26日	部门规范性文件
21	《境外投资产业指导政策》	国家发展改革委、商务部等	发改外资〔2006〕1312号	2006年7月5日	2006年7月5日	部门规范性文件
22	《企业境外投资管理办法》	国家发展和改革委员会	中华人民共和国国家发展和改革委员会令第11号	2017年12月26日	2018年3月1日	部门规章
23	《中央企业合规管理指引(试行)》	国务院国有资产监督管理委员会	国资发法规〔2018〕106号	2018年11月2日	2018年11月2日	部门规范性文件
24	《关于全面推进法治央企建设的意见》	国务院国有资产监督管理委员会	国资发法规〔2015〕166号	2015年12月8日	2015年12月8日	部门规范性文件
25	《关于加强中央企业国际化经营中法律风险防范的指导意见》	国务院国有资产监督管理委员会	国资发法规〔2013〕237号	2013年10月25日	2013年10月25日	部门规范性文件

续表

序号	名称	发布部门	发文字号	颁布/修订日期	实施日期	效力级别
26	《关于构建现代环境治理体系的指导意见》	中共中央办公厅、国务院办公厅	—	2020年3月3日	2020年3月3日	部门规范性文件
27	《生态环境损害赔偿制度改革方案》	中共中央办公厅、国务院办公厅	—	2017年12月17日	2018年1月1日	党内法规制度
28	《最高人民法院关于审理生态环境损害赔偿案件的若干规定(试行)》	最高人民法院	法释〔2020〕17号	2020年12月29日	2021年1月1日	司法解释
29	《关于建立涉案企业合规第三方监督评估机制的指导意见(试行)》	最高人民检察院、司法部、财政部等	—	2021年6月3日	2021年6月3日	部门规范性文件
30	《最高人民检察院关于充分发挥检察职能服务保障黄河流域生态保护和高质量发展的意见》	最高人民检察院	—	2021年11月11日	2021年11月11日	司法解释性质文件
31	《关于开展第三批符合〈钢铁行业规范条件〉企业申报工作的通知》	工业和信息化部	—	2014年1月6日	2014年1月6日	部门工作文件
32	《限期淘汰产生严重污染环境的工业固体废物的落后生产工艺设备名录》	工业和信息化部	中华人民共和国工业和信息化部公告2021年第25号	2021年9月23日	2022年1月1日	部门工作文件

续表

序号	名称	发布部门	发文字号	颁布/修订日期	实施日期	效力级别
33	《法治民企行动方案（2021－2025年）》	中华全国工商业联合会	全联发〔2021〕13号	2021年8月23日	2021年8月23日	机关工作综合规定
34	《关于引导服务民营企业做好碳达峰碳中和工作的意见》	中华全国工商业联合会	全联发〔2022〕4号	2022年1月27日	2022年1月27日	机关工作综合规定
35	《关于加强检律良性互动、共同维护司法公正的倡议书》	中国检察官协会、中华全国律师协会	—	2021年11月3日	2021年11月3日	行业规定
地方指引						
1	《广东省省属企业合规管理指引（试行）》	广东省人民政府国有资产监督管理委员会	粤国资综合〔2020〕8号	2020年3月3日	2020年3月3日	—
2	《江苏省省属企业合规管理指引（试行）》	江苏省人民政府国有资产监督管理委员会	苏国资〔2019〕110号	2019年11月6日	2019年12月6日	—
3	《四川省省属企业合规管理指引（试行）》	四川省人民政府国有资产监督管理委员会	—	2020年12月30日	2020年12月30日	—
4	《云南省省属企业合规管理指引（试行）》	云南省人民政府国有资产监督管理委员会	云国资法规〔2021〕81号	2021年6月15日	2021年6月15日	—

续表

序号	名称	发布部门	发文字号	颁布/修订日期	实施日期	效力级别
5	《湖南省省属企业合规管理指引（试行）》	湖南省人民政府国有资产监督管理委员会	湘国资〔2022〕146号	2022年8月29日	2022年8月29日	—
6	《广州市市属企业合规管理指引（试行）》	广州市人民政府国有资产监督管理委员会	穗国资法〔2020〕9号	2020年12月1日	2020年12月1日	—

标准文件					
序号	名称	编号	发布部门	发布日期	实施日期
1	《合规管理体系 要求及使用指南》	GB/T 35770—2022	原国家质量监督检验检疫总局、国家标准化管理委员会	2022年10月12日	2022年10月12日
2	《环境管理体系 要求及使用指南》	GB/T 24001—2004	原国家质量监督检验检疫总局、国家标准化管理委员会	2016年10月13日	2017年5月1日
3	《环境、健康与安全通用指南》	—	—	—	—
4	《中国对外承包工程行业社会责任指引》	—	中国对外承包工程商会	2012年9月28日	2012年9月28日
5	《大气污染物综合排放标准》	GB 16297—1996	原国家环境保护总局	1996年4月12日	1997年1月1日
6	《挥发性有机物无组织排放控制标准》	GB 37822—2019	生态环境部、国家市场监督管理总局	2019年5月24日	2019年7月1日
7	《制药工业大气污染物排放标准》	GB 37823—2019	生态环境部、国家市场监督管理总局	2019年5月24日	2019年7月1日

续表

序号	名称	编号	发布部门	发布日期	实施日期
8	《涂料、油墨及胶粘剂工业大气污染物排放标准》	GB 37824—2019	生态环境部、国家市场监督管理总局	2019年5月24日	2019年7月1日
9	《储油库大气污染物排放标准》	GB 20950—2020	生态环境部、国家市场监督管理总局	2020年12月28日	2021年4月1日
10	《油品运输大气污染物排放标准》	GB 20951—2020	生态环境部、国家市场监督管理总局	2020年12月28日	2021年4月1日
11	《加油站大气污染物排放标准》	GB 20952—2020	生态环境部、国家市场监督管理总局	2020年12月28日	2021年4月1日

三、《律师从事企业环保合规法律服务业务指引(建议稿)》*

目 录

第一章 总 则

第一条 制定目的

为促进、引导律师积极开展环保合规法律服务,加快推动企业全面加强环保合规管理,贯彻绿色发展理念,依法环保合规经营,切实防范化解企业环保合规风险,根据国家法律法规、最高人民检察院、最高人民法院及国务院各部委制定的相关文件、国际规则,制定本指引。

第二条 环保合规法律服务

环保合规法律服务是指,律师以有效防控企业环保合规风险为目的,在掌握国内外有关法律法规、国际组织规则、监管规定、企业所在行业和业务领域的环

* 根据《中华全国律师协会律师行业规则制定规程(试行)》第10条的规定,全国律师代表大会决定律师协会章程、全行业重要行业规则的制定、修改和废止。该指引可供中华全国律师协会参考。

保合规要求、商业惯例和道德规范、企业依法制定的章程及规章制度等的基础上，帮助企业预防、识别、评估、报告和应对环保合规风险，提供的咨询、代理等专项法律服务和顾问服务。

第三条 词语释义

1. 环保合规：其是指企业及员工的经营管理和从业行为符合有关法律法规、国际组织规则、监管规定、环境标准、行业准则、商业惯例和道德规范，以及企业依法制定的章程和规章制度等对环保的要求。

《中华人民共和国民法典》第 9 条规定："民事主体从事民事活动，应当有利于节约资源、保护生态环境。"公司作为民事法人主体，当然也属于《中华人民共和国民法典》绿色原则的调整对象，制定的各部门法律法规及其他规范性法律文件均对公司践行绿色原则，实行环保合规建设提出了要求。

环保合规不仅指符合中国的法律法规、规章、规范性法律文件等法律规范对环境保护的要求，还包括符合国际组织环保规则、公司经营行为所涉国家的环境法律和环境监管政策。国内企业在境外开展经营活动时，必须重视涉外环保合规问题。

环保合规要求公司主动践行绿色原则，遵守各项环保法律规定。因此，公司进行环保合规管理时需要做到全面覆盖风险点、强化生产经营各环节的环保监管责任、落实环境监测及预警制度、制定应急管理制度等。环保合规是公司承担社会责任的核心内容之一，是对绿色理念的贯彻执行。企业环保合规的义务主体应包括企业相关负责人、员工、供应商、合作伙伴等与企业生产经营活动息息相关的各主体。

2. 环保合规风险：其是指企业及其员工因环保不合规行为，引发法律责任、受到相关处罚、造成经济或声誉损失以及其他负面影响的可能性。

3. 环保合规管理：其是指以有效防控环保合规风险为目的，以企业和员工经营管理行为为对象，开展包括制度制定、风险识别、环保合规审查、风险应对、责任追究、考核评价、环保合规培训等有组织、有计划的环保管理活动。

4. 环保合规管理体系：其是指根据公司自身实际情况所建立的并以有效防控环保合规风险为目的，具体包括制度制定、风险识别、环保合规审查、风险应对、责任追究、考核评价、环保合规培训等有组织、有计划的管理体系。

由国际标准化组织制定的《合规管理体系要求及使用指南》[Compliance management systems—Requirement swith guidance foruse(ISO/FDIS 37301)]是律

师为企业建设合规管理体系的重要参考文件,企业在进行环保合规管理时,也可以有所参考。

5. 环保合规监管应对:其是指公司或者公司人员出现环保违规行为,已经或者可能受到境内外环保执法部门、司法部门、国际组织的监管时,公司委托律师及时研究应对方案,以防止法律风险继续扩大,最大限度降低法律风险的法律服务。

6. 环保合规调查:其是指公司内部人员出现环保违规行为,或企业发生环保事件时,公司委托外部律师提供的相关调查、评估、处理等法律服务,其主要目的是恢复环保合规秩序,防止环保行政处罚或刑事责任的发生。

7. 环保合规评价:其是指律师对企业的环保合规状况进行环保合规评价的服务。

8. 环保合规培训:其是指律师对企业及其相关人员进行环保合规知识和技能的培训。

9. 商业合作伙伴管理:其是指根据客户的环保合规政策,为规范、促使客户的商业合作伙伴环保合规经营而开展的法律服务。商业合作伙伴,包括但不限于供应商(含产品和服务提供商)、销售商、代理商和律师事务所、会计师事务所、招投标咨询公司等各类中介机构。

商业合作伙伴作为公司经营活动的延伸,其违规行为往往会波及公司自身。如果公司故意利用商业合作伙伴实施违规行为,将为违规行为的后果承担责任,比如为了降低环保成本,低价将污废处理业务打包给第三方违规处置等。若公司疏于对商业合作伙伴的环保合规管理,往往需承担管理责任和商业信誉损失。律师在对提供环保处理服务的第三方合作伙伴的资质、处理行为等的审查上一定要极尽注意义务。因此,规模较大的公司或者在产业链中具有影响力的公司,往往会将自身的环保合规政策延伸到商业合作伙伴管理中。

10. 环保合规顾问:其是指律师参照法律顾问模式,为客户提供与环保合规相关的专项或者常年顾问服务。

11. 环保合规要素:其是指企业在环保合规管理中需要重点关注的领域,其反映监管机构对企业的监管重点和社会公众对企业环保合规经营的期待。

12. 反舞弊:舞弊行为,是指公司的管理层、经营层、雇员或第三方中的单人或者多人,故意通过欺骗获取不公正或者非法利益的行为,体现为虚报环保支出、篡改环境监测数据、非法处置污废品、其他舞弊行为等。反舞弊法律服务,是指律师协助客户建立和完善公司反舞弊制度,对内部工作人员进行环保制度的培训与指导,对职工进行反舞弊培训与宣教,对舞弊行为进行法律调查和处理,开展诉前责任追究和追偿,以及诉讼的民事、刑事、行政责任的追究和追偿等。

第四条 环保合规服务与传统法律顾问服务

环保法律顾问服务是在一定期限或者一定范围内,为客户提供常态化的环保法律咨询,出具法律意见的服务,是一种一问一答式的被动性服务。根据服务周期的不同,法律顾问服务分为常年法律顾问服务和项目法律顾问服务(又称专项法律顾问服务)。根据客户对象的不同,法律顾问服务可以分为为个人提供的法律顾问服务、为政府机关提供的法律顾问服务、为商事主体或者非营利性机构提供的法律顾问服务等。

环保合规专项法律服务本身具有主动性的特点,这一点区别于传统的日常法律服务的被动咨询。环保合规事务会涉及企业运营中的方方面面并贯穿于企业项目运营的始终。由于环保合规的目的就在于防范日常生产经营等活动中的环境法律风险,因此,环保合规事务通常需要主动地介入企业或者项目的运营,这包括规则的制定和落实、规则运行的常态监控、环保风险的预警和对于违规行为的调查和处理等。环保合规服务主要着眼于对公司整体的环保合规风险的防控,在注重对企业以及其利益相关方的保护的同时,提高公司、企业等商事主体的环保合规管理水平。此外,环保合规业务也不仅仅以传统的法律风险控制作为其目的,环保合规管理还可以响应国家绿色原则号召,获得国家政策支持,并借此为企业运营建立秩序、强化组织功能、提高效率、降低成本和损失等,强化企业勇担社会责任的形象。环保合规法律服务,要求把公司环保合规义务的认知、研判、评价、践行等事项独立出来,形成独立的环保合规管理体系,以有效防范公司为追求商业利益而将环保合规义务搁置一旁。

环保合规专项业务的把控层级比法律顾问的着眼点更高,环保合规业务对于企业的重要性也远超过传统的法律事务。随着全球范围内的各国均不断完善法律监管制度,加重对环保违规行为的处罚力度,企业必须严谨对待环保合规风险管理。环保合规业务的相关人员需要对企业的业务和企业运行状况有充分了解,并予以持续关注。环保合规法律服务要求律师具备国际化视野,律师尤其需要具有国际视野,不仅要熟练掌握国内法,还要熟悉国际法、业务所在地法律法规、商业道德等。在合规义务的配置上,律师应将企业自身及其利益相关方,包括供应商、合作伙伴、购买服务提供方、工会、合同相对方等纳入环保合规管理制度管理范围。另一个重要方面是,律师在为企业提供环保合规服务的过程中,尤其是对于环保合规管理体系服务,要提醒企业对其全体成员环保合规意识的培育以及企业环保合规文化的培养,这是增强环保合规制度运行效率的有效办法。

环保合规专项服务也可以以顾问法律服务的形式进行。律师在展开环保合规法律服务时,可采用以下办法进行:第一,与客户达成环保合规法律服务的共识,将环保合规法律服务作为服务内容签订进法律顾问合同里;第二,与客户分别签订法律顾问合同和环保合规法律服务合同,再分别履行该两份合同。由于环保合规专项服务可能需要进行一定的尽职调查、评估等活动,可能更适合以专项环保合规法律服务合同的形式进行,这样就可以在环保合规业务范围内事先约定企业应向律师提供尽调资料、配合尽调活动等义务,便于律师发挥环保合规管理服务的主动性。

第五条　环保合规服务的对象

环保合规服务面向的客户多为大中型国有企业、上市公司、跨国公司、外资企业、大型民营企业、科技创新企业、重污染行业企业等。目前,具有环保合规意识的企业一般都已经达到一定规模,也具有较为完善的组织架构,这些公司对环保成本的承受力比小微企业更大,发生环保风险时的损失往往也更重,因此更有动力和能力寻求专业的环保合规法律服务。

第六条　企业环保合规与治理

环保合规与公司治理紧密联系,律师从事环保合规业务时,应当向客户厘清公司治理和公司环保合规之间的关系,助其深入掌握并灵活运用公司环保治理的相关规则。

1. 完善的公司环保合规治理,必须落实公司决策层、管理层的责任,特别是公司董事会、高级管理人员的履职责任和公司监事会的监督责任。

2. 全面的风险识别和评估、完善的环保合规制度体系的建设,以及企业内部环保意识、规则意识的培养和形成,是环保合规制度得以有效运行的必然要求和前提条件。

第七条　环保合规业务的重点环保合规要素

环保合规要素是开展各种环保合规业务的基本视角,根据企业自身的行业特点、商业模式、业务涉及的环保监管强度而有所侧重。律师为客户提供环保合规服务时,要特别关注该企业可能涉及的环保合规要素相关规则和前沿监管趋势。

中国对公司环保合规监管主要关注的环保合规要素包括但不限于土壤污染

防治、水污染防治、固体废物处理、大气污染防治、噪声污染防治、自然资源保护等。为了增强环境保护性法律的可操作性,我国还有大量的国家环境标准、地方环境标准,以及行业环境标准。针对不同行业的公司主体,相关的行业法规、标准性文件也是公司环保合规的当然要素,而且更加具体,更加有针对性。国外对环境保护的法律基本上和我国的保护要素相同,只是在具体的监管手段、罚则方面可能有较大不同,这就需要律师在办理境外合规业务时,对所涉及的国家进行专门的环保法律、政策研究。

第八条　本指引制定的依据及律师从事环保合规业务常用规则

国内法律法规:《中华人民共和国环境保护法》《中华人民共和国民法典》《中华人民共和国刑法》《中华人民共和国公司法》,各专项环境保护性法律,如《中华人民共和国大气污染防治法》《中华人民共和国水污染防治法》等,以及《中央企业环保合规管理指引(试行)》《企业境外经营环保合规管理指引》《关于建立涉案企业合规第三方监督评估机制的指导意见(试行)》《关于构建现代环境治理体系的指导意见》《中央企业合规管理办法》《合规管理体系　要求及使用指南》等。

国际规则:经济合作与发展组织《内部控制、道德和合规的良好做法指引》等规则、《合规管理体系　指南》(GB/T 35770—2017/ISO 19600:2014),美国《清洁空气法案》等。

第二章　环保合规法律服务的类型与形式

第九条　环保合规的法律服务类型

环保合规法律服务的类型包括但不限于环保合规管理体系建设、环保合规调查、环保合规监管应对、环保合规评价、商业合作伙伴环保合规管理、环保合规培训、环保合规顾问等。

第十条　环保合规的法律服务形式

环保合规的法律服务方式包括常年环保合规法律服务和专项环保合规法律服务。

第三章　环保合规管理体系建设业务的具体流程

第十一条　环保合规管理体系建设业务的具体流程

1. 签订专项服务合同:与客户签订环保合规法律服务专项服务合同,明确服务内容和范围。

2. 开展环保合规调查：环保尽职调查需要前期有效沟通，主要是为了解企业的具体情况来确定环境尽调范围，可以与企业的法务部门（或者环保合规业务部门）对接，必要时可通过现场调查、沟通走访、实地查询等方式准确地核实及评估问题。主要需了解的问题包括：公司的沿革、公司的治理结构、管理架构、公司的业务、公司的相关环保资质、公司业务的主要利益相关者、公司的环保合规管理现状、公司各部门的环保合规意识等，以及与企业特点有关的重点领域环保合规分析（包括企业所产生的污染物、工业废物的品类和法律性质等），企业是否属于法律中有特别规定的行业类别等。尽职调查的目的在于了解公司的业务内容、风险点及管理现状、环保合规意识情况，以便全面梳理企业的环保合规风险，并针对环保管理薄弱环节、环保合规风险高发领域着重进行合规管理。

3. 整理环保合规规则：根据客户的特点和类型，总结客户涉及的环保合规要素，整理与客户行业、业务相关的公司环保合规法律法规、政策等的规定。

4. 拟定《环保合规风险报告》：根据尽职调查的发现，对标现行法律法规、规章、规范性法律文件、环境标准等环保规定，帮助企业了解目前的环保合规管理水平，综合分析环保合规风险，发现企业环保管理现状与国家法律、政策等的差距，并提出改善措施，最终拟定《环保合规风险报告》。

5. 拟定《环保合规管理体系建设方案》：根据企业环保合规管理需求，制定符合法律规定、企业治理结构实际要求的环保合规管理体系建设方案，并在获得公司认可后协助公司实施。方案应当包括完善公司治理结构的建议，董事、监事、高级管理人员的环保合规监管职责，环保合规管理架构的搭建，环保合规管理部门的职责，环保合规岗位的设置，环保合规岗位的环保合规职责，环保合规管理制度建设，具体环保合规规范建设，环保合规运行机制及风险预警机制的设计、环保合规培训内容的建议等。

6. 建立环保合规管理体系组织架构、内部运行流程：协助企业依照《合规管理体系　要求及使用指南》搭建环保合规管理体系及制定环保合规管理方针，体系应覆盖企业各业务领域、部门，贯穿企业生产经营的全流程、全方面。明确环保合规管理责任并梳理各业务流程、生产经营环节的环保合规管理要求、环保合规绩效和职责。同时，构建环保合规管理制度运行的监督路径，包括环保合规风险评估和防范流程、违规行为调查流程、监督流程、投诉与举报流程等。

7. 环保合规义务收集与风险评估：协助企业梳理各环节适用环保法律法规、环境标准及其他环保合规要求，并编制《重要环保合规义务清单》及环保合规性检查清单。建立环保合规义务识别机制，全面系统地梳理经营管理活动中存在的环保合规风险，指导各部门进行识别评估，并制定风险管控措施。识别企业全生命周期的环保合规风险，并指导建立《典型环保合规风险分析与控制措施策划》。

8. 环保合规方案的建构：策划环保合规管理体系文件架构，辅导企业梳理各环节环保合规管理的相关要素及其程序文件，并将其转化编制成公司管理文件，包括环保合规管理方针、环保合规管理组织架构、环保合规管理规范等。

9. 环保合规文化培育：督促并配合公司组织针对公司成员的环保合规相关知识的培训，开展环保合规评优与环保合规知识竞赛等活动，增强企业环保合规意识，形成环保合规企业文化。

10. 环保合规管理体系的运行和测试：按照公司环保合规管理体系建设方案，协助公司成立环保合规管理部门，并为其设计有效的运作机制；制定环保合规管理文件，并配套提供规则解读和指导服务；组织并检查公司总体层面、各部门、各业务流程内部控制的体系运行工作；协助企业定期对环保合规管理体系的有效性进行分析，对于重大或反复出现的环保合规风险和违规问题，深入查找根源，完善相关制度，堵塞管理漏洞，强化过程管控。

第四章　环保合规调查服务业务的具体流程

第十二条　环保合规调查业务的具体流程

1. 签订专项合同：与客户签订专项法律服务合同，明确服务内容和服务范围。

2. 制定调查方案：调查的内容包括调查环保违规行为是否存在、评估违规行为对公司造成的环境法律责任、违规行为所涉及的具体事实经过、违规行为人的任职情况和个人其他情况、公司的管理规定、与违规行为有关的业务流程等。

3. 出具《环保合规调查报告》：内容包括详细的违规行为事实发生经过、有关环保合规规则和法律规定、对违规行为性质的分析、违规行为的处理建议。

环保合规调查服务与环保合规管理体系建设法律服务有所不同，律师开展环保合规调查法律服务时，不仅注意自身的执业法律风险，还应注意避免利益冲突。

第五章　环保合规监管应对业务的具体流程

第十三条　环保合规监管应对业务的具体流程

1. 指导客户发布相关环保合规监管信息。具体包括受到环保合规监管的情况、违规事实的处理情况以及相关事实等。

2. 协助客户配合监管部门的调查。针对监管部门提出的意见作出整改方案。

第六章 环保合规评价业务的具体流程

第十四条 环保合规评价业务的具体流程

律师在详细调查基础上出具《环保合规评价报告》，具体应包括参照对应的环保合规标准、环境标准、技术标准等，对企业环保合规管理作出具有事实、数据支撑的现状描述，列出环保合规风险，可能导致的后果、评价，以及建议采取的整改措施。

第七章 环保合规培训业务的具体流程

第十五条 环保合规文化培育业务的具体流程

1. 为企业提供合规培训：律师可以提供环保合规培训的一般课程供企业选择，也可根据企业环保合规管理的需要，设置个性化培训课程。环保合规培训的一般课程包括：环保合规理念导入培训，环保合规法律法规知识普及，企业环保合规管理体系建设和运行，环保合规管理文件解读，环保合规要素的讲解等。个性化培训课程则可以通过了解企业目前环保合规管理体系的建设情况及其需求进行定制设计，或者针对行业内高发的、国家重点抓的某些重大环保合规事项进行课程设计。

2. 设计环保合规文化的主题活动：不定期展开环保合规典型案例的研讨会，帮助企业开展环保合规宣传工作，或是在企业开展各项活动会议中加入环保合规文化的内容。

3. 举办环保合规知识竞赛：开展企业环保合规评优活动，为企业举办一些环保合规知识竞赛活动，助力企业员工环保合规意识的提升。

第八章 环保合规管理业务的具体流程

第十六条 环保合规管理法律服务的具体流程

1. 梳理环保合规政策：针对已建立环保合规管理体系的企业，熟悉和掌握客户的环保合规政策，并对适用于客户管理的相关环保合规政策进行分解；针对尚未建立环保合规管理体系的企业，了解其目前的具体管理制度。

2. 了解客户的具体管理模式,分析现有的管理制度,针对客户的合作单位进行分类分级管理,并提出优化整合的具体建议。

3. 审查交易文件中的环保合规条款,梳理相关交易文件,并设计加入环保合规要求,签署专门的《环保合规承诺》,或在合同中加入环保合规条款。合同中环保合规条款的内容可以针对环保合规特性进行具体设计。

第九章　环保合规顾问业务的具体流程

第十七条　环保合规顾问业务的具体流程

1. 环保合规顾问法律服务:分为环保合规常年顾问法律服务和环保合规专项顾问法律服务。

2. 环保合规常年顾问法律服务:在服务期限内,为客户提供环保合规咨询、环保合规培训,出具环保合规法律意见书等。

3. 环保合规专项顾问法律服务:针对客户的商业模式、特定业务、特定项目,提供环保合规咨询、培训服务,出具环保合规法律意见书等。商业模式,如环保义务采用购买第三方服务打包处理等;特定业务,如对有关出口业务,涉及国外法律法规政策等的环保合规审查;特定项目,如某个建设项目,涉及环评等环保合规要求。

以上所有环保合规法律服务,更适合专项法律顾问的方式。

第十章　律师开展环保合规业务的基本要求

第十八条　律师环保合规业务中的基本要求

1. 律师展开环保合规服务应按照《中华人民共和国律师法》《律师职业道德和执业纪律规范》规定,恪守行业规范与职业道德。在提供环保合规监管应对服务中应实事求是。

2. 环保合规法律服务律师要防止利益冲突。提供环保法律服务的律师应依照相关律师执业避免利益冲突的规则,尽量避免冲突,尽到解释说明义务防止纠纷的产生。

第十一章　律师环保合规业务中的风险防范

第十九条　律师环保合规业务中的主要风险

对环保合规规则、法律法规及适用规则掌握不牢,导致提供给客户的法律建议发生错误;对环保合规风险点识别不全面,导致有所遗漏或不足。

第二十条　免责条款

律师在办理环保合规业务时,应当在订立的法律服务合同中,增加免责条款的规定。

第二十一条　主要防范措施

1. 打造专业的律师团队:环保合规法律服务律师应是专业团队,需要包括法律专业人士、涉外专业人才、相关行业专家等,以减少从事环保合规项目法律服务的各项风险。此外,在很多情况下,律师还应具备一定的财务和税务知识,或者团队应引入具备这方面知识的伙伴。

2. 提升律师专业团队能力:提升律师团队的环保业务技能,减少因服务不当或业务不熟等原因造成的客户损失,同时从事环保合规法律服务的专业服务律师应兼具或不断学习环境保护的国际规则、域外环保法律法规、行业规则、监管规则等知识。

3. 做好尽职调查:与客户做好前期的沟通工作,在充分了解客户业务情况的基础上,确定尽调的范围,向客户发出尽调资料清单。针对客户提供的部分资料,还应通过现场调查、沟通走访、实地查询等方式来进行核实,在这个过程中,要与客户充分沟通,并保存相应的沟通过程记录。

4. 工作作风:专业律师及其团队应树立良好的工作作风及高度的工作责任心,为客户建立完善的环保合规制度和运行机制,增加环保合规制度的可操作性和抗风险性。

第十二章　附　　则

第二十二条　附则

本指引根据中国环保法律法规、环境治理相关的政策文件及司法解释,以及国际通行的环保合规理念,并结合律师实务经验编写。

律师从事环保合规业务时可以参照本指引操作。